日本古代の氏族と政治・宗教　上

加藤謙吉　編

雄山閣

はしがき

戦後七十年余りの歳月が経過し、今日では「戦後」という言葉自体が風化し、死語化しつつある。しかし団塊の世代の一人として生まれた編者には、幼少期に戦後歴史学の沸々と沸きあがる熱気に触れた記憶が、かすかに残っている。小学四年生の時、歴史好きだった私のために、父は石母田正・武者小路穣著の『物語による日本の歴史』(学生社)という本を買い与えてくれた。子供用にやさしく書かれてはいるが、内容的には質が高く難解で、何度も読み返さないとよく理解できなかった。ただそれまで題名さえ知らなかった古典作品が丁寧に紹介されており、石母田氏らの解説も歴史の流れを的確にとらえていて、魅力的であった。本の全体に横溢する自由な学問の息吹、戦前・戦中の言論統制の呪縛から解放された研究者のあくなき探究心が、子供心にもそこはかとなく感じられて、それがこの本に引きつけられた最大の理由のように思われる。

後年、日本古代史を専攻するようになって、戦後の歴史学がこの学問的熱気に支えられながら、急速に発展を遂げてきた事実を改めて認識することができた。古代史の分野では、旧来の万世一系の天皇観が否定され、新たな古代王朝論が衝撃的な形で提唱されたこともあり、通説的な見解に対する様々な疑問が噴出した。古代日本の国家形成や政治制度に関する再検討が、『記紀』の文献批判や考古学の成果に依拠して行われるようになり、東アジアの国際情勢との関連に立って、日本の実態をとらえ直そうとする動きも活発化していた。

編者も一九七〇年頃から古代史の研究に携わるようになり、当初はその学問的な熱気の余波を浴びているという自覚があったが、近年はそうした実感が次第に希薄化している。加齢にともなう私自身の知識欲の減退がその直接の原因であろうが、一方で歴史学そのものが戦後の長い時間を経て、発展期から成熟期へと転換しつつあるのかもしれない。それはそれで結構なことであるが、あの未知の学的領域を切り開こうとする躍動感と熱気はかけがえのないもので、何時までもそれが持続することを願うばかりである。

ともあれ、私も三月で古稀を迎えることになった。市井にあってこれまで細々と研究活動を続けたきた私にとって、七十歳もまた人生の一つの通過点にすぎないと考えていたが、思いがけず研究仲間である友人諸兄や、出講先の大学で辛抱強く私のゼミや講義に参加してくれたかつての学生諸氏が、私の編集による一書の刊行を企画され、論考を寄稿してくださることになった。

誠にありがたい話ではあるが、私のような者にはいささか分不相応な企画に思えて、最初は正直、戸惑っていた。しかしせっかくのご厚意であり、それを素直にお受けすることにした。発起人の篠川賢・藤井由紀子・鈴木正信・紅林怜の四氏をはじめ、原稿をお寄せいただいた二十一人の方々、この企画のためにお力添えを賜わった方々には、深甚なる謝意を表する次第である。

寄稿していただいた原稿は、私の研究テーマとの関連もあって、氏族や渡来人に関するものが多い。そのため本書の書名を『日本古代の氏族と政治・宗教』と命名したが、もとより氏族関係に限らず、古代史の様々なジャンルにわたる論考も含まれているので、書名にこだわらず、内容に即して四部構成とし、第一部「政治制度と氏族・官人の諸相」、第二部「地域社会と国造・県主制」（以上、上巻）、第三部「外交と渡来人」、第四部「寺院と僧侶・経典」（以上、下巻）に区分した。

収録された論考はいずれも力作で、今後の当該分野の研究の発展に寄与するところが少なくないと確信している。本書が戦後歴史学のエネルギーを引き継いで、新たな古代史研究の起爆剤となることを祈念してやまない。

最後になったが、出版情勢厳しき折り、大部となった本書の刊行を快くお引き受けいただいた雄山閣の皆様と、編集を担当してくださった同社の八木崇・桑門智亜紀両氏に厚く御礼申し上げたい。

二〇一八年二月十二日

加藤　謙吉

日本古代の氏族と政治・宗教　上　目次

はしがき……1

第一部　政治制度と氏族・官人の諸相

大伴氏と来目部……篠川賢……7
部民の廃止に関する一試論……小野里了一……23
上毛野三千……須永忍……47
藤原百川と「和舞」……中川久仁子……65

第二部　地域社会と国造・県主制

出雲国造神賀詞にみられる国譲り神話の問題点について
—『日本書紀』との比較を中心に—……瀧音能之……93
凡直氏と国造制—「凡直国造制」の再検討—……鈴木正信……111
紀伊国造と古代王権……大川原竜一……133
東国における「吉士」考……中村友一……163
県・県主小考—三嶋竹村屯倉設置説話の事例から—……堀川徹……181

古墳時代後期における三浦半島東岸地域と
房総半島西岸地域の墓制からみえる共通性
―ヤマトタケル伝承を手掛かりに― ……………… 東真江 ………… 199

下巻収録内容

第三部　外交と渡来人

仁藤敦史「倭系百済官僚の基礎的考察」／河内春人「渤海中臺省牒の出現と日渤外交」／川嶋孝幸「「百済の役」の亡命者に関する一考察―亡命百済人の活動を中心に―」／宮永廣美「渡来人と冠位制」／近藤剛「『勘仲記』弘安十年七月十三日条所載「対馬守源光経解」について」／紅林怜「アメノヒボコ伝承の構成―記紀を比較して―」

第四部　寺院と僧侶・経典

小林真由美「奈良時代の疑偽経典目録について―『開元釈教録』巻第十八考―」／三舟隆之「「西琳寺縁起」と「知識」―西琳寺は「知識寺」に非ず―」／藤井由紀子「氏寺考―寺院縁起文の史料性検討を通して―」／水口幹記「出迎えられる僧―菩提僊那・行基・鑑真―」／榊原史子「道昌・惟宗氏と聖徳太子―平安時代初期・摂関期の秦氏と聖徳太子信仰―」

第一部　政治制度と氏族・官人の諸相

大伴氏と来目部

篠川　賢

はじめに

『古事記』天孫降臨段には、ニニギノミコトの天降りを天忍日命と天津久米命の二人が先導したとあり、天忍日命を「大伴連等之祖」、天津久米命を「久米直等之祖」とする。『日本書紀』神代下第九段一書第四にも同様の伝えを載せるが、そこでは天忍日命が「来目部遠祖天槵津大来目」をひきいて先導したとしている。この所伝の違いが持つ意味については古くから議論があるが(1)、いまだ断案は得られていない。

おおきくは、次の二つの見方に分かれる。一つは『古事記』の所伝を本来的なものとし、大伴氏と久米(来目)氏はもと対等の関係にあったが、のちに久米氏が大伴氏の配下に編入され、『日本書紀』の所伝が生じたとする見方である。いま一つは『日本書紀』の所伝を本来的なものとし、大伴氏が久米氏・来目部をひきいるのが本来の形であったが、のちに久米氏の主張を取り入れて『古事記』の所伝が生じたとする見方である。また、大伴氏はもと久米氏であり、その後の勢力拡大により大伴氏と改称したとする高橋富雄氏の説もあり(2)、近年、加藤謙吉氏も、基本的に高橋説を継承した見解を示されている(3)。たしかに、『万葉集』に載る大伴家持の「陸奥国より金を出せる詔書を賀く歌」(巻十八―四〇九四)にも、「遠つ神祖の　その名をば　大来目主と　負ひ持ちて」(訓読は日本古典文学大系本『万葉集』による)とあり、大伴氏と来目との関係が本来的なものであったことをうかがわせる。

大伴氏の成立過程を知る上で、大伴氏と久米氏、および来目部(来目集団)との関係をいかに考えるかは重要な問題である。本稿では、この点について、若干の考えるところを述べることにしたい。

一　天忍日命の伝承

記紀の天忍日命の伝承は次のとおりである。

【史料1】『古事記』天孫降臨段

（前略）故爾詔二天津日子番能邇邇芸命一而、離二天之石位一、押二分天之八重多那〈此二字以レ音。〉雲一而、伊都能知和岐知和岐弖、〈自レ伊以下十字以レ音。〉於二天浮橋一、宇岐士摩理、蘇理多多斯弖、〈自レ宇以下十一字亦以レ音。〉天二降坐于竺紫日向之高千穂之久士布流多気一。〈自レ久以下六字以レ音。〉故爾天忍日命、天津久米命、二人、取二負天之石靫一、取二佩頭椎之大刀一、取二持天之波士弓一、手二挟天之真鹿児矢一、立二御前一而仕奉。故、其天忍日命、〈此者大伴連等之祖。〉天津久米命、〈此者久米直等之祖也。〉（後略）（〈　〉内は割注。以下同じ）

【史料2】『日本書紀』神代下第九段一書第四

高皇産霊尊、以二真床覆衾一、裹二天津彦国光彦火瓊瓊杵尊一、則引二開天磐戸一、排二分天八重雲一、以奉レ降之。于時、大伴連遠祖天忍日命、帥二来目部遠祖天槵津大来目一、背負二天磐靫一、臂著二稜威高鞆一、手捉二天梔弓・天羽羽矢一、及副二持八目鳴鏑一、又帯二頭槌剱一、而立二天孫之前一。遊行降来、到二於日向襲之高千穂槵日二上峯天浮橋一、而立二於浮渚在之平地一、膂宍空国、自二頓丘一覓レ国行去、到二於吾田長屋笠狭之御碕一。（後略）

両伝承は基本的には共通した内容となっており、『古事記』にいう「天津久米命」と、『日本書紀』にいう「天槵津大来目」は、同一神を指すとみるのがふつうである。しかし、『古事記』は大伴連氏と久米直氏のことを述べているのに対し、『日本書紀』は大伴連氏と来目部の関係を問題にしているのであり、「天津久米命」と「天槵津大来目」を同一神とみるのは疑問である。両伝承の違いは、「はじめに」にも述べたとおり、『古事記』が天忍日命と天津久米命の二人を先導者とするのに対し、『日本書紀』は天忍日命が天槵津大来目をひきいて先導したとする点にあるのであり、それは、大伴氏と久米氏とを対等（並列）の関係とするか、上下の関係とするかの違いではないといえるのである。
天孫降臨の話は、『新撰姓氏録』大伴宿禰条にもみえるが、そこにおいても、『日本書紀』と同じく天忍日命（天押日命）と来目部の関係が述べられており、『古事記』にいう「天津久米命」は登場しない。

【史料3】『新撰姓氏録』左京神別中、大伴宿禰条
高皇産霊尊五世孫天押日命之後也。初天孫彦火瓊々杵尊神駕之降也、天押日命、大来目部立二於御前一、降二乎日向高千穂峯一。然後以二大来目部一、為二天靫部一。靫負之号起二於此一也。雄略天皇御世、以二入部靫負一賜二大連公一。奏曰、衛門開闔之務、於レ職已重。若有二一身難レ堪。望与二愚児語一、相伴奉レ衛二左右一。勅依レ奏。是大伴佐伯二氏、掌二左右開闔一之縁也。

この点は、『古語拾遺』や『先代旧事本紀』の天孫降臨伝承でも同様である。
そして、天孫降臨伝承における『古事記』と『日本書紀』（および『新撰姓氏録』『古語拾遺』『先代旧事本紀』など）の間にみられる違いは、記紀の神武天皇大和入り伝承にみられる違いと、まさに対応している。

【史料4】『古事記』神武天皇段
（前略）故爾於二宇陀一有二兄宇迦斯〈自レ宇以下三字以レ音。下效レ此也。〉弟宇迦斯二人一。（中略）爾大伴連等之祖、道臣命、久米直等之祖、大久米命二人、召二兄宇迦斯一罵詈云、伊賀〈此二字以レ音。〉所二作仕奉一於二大殿内一者、意礼〈此二字以レ音。〉先入、明下白其将レ為二仕奉一之状上而、即握二横刀之手上一、矛由気〈此二字以レ音。〉矢刺而、

追入之時、乃己所レ作押見レ打而死。爾即控出斬散。（後略）

【史料5】『日本書紀』神武即位前紀戊午年六月丁巳条

（前略）是時、大伴氏之遠祖日臣命、帥二大来目一、督二将元戎一、踏レ山啓行、乃尋二烏所向一、仰視而追之。遂達二于菟田下県一。（中略）于時、勅誉二日臣命一曰、汝忠而且勇。加有二能導之功一。是以、改二汝名一為二道臣一。

【史料6】同八月乙未条

天皇使レ徴二兄猾及弟猾者一。〈猾、此云二宇介志一。〉是両人、菟田県之魁帥者也。〈魁帥、此云二比鄧誤廼伽瀰一。〉時兄猾不レ来。（中略）天皇即遣二道臣命一、察二其逆状一。時道臣命、審知レ有二賊害之心一、而大怒誥嘖之曰、虜爾所造屋、爾自居之。〈爾、此云二飫例一。〉因案レ剱彎レ弓、逼令二催入一。兄猾獲二罪於天一、事無レ所レ辞。乃自踏レ機而圧死。（後略）

すなわち、『古事記』では、「大伴連等之祖」の道臣命と「久米直等之祖」の大久米命の二人が宇陀の兄宇迦斯を討ったとするのに対し、『日本書紀』では、「大伴氏之遠祖」の日臣命が「大来目」をひきいて菟田（宇陀）に至り、その導きの功により「道臣」の名を賜り、その道臣命によって、兄猾（兄宇迦斯）が討たれたとするのである。

また、『古事記』には、ほかにとくに道臣命の名をあげてその活躍を伝える記事はなく、大久米命については、神武と皇后イスケヨリヒメとの婚姻の仲立ちをしたとする話を載せる。一方『日本書紀』には、大久米命は登場せず、道臣命については、ほかにも次のような記事を載せている。

【史料7】神武即位前紀戊午年九月戊辰条

（前略）時勅二道臣命一、今以二高皇産霊尊一、朕親作二顕斎一。〈顕斎、此云二于図詩怡破毗一。〉用レ汝為二斎主一、授以二厳媛之号一。（後略）

【史料8】同十月朔条

天皇（中略）乃顧勅二道臣命一、汝宜帥二大来目部一、作二大室於忍坂邑一、盛設二宴饗一、誘レ虜而取之。道臣命、於是、奉二密旨一、掘二窨於忍坂一、而選二我猛卒一、与レ虜雑居。陰期之曰、酒酣之後、吾則起歌。汝等聞二吾歌声一、則一時刺レ虜。已而坐定酒行。虜不レ知三我之有二陰謀一、任レ情径酔。時道臣命、乃起而歌之曰、「忍坂の　大室屋に　人多に　入り居りとも　人多に　来入り居りとも　みつみつし　来目の子等が　頭椎い　石椎い持ち　撃ちてし止まむ」（後略）（歌謡部分は訓読文で示した。訓読は日本古典文学大系本『日本書紀』による。以下同じ）

【史料9】神武元年正月朔条

（前略）初天皇草二創天基一之日也、大伴氏之遠祖道臣命、帥二大来目部一、奉二承密策一、能以二諷歌倒語一、掃二蕩妖気一。倒語之用、始起二乎茲一。

【史料10】同二年二月乙巳条

天皇定レ功行レ賞。賜二道臣命宅地一、居二于築坂邑一、以寵異之。亦使三大来目居二于畝傍山以西川辺之地一。今号二来目邑一、此其縁也。（後略）

【史料7】は、道臣命が神武の身に憑ついた高皇産霊尊の斎主となったという話であるが、それを除いたこれらの記事によれば、神武の大和入りに際しての賊の討伐は、いずれも道臣命が「大来目」「大来目部」をひきいて行ったというのである（【史料10】は論功行賞記事であるが、ここからも道臣命が「大来目」をひきいたことがうかがえる）。そしてこれらの記事にいう「大来目」「大来目部」が、【史料8】の歌謡（来目歌の一つ）にいう「来目の子等」にあたることはいうまでもあるまい。

来目（久米）歌については、【史料8】の歌謡を含めて『日本書紀』に八首載るが、そのうち六首は『古事記』にも載せられている。これらの来目歌（とくに「来目（久米）の子等」の語のみえる記紀に共通する三首）は、「来目の子等」（来目集団）によって歌われた戦闘歌（戦勝歌）と考えられるものであり、記紀の編纂段階において、これらの来目歌と、神武の大和入りに際しての賊の討伐には来目集団が活躍したとの伝承が存在していたことは間違いないであろう。『日本書紀』は、その来目集団をひきいたのを「大伴氏之遠祖」の道臣命とするのに対し、『古事記』では、道臣命と「久米直等之祖」の大久米命の二人がひきいたとするのである。

この神武大和入り伝承における両者の違いからすれば、『日本書紀』のほうが本来の所伝に近く、『古事記』はそれに大久米命を加えたとみるのが妥当であろう。したがって、天孫降臨伝承においても、大伴氏の遠祖の天忍日命が「来目部遠祖天槵津大来目」をひきいて先導したとする『日本書紀』の所伝のほうが本来的であり、『古事記』の伝承は、それに久米直氏の祖である天津久米命を加えたものと考えられる。『古事記』の所伝を本来的なものとし、さらにそれに基づいて、来目部をひきいたのは本来久米直氏であったというように考えるのは困難であろう。

二　大伴氏・久米直氏と来目部

記紀の天孫降臨伝承、神武大和入り伝承における共通部分によれば、大王の武力となった来目集団をひきいたのは大伴氏であったというのであるが、結論からいえば、これらは大伴氏が来目集団をひきいたという事実に基づいた伝承と考えられる。久米直氏のウヂ名が来目（久米）部の部名と一致するからといって、来目部をひきいたのは久米直氏であったと単純に判断するわけにはいかないのである。しかし一方において、久米直氏が来目部の伴造氏族であったことは間違いないであろう。

この点については、各地の来目部をひきいた久米直氏（地方伴造）の上級伴造（中央伴造）が大伴氏であったと解するのが一般的であり、筆者もそれに異論はない。

まず、久米直氏についてであるが、『古事記』には先にみたとおり【史料1】【史料4】にその祖先伝承を載せ、景行天皇段にも「倭建命、平レ国廻行之時、久米直之祖、名七拳脛、恒為二膳夫一以従仕奉也」とあるが、『日本書紀』には関連記事はみえない。

『新撰姓氏録』には、左京神別中と右京神別上に久米直を載せ、それぞれ「高御魂命八世孫味耳命之後也」「神魂命八世孫味日命之後也」とみえる。両者の系譜には、「高御魂命」と「神魂命」、「味耳命」と「味日命」の違いがあるが、本来は同一の系譜であったと考えられる。「高御魂命」が本来の伝えであれば、久米直氏は大伴宿禰氏（【史料3】）と同じく高御魂命（高皇産霊尊）の後裔氏族ということになり、また「味日命」が正しいのであれば、味日命は『伴氏系図』や『古屋家家譜』において道臣命の子とされており、大伴氏と同族ということができる。

大伴氏が各地の久米直氏の上級伴造であったならば、久米直氏が大伴氏と同系の系譜を称することに疑問はないが、ただそうであったとしても、『新撰姓氏録』の久米直氏は、直接には大伴宿禰氏との同族関係を主張してはいない。もちろん、本来の系譜に「神魂命」とあったならば、両氏は同系氏族にはならないし、「味耳命」が正しい場合も同様である。筆者は、『新撰姓氏録』の久米直は本来「神魂命八世孫味耳命之後也」とあったものと考えるが、それは措くとしても、『新撰姓氏録』の系譜から、大伴宿禰氏と久米直氏の同族関係を積極的に主張することはできないであろう。大伴氏と久米氏が本来同一の氏（ウヂ）であったならば、『新撰姓氏録』におけるこのような系譜伝承にはならなかったと思う。

また、『新撰姓氏録』の久米直氏の系譜には、『古事記』に久米直の祖とする「天津久米命」「大久米命」「七拳脛」

らの名のみえないことも注意されるところである。『古事記』の久米直氏の祖先伝承が孤立的であることは、この点からも指摘できるであろう。

要するに、『古事記』の祖先伝承において、久米直氏が大伴氏と並ぶような扱いを受けているからといって、実際に久米直氏が大伴氏に並ぶような勢力を有した時期が一時的にせよあった、などと考える必要はないと思うのである。『古事記』が天孫降臨伝承や神武大和入り伝承に久米直氏の祖を加えた理由については判然としないが、直木孝次郎氏は、大伴氏との関係を対等とする久米直氏側の主張を、地方豪族の立場を重んずる『古事記』が取り入れたとされる。(4)しかし、久米直氏の側がそのような主張をしたということもなかったのではなかろうか。

久米直氏は、天武朝の改賜姓に預かっておらず、(5)その当時における有力な中央氏族の中に含まれていなかったのであり、その後も久米直氏から有力な官人は出ていない。『新撰姓氏録』に載る久米直氏は、のちに中央氏族化した一族とみるべきであろう。(6)

次に、来目部の分布についてであるが、『倭名類聚抄』によると、「久米」を名とする郡郷がかなり広範に存在していたことが知られる。

大和国高市郡久米郷　伊勢国員弁郡久米郷　遠江国磐田郡久米郷　常陸国久慈郡久米郷　伯耆国久米郡
久米郷　美作国久米郡久米郷　周防国都濃郡久米郷　伊予国久米郡　伊予国喜多郡久米郷　筑前国志
麻郡久米郷　肥後国球磨郡久米郷

これらの地域のすべてに来目部が設置されていたとは限らないが、直木孝次郎氏の指摘があるとおり、これらの地域およびそれに隣接する地域の多くに、「久米直」や「久米部」を氏姓とする古代の人名を見出すことができる。(7)部民制下において、来目部が広範に設置されたことは確かであり、その来目部の職掌が武力をもって大王に近侍するということであったとするならば、そのような来目部を中央で統括した氏としては、当然、有力な一族が想定されなければならないであろう。それが大伴氏であったことに間違いはないといえよう。

それでは、来目部と、来目歌にみえる「来目（久米）の子等」（来目集団）との関係はどのように考えられるのであろうか。改めて、『日本書紀』に載る来目歌八首を掲げると次のとおりである。

(1) 菟田の　高城に　鴫羂張る　我が待つや　鴫は障らず　いすくはし　鷹等障り　前妻が　肴乞はさば　立稜麥の　実の無けくを　幾多聶ゑね　後妻が　肴乞はさば　斎賢木　実の多けくを　幾多聶ゑね

(2) 神風の　伊勢の海の　大石にや　い這ひ廻る　細螺の　細螺の　吾子よ　吾子よ　細螺の　い這ひ廻り　撃ちてし止まむ　撃ちてし止まむ

(3) 忍坂の　大室屋に　人多に　入り居りとも　人多に　来入り居りとも　みつみつし　来目の子等が　頭椎い　石椎い持ち　撃ちてし止まむ

(4) 今はよ　今はよ　ああしやを　今だにも　吾子よ　今だにも　吾子よ

(5) 夷を　一人　百な人　人は云へども　抵抗もせず

(6) 楯並めて　伊那瑳の山の　木の間ゆも　い行き瞻らひ　戦へば　我はや飢ぬ　嶋つ鳥　鵜飼が徒　今助けに来ね

(7) みつみつし　来目の子等が　垣本に　粟生には　韮一本　其根が本　其ね芽繋ぎて　撃ちてし止まむ

(8) みつみつし　来目の子等が　垣本に　植ゑし山椒　口疼く　我は忘れず　撃ちてし止まむ

(4)・(5)は『日本書紀』にのみ載せられる歌であるが、ほかの六首は、多少の違いはあるものの同じ歌が『古事記』にも載せられている。かつて来目歌について検討された上田正昭氏は、来目歌は来目氏内部で成立した歌（(1)・(4)・(5)

と、宮廷儀礼において成立した歌（2）・（3）・（6）・（7）・（8）に分類できるとする土橋寛氏の見解を受け[8]、(1)に「菟田の高城に　鴫羂張る」とある点に着目し、来目集団はもと菟田（宇陀）の山人であり、のちに南大和を本拠とする王権に帰属し、大王直属の軍事力となり高市郡内にも居住するようになった（前節に掲げた【史料10】に、大来目が居住地として賜った畝傍山の西の川辺の地が今の来目邑であるとするが、来目邑はのちの高市郡久米郷に比定される）と説かれた。すなわち、来目集団は大伴氏の統属下に置かれる以前は大王直属の軍事集団であったとされたのであり、記紀の天孫降臨伝承については『古事記』の所伝の方が本来的であるとして、大伴氏の統属下に組み込まれる以前の来目集団を独立した集団と解されたのである。そして、その来目集団が大伴氏の統属下に入った時期については、大伴氏が台頭してくる五世紀中葉以降のこととされた[9]。

『日本書紀』には(1)の歌を掲げたのに続けて、（イ）「是謂二来目歌一。今楽府奏二此歌一者、猶有二手量大小、及音声巨細一。此古之遺式也」とあり、「今」の段階で、「楽府」において、来目歌に合わせた舞の行われていたことが知られる。また、(4)の歌に続けて、（ロ）「今来目部歌而後大哂、是其縁也」とあり、最後の(8)の歌を掲げたのちに、（ハ）「凡諸御謡、皆謂二来目歌一」と記している。

上田氏は、令制下においての来目歌・来目舞の担い手は大伴・佐伯であり来目部はすでに姿を没しているから、（ロ）にみえる「今」（来目部が歌った段階）は、来目部が実態として王権に組み入れられていた段階を指すとし、来目歌・来目舞の成立を五世紀に遡るものとされた。たしかに宮廷儀礼における来目舞は、『令集解』職員令雅楽寮条にひく尾張浄足の説に、「久米儛。大伴弾レ琴、佐伯持レ刀儛、即斬二蜘蛛一。唯今琴取二人、儛人八人、大伴佐伯不レ別也」とあるが、これは、来目舞の担い手が来目部から大伴・佐伯に変わったことを示すものではなく、大伴・佐伯の人々も、来目歌・来目舞の担い手である「来目の子等」であったことを示すものと考えられる。また、（イ）（ロ）（ハ）の記述は、いずれも『日本書紀』（神武紀）の著者によって書き加えられた記述とみるべきであり、「今」は『日本書紀』の編纂段階を指すと考えるのが妥当であろう。

記紀の来目歌は、記紀の編纂段階において現に歌われてた歌と考えられるのであり、(1)・(4)・(5)を久米集団本来のもの、(2)・(3)・(6)・(7)・(8)を宮廷儀礼の中で成立したものと分類すること自体疑問であろう。「来目の子等」の句を含む歌が後者にのみ含まれることからも、それは指摘できると思う。また、来目歌のすべてを、本来来目集団によって伝承された歌とみることも疑問である。たしかに(1)の歌は、上田氏の説かれるように、その内容からは本来は菟田（宇陀）の山人の間に伝えられた民間歌謡であった可能性が高い。しかしその山人を、本来の来目集団とみることに疑問が持たれるのである。

ただ、このような戦闘歌（戦勝歌）としての来目歌が、宮廷儀礼の中で歌われるようになった背景には、「来目の子等」（来目集団）が大王に近侍する軍事集団として存在したという事実を想定しなければならないであろう。上田氏はその来目集団を、本来は大伴氏から独立した集団と解されたのであるが、記紀の来目歌が五世紀に遡るような古い歌謡とみる必要がないのであれば、そしてまた、前節で述べたように、記紀の天孫降臨伝承・神武大和入り伝承は、『日本書紀』の所伝を本来的なものとみてよいのであれば、来目集団は、もともと大伴氏の統率下に置かれた集団であり、各地に設置された来目部の上番者によって構成された集団であったと考えることも可能ではなかろうか。

次にこの点を、大伴氏の成立の問題と関わらせて考えてみたい。

三　大伴氏の成立

大伴氏（大伴連氏）の前身集団については、大王に近侍する軍事的性格の強い集団であり、物部連氏の前身集団とともに、五世紀中葉以降に台頭したとするのが今日における一般的見方であろう。すなわち、五世紀後半の雄略天皇（ワカタケル大王）の時代においては、すでに物部氏の前身集団とともに、大王を支える組織の中核を担っていたとするのである。(10)

しかし、すでに別のところで述べたように、(11) 稲荷山古墳出土鉄剣銘・江田船山古墳出土大刀銘から推定されるワカタケル大王を支えた組織は、杖刀人・典曹人から構成される簡素な原初的組織であり、杖刀人の首（ワカタケル大王に近侍した武人の長）であったヲワケは、埼玉地方出身の人物であった。地方からの出仕者が大王に近侍する武人の長たり得るような組織は、いまだ小規模な組織であり、中央の有力豪族の多くはその組織に組み込まれていない段階を想定するべきであろう。また、たとえヲワケが中央の有力豪族であったとしても、ヲワケの称した系譜はオホヒコを始祖とするのちの阿倍氏・膳氏系の系譜であり、ヲワケはのちの大伴氏や物部氏の人物ではなかったとみるべきである。ワカタケル大王の時代は、いまだ連合政権的性格が強く、すべての豪族が大王に臣従していたのではなく、のちの大伴氏・物部氏を含め、多くの有力豪族は独立性の強い存在であったと考えられる。大伴氏が「大伴」のウヂ名と「連」のカバネを称する氏（ウヂ）として、大王を支える組織の中核を担うようになったのは、継体天皇（ヲホト大王）の即位以降のことと考えるべきであろう。

大伴氏の前身集団をワカタケル（雄略）の王権を支えた中核とみる一般的見方は、大伴室屋を実在した人物とみることに基づくところが大きい。たしかに『日本書紀』によれば、室屋は雄略の即位とともに大連に任命され（雄略即位前紀）、雄略の遺詔では「大連等、民部広大、充二盈於国一」として、星川皇子の反乱に備えての「皇太子」（清寧天皇）の輔政を任され（雄略二十三年八月丙子条）、清寧の即位に際しては星川皇子の反乱を鎮圧したとある（清寧即位前紀）。しかし、允恭天皇の詔を受けて諸国に藤原部を定めたとあり（允恭十一年三月丙午条）、武烈天皇の命を受けて城を水派邑に作ったとあるように（武烈三年十一月条）、十九代允恭から二十五代武烈までの七代に仕えたとされることからすれば、むしろ伝承上の人物とみたほうがよいであろう。

『新撰姓氏録』の大伴宿禰条（【史料3】）にも、雄略朝に「大連公」（室屋）が「入部靫負」（上番している靫負の意味であろう）を賜ったことを、「衛門」を掌る大伴・佐伯両氏の奉事の根源としているが、一族の奉事根源を雄略朝に求めるのは多くの氏（ウヂ）に共通するところであり、それをそのまま事実の伝えとみることはできない。(12) なお、大伴氏が靫負の統率にあたったという点については異論はないといえようが、【史料3】に「大来目部」を「天靫部」としたのが「靫負」の名の起こりであるというように、来目部も靫負であったと考えられる。

「大伴」というウヂ名の語義については、「大王のトモ」、「もっとも有力なトモ」、「種々のトモを統率するトモ」などが考えられるが、直木孝次郎氏の指摘されたとおり、いずれにせよ細分化された特定の職掌に限定されないウヂ名ということができよう。(13) 物部氏の「物部」も、部称が導入され部民制が成立した当初の、いまだ細分化された部が設置されていない段階のウヂ名にふさわしく、「大伴」「物部」というウヂ名は、ウヂ名や部民制の成立した当初、すなわち継体朝に賜与されたウヂ名とみるのが妥当と考えられるのである。

大伴氏はもと久米氏であり、のちにウヂ名を「久米」から「大伴」に改称したとする見方は、このようなウヂ名の成立事情や時期から考えても疑問とせざるを得ない。また、大伴氏の前身集団が、「来目の子等」（大王に近侍する軍事集団）としてすでに五世紀代に存在していたという見方も成立し難いと思う。これまで述べてきたとおり、大伴氏の祖先伝承においては、いずれも大伴氏の祖が来目をひきいたとするのであり、(14) 大伴氏の祖が来目であったというのではない。「はじめに」に掲げた家持の歌においても、「神祖」は「大来目主」（偉大な来目の統率者）という名を負ったというのであり、「来目」の名を負ったとはしていないのである。

第一節に掲げた【史料10】によれば、神武大和入りの論功行賞により、道臣命は築坂邑に、大来目はのちの来目邑に居地を賜ったとある。加藤謙吉氏は、築坂邑と来目邑はそれぞれ現在の橿原市鳥屋町と同市久米町に比定でき、両邑は互いに隣接すること、鳥屋町には延喜式内社の鳥坂神社二座が鎮座し、文安三年（一四四六）の『和州五郡神社神名帳大略注解巻四補闕』（『五郡神社記』）には鳥坂神社を大伴神社と記し、社家は大伴氏であるとすることなどから、大伴氏の大和における拠点は十市郡・城上郡内にも広がるが、大伴氏の前身集団が最初に定着したのは高市郡の築坂邑や来目邑であったと考えられるとされている。また築坂邑・来目邑の一帯は、六世紀半ばから後半には蘇我氏が勢力を伸長させた地であり、大伴氏の前身集団が定着したのはそれ以前のことと考えられるとも述べられている。(15)いずれも従うべき見解と考えるが、ただ加藤氏は、その定着の時期を五世紀後半まで遡るとし、大伴氏の前身集団（来目集団）を雄略（ワカタケル）の親衛軍としてその軍事的専制王権を支えた集団とされるのであるが、この点は先に述べたとおり首肯できない。

一方、大伴氏の大和以外の拠点については、『日本書紀』雄略九年五月条に、大伴室屋と紀小弓は「同国近隣」の人であり、室屋は小弓の墓を「田身輪邑」（のちの和泉国日根郡淡輪、現在の大阪府阪南市・岬町淡輪）に作ったとの伝承がみえることや、欽明元年九月己卯条に任那四県の割譲を非難された大伴金村が「住吉」（のちの摂津国住吉郡、現在の大阪府大阪市住之江区）の宅に退いたとあることなどから、のちの摂津・和泉地方の沿岸地域に求められており、この地を大伴氏およびその前身集団の本来の拠点とみるのがむしろ一般的である。(16)おそらくそのとおりであり、大伴氏の前身集団は、大伴金村の時に継体の即位を支持し、継体とともに大和入りを果たし、まずはのちの高市郡築坂邑・来目邑一帯の地に定着したということであろう。このように考えれば、蘇我氏がこの地域に勢力を伸長させる以前という加藤氏の指摘にも矛盾しない。

そしてその後、継体に近侍する軍事集団を諸国から徴集するために来目部が各地に設置され、その来目部の上番者（「来目の子等」）を大伴氏がひきいるという形態が成立したと考えられるのである。「来目（クメ）」の語が地名に由来し、本来クメの地に居住した人々を「来目の子等」と呼んだとするのは一つの解釈であろうが、「クメ」の語源については、「クミ」（組）であり軍隊の隊伍を指すとする説や、「クベ」（垣）であり宮廷の垣の守りを指すとする説もある。本来、大王に近侍する軍事集団を「クメ」と呼んだと解することも十分可能であろう。(17)【史料10】にいうところに従えば、その軍事集団の居住した地がのちに来目邑と呼ばれたというのである。

来目歌・来目舞は、「来目の子等」が大王に近侍する軍事集団として固定化されたからこそ、宮廷儀礼として意味を持ったのであり、その成立も、大王位の固定化・世襲化以降、すなわち六世紀以降のことと考えるのが妥当であろう。

注

（1）直木孝次郎『日本古代兵制史の研究』（吉川弘文館、一九六八年）「三　来目直・来目部」参照。
（2）高橋富雄「大伴氏と来目部」（『日本歴史』一六六、一九六二年）。
（3）加藤謙吉『大和の豪族と渡来人』（吉川弘文館、二〇〇二年）。
（4）直木孝次郎『日本古代兵制氏の研究』（前掲）二七〜二八頁。
（5）天武朝の改賜姓において、久米臣氏が朝臣を賜与されているが、この久米朝臣氏は、『新撰姓氏録』右京皇別上に「武内宿禰五世孫稲目宿禰之後也」とあるように、蘇我氏の同系氏族であり、来目部の伴造氏族の久米直氏とは別の氏族である。なお『新撰姓氏録』大和国皇別に久米臣もみえるが、この久米臣氏は「柿本同祖、天足彦国押人命五世孫大難波命之後也」とあるように、和邇氏系の氏族であり、やはり久米直氏とは別氏である。
（6）加藤謙吉氏は、『新撰姓氏録』の久米直氏を、伊予国久米郡から大和に移住してきた久米直氏の一族である可能性が高いとされる。加藤謙吉『大和の豪族と渡来人』（前掲）七四頁。
（7）直木孝次郎『日本古代兵制氏の研究』（前掲）三〇〜三一頁。
（8）土橋寛「久米歌と英雄物語」（『古代歌謡論』三一書房、一九六〇年）。
（9）上田正昭「戦闘歌舞の伝流」（『芸能史研究』三、一九六三年。のち同『日本古代国家論究』塙書房、一九六八年、所収）ここでは後者による。
（10）最近の荒木敏夫『敗者の古代史4　古代日本の敗者と勝者』（吉川弘文館、二〇一四年）においても、このような理解が示されている。
（11）拙著『物部氏の研究』（雄山閣、二〇〇九年）。拙稿「ワカタケル大王と地方豪族」（加藤謙吉編『日本古代の王権と地方』大和書房、二〇一五年）。拙著『継体天皇』（吉川弘文館、二〇一六年）など。
（12）『令集解』職員令左衛士府条所引の弘仁二年（八一一）十一月二十八日付「太政官符」にも、「今得㆓散位従五位下大伴宿禰真木麻呂、右兵庫頭従五位下佐伯宿禰金山等解㆒偁、己等之祖、室屋大連公、領㆓靫負三千人㆒、左右分衛。是以、衛門開闔、弈葉相承」とあり、【史料3】と同じ奉事根源譚（祖先伝承）がみえるが、この伝承からも、大伴室屋は大伴氏の実在の人物というよりは、大伴・佐伯氏にとっての伝承上の祖とみる方が自然であるといえよう。

(13) 直木孝次郎『日本古代兵制氏の研究』(前掲)一四～一五頁。

(14)『日本書紀』雄略二年七月条には、天皇が不義を犯した百済の池津媛と石川楯を大伴室屋に命じて来目部をして処刑したとあるが、この記事も、大伴氏が来目部をひきいたことを示している。

(15) 加藤謙吉『大和の豪族と渡来人』(前掲)七六～七九頁。

(16)『国史大辞典』「おおともうじ　大伴氏」(執筆、直木孝次郎)、『日本古代氏族事典』「大伴　おおとも」(執筆、平野友彦)など参照。

(17)「クメ」の語源をめぐる諸説については、上田正昭「戦闘歌舞の伝流」(前掲)二五五～二五六頁参照。

部民の廃止に関する一試論

小野里　了一

はじめに—最近の改新詔、及び孝徳朝の評価—

改新詔に対する評価は、かつては大きく三つの立場に分かれていた。改めて言うまでもないことだが、①原詔存在説[1]、②令文転載説[2]、③否定説である[3]。しかしながら、郡評論争を経て令文転載説が優勢となる中、最近では、天智四年に比定される「乙丑年」の年紀をもち、部民を編成した「某部五十戸」ではなく、部民とは無関係な五十戸を編成したとみられる「国—評—五十戸」制の存在を窺わせる木簡を論拠として、講座論文などでも、『日本書紀』が伝える大化改新を含めた孝徳朝の治世について積極的な評価をするものが多く、否定説が、孝徳朝の事績としては特に疑問視する、改新詔第一条による部民の廃止と公民制の創出までをも積極的に見通す、新肯定論が有力になりつつある[4]。そこで本論では、近年の研究動向を受け、『日本書紀』孝徳天皇（以下、『孝徳紀』のように記す）の諸詔の述べるところを確認しつつ、まずは改新の主眼点であったとされる公地公民制のうち、公民制の創出と表裏の関係にある部民の廃止について、ついで公民制創出の視点から『孝徳紀』の諸詔と共に検討されることの多い、『天智紀』三年二月丁亥条の「甲子宣」と『天武紀』四年二月己丑条詔についても取り上げ[5]、筆者の考えるところを明らかにしたい。

部民の廃止から公民制創出の流れを論じる以上、まず確認しておかねばならないのは部民の定義であろう。筆者は、部民とは大王及びそれに付随する中央・地方豪族等によって形成される権力（以下、「王権」とする）によって、何らかの貢納や使役を負わされた存在に限定すべきとの立場である。王権の一端に組織された中央・地方豪族の下には、その権力の再生産に欠くことのできない被支配民階層が存在したはずだが、それら全てを一概に大王への仕奉に結び付けられた部民と見るべきではなく、仕奉を負わないものは「豪族私有民」として部民とは厳密に区別すべき存在であり、両者を混交して考察すべきではないと考えている。(6)豪族の支配下にある人民を、部民とそれ以外の被支配民に分ける立場から部民の廃止を考察したものとしては、北村文治の研究がすでにある。(7)

その点を確認した上で、豪族の下にある被支配民について、筆者の考えを整理して述べれば、大化改新時点で大王、王族、諸豪族の下には、理念上は、①として、改新詔以下再三廃止が命ぜられることになる部民（＝子代（入部）・部曲・御名入部・品部と記される）と、②として、部民ではなく王族・諸豪族の下にあった豪族私有民（＝民・民部と記される）の二系統が基本的にあったはずである。

しかしながら、実際には①と②が同所に混在することで、この他に③として、このどちらに属するべきか判別が不可能になった被支配民＝王権側は豪族に所有を認めた部民として考えていたが、所有した豪族側は私有民と主張した被支配民というものが存在すると推測する。

以下、この考えに立って部民の廃止に関わる諸詔を読むと、③の存在こそが部民の廃止を進めていくうえで問題となっていたことが指摘できる。この点を念頭において本題に入ることとする。

一　『孝徳紀』大化二年正月朔条(8)（改新詔第一条）

【史料二】『孝徳紀』大化二年正月朔条

二年春正月甲子朔、賀正礼畢、即宣改新之詔曰、其一曰、罷昔在天皇等所立子代之民・処々屯倉、及別臣連伴造国造村首所有部曲之民、処々田荘。仍賜食封大夫以上、各有差。降以布帛、賜官人百姓、有差。又曰、大夫所使治民也、能尽其治、則民頼之。故、重其禄、所以為民也。

まず大化前代における籍を用いた人民支配の例としては、『欽明紀』の白猪屯倉における「田部丁籍」があり、[9]在地に派遣され常駐した官人が、ミヤケの部民である田部を籍により管理していたことからは、六世紀半ば以降に設定された部民は、籍に編成されていた可能性が高い。

この方法は、従来の部民管理方式に比較して

①隷属関係の明瞭化（白猪屯倉の記事からも窺える様に、豪族の所有下に長期間置かれた部民は、やがてその帰属が曖昧となり、結果、豪族の私有民化しがちであった）

②籍に登録され、帰属が明確となった部民からの貢納物・労役徴収の確実化

といったメリットがあり、この支配方式を以って、従来の方式では発生が避けられなかった諸矛盾を解消し、王権にしかるべき貢納や労役を集中させることが意図された。

改新詔第一条の言わんとするところは、王権によって掌握している「部民」については従来の部民支配方式（＝豪族に管理を任せる支配方式）は廃止し、そして改新詔第二・三条を見るに、その旧部民階層を戸籍に録して、郡（評）という領域的単位の中に編成管理するということである。

次にこの詔を具体的に読むことで、王権が部民を如何なる存在と考えていたかを明らかにする。はじめにでも述べたが、王権に編成された諸豪族は、いずれも何らかの役の供出を負っていて（仕奉）、その役の供出のため特定の人民＝部民を管理していた。つまり王権の立場からは、諸豪族下にある特定の人民＝部民は「掌握している階層」との理解がある。その視点からこの詔を分析すると、「昔在天皇等所立子代之民」とは「王族が所有している部民」（所有とは私有ではなく、管理させているの意味である）であり、これと対応する形で取り上げられている「別臣連伴造国造村首所有部曲之民」とは「豪族に所有させている部民」であり、王族所有の部民を示す言葉としては「子代」が、豪

族所有の部民を示す言葉としては「部曲」が記されている。改新詔全体に文飾が施されていることは否定しないが、この子代と部曲の書き分けは原詔にもあったと考えたい。

部民廃止を掲げた孝徳大王の理念からすれば、「子代」と「部曲」は、王権によって、王族や諸豪族に所有させているることが明らかな、掌握している階層との理解が存在し、その本来の主たる大王の命令をもってすれば、管理者たる王族や豪族から部民を返上させることは可能と理解していたことをこの詔は示す。

以上のように筆者は第一条を理解するが、本論の立場のように、豪族の支配下の人民には、部民と（所有民）と非部民（私有民）が存在したとの見解に立った時、第一条（及び第二～第四条）では、後者をどのように処遇したのかを明らかにしなければならないだろう。

諸豪族層が己の権力を再生産する上でその経済基盤としていた階層が部民と非部民によって構成されていたとするなら、その全てを返上するような詔が大王から出された場合、大多数の諸豪族、特に地方にあって中央での職掌に任ぜられないような階層は、その在地首長層として依って立つべき経済基盤全てを、王権に無条件に吸収されたこととなる。第一条がそのような内容の詔であったなら、豪族たちが俄かに従うことは考えにくい。またこの第一条で豪族支配下の人民の返上に対する補填として示されているのが、食封・布帛の支給だが、食封制成立の可否の問題はさておくとしても、発足後僅か半年の新政権の実情を考えた時、新たな支配制度導入から日も浅く、徴収体制の混乱なども十分想定され、諸豪族がこれまで支配していた全ての人民から徴収していた財に匹敵するだけの代替物を支給できたとも考えがたい。

そしてこのことは、王権が部曲の廃止と引換えに補填を約束したのは、諸豪族の全収入ではなくその一部であったことを示し、そこから考えられることは、大化前代における諸豪族の収入源としては、部民所有によって生ずるものが全てではなかったということである。よってここで廃止すべきとして問題とされている「部曲」とは、諸豪族の経済基盤となっていた全ての階層に及ぶようなものではなかったのであり、第一条の部曲の廃止とは諸豪族に対して、私有民も含めた全ての経済基盤を手放すことを命じるものではなかったのである。

二　『孝徳紀』大化二年三月壬午条（皇太子奏）

【史料二】『孝徳紀』大化二年三月壬午条

皇太子使々奏請曰、昔在天皇等世、混斉天下而治。及逮于今、分離失業。謂国業也。属天皇我皇、可牧万民之運、天人合応、厥政惟新。是故、慶之尊之、頂戴伏奏。現為明神御八嶋国天皇、問於臣曰、其群臣連及伴造国造所有、昔在天皇日所置子代入部、皇子等私有御名入部、皇祖大兄御名入部、謂彦人大兄也。及其屯倉、猶如古代、而置以不。臣即恭承所詔、奉答而曰、天無双日。国無二王。是故、兼并天下、可使万民、唯天皇耳。別以入部及所封民、簡充仕丁、従前処分。自余以外、恐私駈役。故献入部五百廿四口・屯倉一百八十一所。

奏に先んじる孝徳大王の諮問では「群れなる臣連及伴造国造たもてる昔の天皇あられる日に置く所の子代入部」「皇子等私にたもてる御名入部」「皇祖大兄の御名入部」といったものが「なお古き代の如く、置くや否や」と問われているが、特にここで問題視されているのは、結果的に奏をもって、中大兄王が返還を余儀なくされた「皇祖大兄御名入部」の存在である。

改新詔第一条ですでに部民の廃止が命ぜられていることからは、政権の中枢にいる中大兄がその廃止命令に表立って従わないとは考えにくい。とすればこの「皇祖大兄御名入部」とは、孝徳からみればすでに廃止を命じている対象（部民）である一方で、中大兄はそれには該当しない（部民ではない）として返還に応じていなかった存在であったと考えられる。そこからは「皇祖大兄御名入部」とは、改新詔第一条で孝徳が廃止を命じた対象の「子代之民」でありながら、それとは簡単に判別がつけがたくなった存在であったと推定される。

この「皇祖大兄御名入部」については、薗田香融が明らかにしたように、中大兄が伝領していた押坂部という子代で、祖父押坂彦人大兄、父田村王、中大兄と三世代の伝領を経た結果、本来、王権から所有を認められた子代であったものが、既に中大兄王家の私有民化し、あたかも家産であるかの如き存在となっていた部民と考えられる。[10]

以上のことを念頭に、孝徳の諮問で問題視された「皇祖大兄御名入部」について考えると、本来は子代之民でありながら、大化二年時点で、部民であるか私有民であるかが判別不可能となってしまっていて、所有する中大兄が返還に応じていなかった存在ということになる。

このような理解に立つと、この諮問は、改新詔第一条にもかかわらず未だ廃止案を受け入れないで存在し続けていた御名入部の返還を、部民ではないと主張して渋り続けていた中大兄に促したもので、同じく未だに部民の返還を渋り続けていた他の王族や豪族層に与えたインパクトを考えると、中大兄が奏で答えた内容は、確かに政治的演出といった側面もあったかもしれないが、[11]それは孝徳と中大兄が同一の新政権像を描いていた場合にこそ成り立つ推論であり、両者に緊張関係が存在していた場合は、これを皇祖大兄御名入部の返還に応じない中大兄に対して、孝徳が圧力をかけたものと理解できる。[12]

本論ではこの諮問の意図するところは、今後の来るべき部民の廃止に向けて、などという悠長なものではなく、改新詔第一条を受けてもなお、部民である皇祖大兄御名入部の廃止に応じない中大兄に対して、その返還を強く求めたものであり、部民の廃止を進めるべく孝徳大王が強権を発動したものと理解したい。

三 『孝徳紀』大化二年八月癸酉条（品部廃止詔Ⅰ）

【史料三】『孝徳紀』大化二年八月癸酉条

八月庚申朔癸酉、詔曰、原夫天地陰陽、不使四時相乱。惟此天地、生乎万物。々々之内、人是最霊。々々之間、聖為人主。是以、聖主天皇、則天御寓、思人獲所、暫不廃胸。而始王之名々、臣連伴造国造、分其品部、別彼名々。復、以其民品部、交雑使居国県。遂使父子易姓、兄弟異宗、夫婦更互殊名。一家五分六割。由是、争競之訟、盈国充朝。終不見治、相乱弥盛。粤以、始於今之御寓天皇、及臣連等、所有品部、宜悉皆罷、為国家民。其仮借王名為伴造、其襲拠祖名為臣連。斯等、深不悟情、忽聞若是所宣、当思、祖名所借名滅。由是、預宣、使聴知朕所懐。王者之児、相続御寓、信知時帝與祖皇名、不可見忘於世。而以王名、軽掛川野、呼名百姓、誠可畏焉。凡王者之号、将随日月遠流、祖子之名、可共天地長往。如是思故宣之。始於祖子、奉仕卿大夫臣連伴造氏々人等、或本云、名々王民。咸可聴聞。今以汝等、使仕状者、改去旧職、新設百官、及著位階、以官位叙。

この詔は、改新否定論の立場からは、後述の『天智紀』三年二月丁亥条の「甲子宣」を踏まえて、書紀編者が捏造したとされる詔であるが、[14]むしろ部民廃止の理念をよく伝えるものと考えられ、以下少し詳しくこの詔の検討を行いたい。

まず最初に、この詔で三度出てくる「品部」という語の意味についてだが、これは部民全体を示し、王権への従属・奉仕の側面からとらえた語であることを明らかにした鎌田元一の理解が妥当であろう。[15]

その点を確認した上で、詔の解釈を試みるが、難解なのは「復、以其民品部」を如何に読むかである。鎌田説はこの部分を「復其民の品部を以って」と読んでいるのだが、それは鎌田の、倭王権に従属している諸豪族（中央・地方を問わず）の下にある人民（=民・カキ）は、結果的に王権によって編成されているもの、つまりは部民（品部・べ）として編成されているとの理解がある。だが、問題はその編成されている範囲である。

鎌田説では、この範囲を諸豪族の下にある全ての人民に及ぼし、王権に従属した豪族の下にある人民は全て部民であったかのように理解しているように思う。それ故「民」と「品部」は同じものと理解した以上は、決して両者を別のものとする読み方はありえない。同じものとの理解からは、同格として読まざるを得ないのであり、結果、「民の品部」（「その民であるところの品部」）と読まれているように思う。

しかしながら、果たして諸豪族の下には、部民以外の人民は存在しなかったのであろうか。本論の立場は、一節で明らかにしたように、豪族私有民の存在を考えており、それこそがここに「民」と記されたものと考える。(16)

この点を確認して、詔の具体的な解釈を進めるが、まずこの詔は「原夫天地陰陽〜暫不廃朐」の導入部に続く、「而始王之名名〜一家五分六割」の部分が第一段目とできる。この第一段の意味するところは「しかるに（部民＝品部は）本来王の名をもって設定したものだが、臣連伴造国造は品部を分割し、彼等の名を付けて所有していた。そして先ほどの「復以其民品部」については、その後の「交雑使居国県」までを続け、「復其の民を以って品部と交雑し、国県に居らしむ」と読んで、「（豪族たちは其の私有民たる）民と品部とを交雑して国縣に住まわせた。結果として遂には父子でも姓が、兄弟でも主家が、夫婦でも名が異なってしまい、一家がばらばらになってしまった」との意味だろう。ここからは豪族が、王権から管理を任された部民（品部）を、己の私有民と交雑することで、民とすべく侵食していった結果、本来は一家全員が品部であるにもかかわらず、あるものは品部、あるものは私有民といった具合にばらばらになってしまった状況（所有民＝品部を、私有民＝民へと取り込んでいた状況）が復元されてくる。これは「籍」によって管理されていた部民であっても、戸全体での把握に留まっていたと考えられる以上、籍に個別名を記されない構成員の帰属関係は、常に不明瞭なものであったと推測されることから、部民制による支配体制ではいつ何時にでも起こり得る、普遍的な問題点であったと指摘できる。

第二段は「由是〜為国家民」までだが、「是に由って（民か品部か）争い競うの訴えが国に盈ち、朝廷に充ちた。そしてそれ（が民なのか品部なのか）を判断することができず、（民と品部が）相乱れること彌盛んとなった。だから今ここで御寓天皇臣連等の下にある品部は、悉く皆罷めて国家の民とせよ」との意味と考える。

かような民か品部かの判断を求める訴えが国・朝廷に盈ち充ちたのはいつの時か。本論はこれを改新詔第一条が出された後のことだと考える。というのも一節で確認した様に、改新詔第一条で廃止が打ち出されたのは部民のみで、豪族の私的隷属民＝私有民は問題視されていなかったが為に、それ以降、廃止対象たる部民の確定作業が行われる中、ここで本来は部民であるはずなのに、豪族私有民（＝民）化しているものの存在（仮に「グレーゾーンな被支配民」とする）がクローズアップされたと考えるからである。この存在こそが大問題であった。王権側からすれば、その人民を本来は部民（部曲・品部）であったと認識した場合、これを部民として廃止しようとするはずだが、豪族からすれば、これが現状では私有民（＝民）化していることを盾に部民ではない（つまり返還対象ではない）と主張するはずだからである。それ故、その「グレーゾーンな被支配民」が、本来廃止対象の部民なのか、対象外の豪族私有民なのか、その確定を求める訴えが朝廷に充ちたが、結局は判断を下せないことが多く、これに乗じて豪族層は、明らかに部民であっても、これを私有民であると訴えに持ち込むことで、確実な品部までも含めた部民の私有民化を加速度的に実現させること＝「相乱れること彌盛ん」に腐心していたのではないか。[17]

そこで王権としては、民か品部か判断つきかねる部民も含めての部民廃止路線から、明らかに部民であるものに絞って再度部民の廃止を命じたのがこの詔である。つまり「グレーゾーンな被支配民」を、民か品部かを判定しているうちに、一方では豪族が明らかな品部までも私有民化している現実を王権は問題視して、まず明らかな部民の確実な廃止を命じることによって、これ以上の豪族私有民の増加を防ごうとした意図を、この詔から読み取ることができよう。

第三段は、「其仮借王名〜如是思故宣之」の部分で、豪族層は祖先以来の、王の名や皇子の名に因んだ名を失うことは（仕奉の根源の否定につながり）、部民管理の職掌を失うことと考え惜しんでいるが、本来それらを地名にしたり、人民の名に付したりするのは畏れ多いことであり、王の名は時間の経過と共に遠くまで流れ伝わり、祖先の名は天地と共に長く伝わるべき（類のもので、人や土地に付けるものではない）といっている。これは部民の管掌により負ったウヂの名を、部民の返上により失うこともあり得るが、それでも従うように命じていると読める。

そして第四段にあたる最後の個所では、その見返りとしての官位制が約束されている。

以上、この詔から大化二年八月段階における部民廃止の進捗を考えてみたが、ここで確認したことは、
一、部民の廃止が改新詔第一条で打ち出されたことや、大化二年三月の皇太子奏を受け、これまでに王族所有部民の廃止は順調に進んでいた。
二、同じ部民でありながら、もう一方の豪族所有部民の廃止は実現されていないばかりか、これまで以上に品部の私有民化の加速を招き、結果、本来国家の民（公民）へと編成されるべき旧部民の一部が、豪族私有民になるという事態を防げずにいた。
三、そこで廃止命令にもかかわらず、未だに存在している品部のうち、特に部民であることが明確なものの廃止を再度命じることで、公民層の形成を推し進めつつ、民か品部かの帰属争いに乗じて発生し得る、豪族私有民の増加もくい止めようとした。
四、一方、ここでも品部廃止命令に留まり、豪族私有民を止めよとの文言が見えないことからは、その廃止については、未だ俎上に上っていなかった。
ということである。

四　『孝徳紀』大化三年四月壬午条（品部廃止詔Ⅱ）

【史料四】『孝徳紀』大化三年四月壬午条

詔曰、惟神惟神者、謂随神道。亦謂自有神道也。我子応治故寄。是以、與天地之初、君臨之国也。自始治国皇祖之時、天下大同、都無彼此者也。既而頃者、始於神名・天皇名々、或別為臣連之氏。或別為造等之色。由是、率土民心、固執彼此、深生我汝、各守名々。又拙弱臣連伴造国造、以彼為姓神名王名、遂自心之所帰、妄付前々処々。前々、猶謂人々也。爰以神名王名、為人賂物之故、入他奴婢、穢汚清名。遂即民心不整、国政難治。是故、今者、随在天

神、属可治平之運、使悟斯等、而将治国治民、是先是後、今日明日、次而続詔。然素頼天皇聖化而習旧俗之民、未詔之間、必当難待。故始於皇子群臣、及諸百姓、将賜庸調。

三節で確認したことを踏まえて、少し詳しくこの詔を見てみよう。

「惟神～君臨之国也」までは、神代紀に見える天孫降臨や、その故をもって天地開闢よりこの地は（天孫の裔たる）天皇の治める国であると述べる詔の導入部である。

「自始治国皇祖之時～各守名々」の部分は「初めて国を治めた天皇の時以来、天下は同じくあり、嘗ては彼此の違い（を主張する様なこと）はなかった。しかるにこの頃、神の名や天皇の名が、或るものは臣連のウヂ名となり、また或るものは造等の職名となっている。この結果人々の心は、彼此の違いに固執することとなり、我と汝（の違い）をも深く生じさせることとなり、結果各々が己の名を守らんとするようになった」と読んでおく。

「又拙弱臣連～国政難治」は「又、心無い臣以下国造に至るまでの者達は、己が姓（ウヂ名）となっている神の名や王の名を、自分の心のままに、妄りに己が私有民や、拠地にまで付けている。このため（清きものであるべき）神の名や王の名を付けられた人が、時に賂物の対象となってしまい、他の奴婢に混ぜられて清き名が穢れてしまうこととなる。結局、人の心は足並みを揃えることなく、これでは国の政治が上手くいくわけもない」と読めるだろう。

「是故、今者」以下残りは、「今後、天つ神の心のままに天下を治めるべき時運にあたり、これらを悟らせて、国を治めるため、民を治めるため、先に後に今日明日を問わず次々に詔を出そう。だが、ひとえに天皇の聖化を頼りにせよといったところで、旧俗に固執する民（臣以下の豪族層）には、未だ詔が出ないうちには、きっとそれを待ち難い（安心できない）ことだろう。そこでまずは、皇子以下諸百姓に至るまで（の豪族達）に庸調を賜うこととする」といった具合である。

以上の様に読んでみたが、この詔からは如何なる状態が復元できるだろうか。この詔で問題とされているのは、かつてはこの国の民（人衆）には彼此の違いなど存在しなかったのが、神や王の名をウヂ名に付して以降、その違いが意識され、今ではそのことに固執するあまり、各々が違いの元である名を守らんとしている、ということがまず一点目である。

次に問題視されているのは、それら神や王の名をそのウヂ名とした豪族が、神や王の名が己がウヂ名でもあることをいいことに、妄りに私有民（前前）や拠地（處處）に付けてしまう結果として、時にこれが売買の対象物ともなり、神や王の名を付された人々が奴婢などと混交されてしまい、清き名が穢れてしまう、というのが二点目である。

まず確認せねばならないことは、ここで本論は豪族によって神や王の名を妄りにつけられている対象（前前）を豪族私有民と見たが、部民（＝豪族所有民）である可能性はないのか、という点である。確かに神や王の名を付されているものは、一見、部民であるかのような印象を受ける。がしかし、この点こそがこの詔のポイントだと考える。何故なら、豪族が神や王の名を付した対象が「部民」であったのなら、それは王権によって設定された被支配民に対して、正式に王や神の名を付しているのであって、何ら問題とはならないからである。翻ってここに「妄りに」とあることは、本来そうあってはならない部民以外の人々に、神や王の名が付せられている実態こそを問題視しているのである。

ではこれは如何なることが問題なのか。それはこのようなことが行われたら、豪族所有民である部民と、豪族私有民である隷属民の区別が出来なくなってしまうということだろう。先行して出された品部廃止詔Ⅰに「臣連伴造国造、分其品部、別彼名名。復、以其民品部交雑使居国縣」とあったことが想起される。これは「臣・連・伴造・国造達は品部を分割し、それに勝手に彼等の名を付けた。そしてそれらの部民を、同じく彼等の名を付けている隷属民と交雑して拠地に住まわせた」と読めた。この結果、品部（部民）と民（隷属民）との区別がつかなくなったところに、後に続いたが、今回の詔にいうように、隷属民にも神や王の名（これは豪族のウヂ名でもあるが、具体的には押坂部や穴穂部、額田部など、子代と思われる王名を負ったウヂ名を指すと考えられる）を付けるという行為は、本来の部民と同じ称呼を隷属民に付けて、その帰属を曖昧化するという方法である。

これは先に問題視した、部民に隷属民と同じ名を付して隷属民化するのとは手法は全く反対ながら、この二つが相俟って、結果的には部民の帰属を曖昧にすることで、本来は部民である人民が侵食され、豪族たちの隷属民化されていったのである。何となればこの二つの方法は、部民（品部）も隷属民（民）も同じところに居住させられて、しかも同じく神の名や王の名、または彼の名を付けられてしまったら、もはや両者の区別は不可能になってしまうからである。それだけではない。隷属民は賂の対象であったから、本来、神や王の名が付けられた部民（所有民）が、隷属民（私有民）として扱われ、売買などにより他の奴婢に混入されるなどした場合、付けられた神や王の名が汚れることとなった。ここで問題視されているのはその様な状況であろう。そのように読んでくると、「遂即民心不整、国政難治」とは品部の管理一つをとっても豪族層は自分勝手にやっていて、国の政は侭ならなかったということを述べていると解釈できる。

そして、この詔の残りの部分は「これまでは、そのような状況下にあったので、今後は天にまします神がかつてされたように、彼此の違いがない（＝部民はない）ように治めることとし、このことを悟らせたうえで、国を治め民を治めようと思うが、それについては、今後次々と詔を出すことにする。しかしながら、ただ天皇の聖化を頼れば大丈夫といったところで、旧来の方法（部民）に慣れている豪族達にとって、その詔が発布されないでいる間は、いかにも心細いであろうから、まずは皇子、群臣及び諸百姓に（部民の代わりとして）庸調を賜うこととする」と読める。

以上のように読んでみると、この詔のまず第一点目として取り上げ、問題視していた部分の解釈が可能となる。それは彼此の違いを意識し、名の存続にこだわるあり方は、天にまします神がこの国を最初に治めた方法とは相容れないものであり、それがこれまでの乱れた君臣関係を導いた元凶であるが故に、ここに取り上げて問題視したのである。

ではこの詔は何を言わんとしているのか。「是故、今者随在天神」以下の部分こそが、この詔でかくあるべしとの理念をもって示されたものであるからここを検討するに、部民制を廃止するのは、天にまします神がこの国を治めた時のあり方に範を求めたことなのであり、その天孫の末裔たる天皇がそれを行うのは然るべきことなのである。そして部民を廃止し、新しい国家支配、人民支配制度を今後次々と打ち出していくつもりであるが、それらを見るまでは本当に部民を返還しても大丈夫かと豪族達は不安に思うであろうから、ここにその保障としての庸調を賜う、といっていることからは、相変わらず返還を渋り続けている豪族に対して、部民の返還を三度要求したものと読める。

五 『天智紀』三年二月丁亥条（甲子宣）と『天武紀』四年二月己丑条

【史料五】『天智紀』三年二月丁亥条

天皇命大皇弟、宣増換冠位階名、及氏上・民部・家部等事。（中略）其大氏之氏上賜大刀。小氏之氏上賜小刀。其伴造等之氏上賜干楯・弓矢。亦定其民部・家部。

【史料六】『天武紀』四年二月己丑条

詔曰、甲子年諸氏被給部曲者、自今以後、皆除之。

所謂「甲子宣」と、天武四年部曲廃止詔である。[18]両者の関係は、甲子宣で定められた「民部・家部」が、天武四年に廃止されたという点では諸説の一致をみている。

まずは甲子宣から考えてみる。ここに見える民部・家部について、改新肯定論の立場の先行研究では、改新において一度廃止をした部民をここで諸豪族に対して再度与えたと見る「部民復活説」[19]や、単なる部民の復活ではなく、国家によって存在を掌握された部民を、諸豪族に対して公法により所有を認めたとする説、[20]新たに国家未掌握の民を、中央豪族たる「大・小氏・伴造に一定範囲の領有を認めた」とする説[21]や、「食封の原初形態」[22]、氏上に一定数の人民からの租税収取を認めた「氏上食封」[23]と見る特権説があり、宣の対象となる豪族に対して、何がしかが与えられた（認められた）という点では一致するものの、ではそれが何であったかについて、その見解は必ずしも一致していない。一方、改新否定論の立場では、甲子宣は「民部＝国家支配の人民と、家部＝諸豪族領有の人民に関する規定」で「この時民部・家部の概念が定められ」、天武四年には家部中の自営民（部曲）が国家所有公民（民部）に組込まれたとの理解[24]や、部曲を「部民化されずに豪族の手中にのこされている隷属民」と見、ここで「国家所有の人民として把握」し、天武四年詔で廃止したとする説[25]がある。

これまで述べてきたように、筆者は改新否定論の立場はとらない。しかしながら、改新肯定論に立つ説は、この天智三年の民部・家部をして、豪族に対して復活か新たにかの別はあれど、支給された何らかのものと解釈している。だがこの点について筆者は、否定説が「諸豪族領有の人民」[26]や、「部民化されずに豪族の手中にのこされている隷属民」[27]という階層を想定していることに注目したい。

そもそも、食封の様に封戸からの収得を給分として与えるという説はともかく、ここに言う民部・家部を、旧来的な部民階層の復活、若しくは新たに一定範囲に限って人民の領有を認める立場は、結局のところ甲子宣を、部民階層、またはそれに近い人民支配の復活を豪族に認める政策が打ち出されたものと理解しているわけだが、これでは先に確認した様な、大化年間に部民廃止の詔が繰り返し打ち出されていたことを念頭においた時、余りにもそれらの諸詔に逆行する政策だと言わざるを得ないだろう。やはりここでは、部民の復活という視点を持ち出すべきではなく、甲子宣で「定」められることとなった民部・家部とは、それ以外のものであったと考えるべきである。

先に大化年間の諸詔や奏で確認した様に、子代や壬生部・私部といった王族所有部民の返上は順調に進んでいて、孝徳朝にはほぼその公民化は達成できていたと思われる。その一方で、豪族所有下にある部民は、建評に応じて新たに評家を領《あづか》るような、王権にとって従属的な豪族には、その返還に応じたものもあったろうが、二つの品部廃止詔から復元できることは、大方は諸豪族の抵抗にあい、所有民（部民）ではなく、詔が対象としていない私有民＝隷属民だと主張し、確実に部民であると認定できた集団以外は、公民化もなかなか進まなかったというのが実態であろう。それでもおそらくは公民化された旧部民から、戸レベルの籍に記録され、一定数の戸を一纏めにした括りが「評」という単位なのだろうが、『常陸国風土記』の建評記事などを見る限り、孝徳朝段階の評は後に達成される様な領域的なものには至っておらず、むしろ一部の部民管理で既に行われていたのと同じく、特定の地域に集住させられた特定の集団を、戸数の括りで登録するといった段階に留まっていたと考えられる。[28]

ところで、この甲子宣に記された「民部」だが、今日でも「民部」と、改新詔第一条及び天武四年詔の「部曲」は、同じく豪族部民、または豪族私有民を表す言葉であり、その表記上の別を重視しない説が多い。しかしながら両者の差異は、異なる概念を表す語だからであり、甲子宣は、部民以外の、地方豪族の隷属下にある私有民を対象にしたものと指摘した北村文治の見解は継承されるべきと考える。[29]

北村によれば、改新詔には「部曲」と表記されて、「民部」の文字は見えないこと、同様に甲子宣では「民部」とあるものが、天武四年詔では「部曲」と別の表記になっていることには意味がある。さらに甲子宣では「定其民部(・家部)」とし、天武四年詔では「給部曲」とあるが、「定」と「給」にも概念の違いがあるとして、甲子宣が「定」としているのは、「国家権力の監督下になかった豪族部民にたいしてこの時はじめて公法による支配を及ぼし」、実態を掌握できていなかったそれを調査確認したことを示すものとし、これは、これ以上地方豪族の私有民が増減せぬよう統制を加えたもので、公民化のための一階梯であった、との結論を導き、そこから「給」は、「天智三年の処置において は未だ部民を廃止するには至らず、諸豪族は依然として部民所有者なのであるが、しかし一旦調査確認した以上は改新以来の国家公民の原則に立脚する政府の観点からはそれは支給と見做し」得たのであり、それゆえ朝廷の側からすれば、天智三年の「定めた」処置が、天武四年には「給った」、に置き換えられたのだと指摘した。

また北村は、上述のように、「民部」と「部曲」の表記上の差異に意味があるとし、[30]その概念を、「民部」については、『雄略紀』に土師連祖吾笥が大王の御膳に並べる器を作るために奉った集団として「私民部」が、また星川王の反乱を予見した雄略が、大伴室屋大連に後事を託す遺詔中に、その期待する軍事力として「大連等民部」「汝等民部」[31]が見えることから、これらはいずれも豪族私有民であり、「家部」は民部同様豪族私有民でありながら、民部より隷属性が強く、主家の直接支配から引き離しがたいもの、一方で「部曲」は皇室によってその存在と所属を確認されている部民とした。

北村説の要点をまとめれば、天智三年の「民部・家部」は「未だ政府の掌握せざる部民」であるが故に、それを調査確認する意味で「定」と表記され、天武四年の「部曲」は、すでに「調査確認後の部民」であるから、これを「給」と表記されたということだろう。

厳密には次の二点、甲子宣は、新冠位制度及び氏上の決定について、その対象が中央豪族であったことからして、[32]民部・家部を定められた対象についても、地方豪族に限定すべきではなく、むしろ中央豪族が含まれると見るのが自然であることと、「国家権力の監督下になかった豪族部民」や「未だ政府の掌握せざる部民」の「(豪族)部民」という部分は、「豪族私有民」に修正すべき点と思うが、筆者は、北村説のこれら指摘は大方正鵠を射たものと考える。特に氏が「民部」と「部曲」を異なる概念の語として、区別して解釈すべきと指摘したことは誠に卓見であり、甲子宣が「部曲」ではなく「民部」を用いたのは、これが大化の諸詔で繰り返し廃止を命じてきた部民(「部曲」)ではなく、それ以外の階層＝豪族私有民を対象にしていたからという視点は継承すべきである。

また甲子宣で初めて王権に掌握された、つまりこれまで王権が未掌握だった豪族私有民に対して如何なる処置がなされたかについても、北村が、甲子宣でその帰属を変化させることなく、所在の調査確認のみであったと指摘していることに従いたい。つまり甲子宣によって豪族私有民は、これまでと何ら変わらず豪族私有民として掌握されたのであって、部民階層になったのでも、公民階層になったのでもなかった。甲子宣には、豪族とその私有民の隷属関係を断絶させたかの如き表現はうかがえず、単に「定む」とのみ見えることを重視すべきである。ここではその隷属関係は維持されたまま、単にその範囲の確認作業のみが実行されたのである。

豪族私有民の掌握が初めてなされたのが甲子宣であったとすれば、その意義と画期性が一層理解される。これにより、豪族私有民の帰属を国家民＝公民とせずとも、その所在の確認と戸数を確定して登録さえ出来れば、一方ではそれ以外の階層、つまりグレーゾーンであった帰属のはっきりしない（本来は豪族所有民であるはずの）部民と、豪族私有民との区別が完成したことを意味する。これまでの豪族私有民の範囲が決定していないときにおいては、いくら部民の廃止を命じても、結局のところ部民と私有民の区別がはっきりしないがために、豪族所有民＝部民の廃止が不完全にしか達成されなかった。しかるにここにおいて、部民の廃止が完全な形で行い得る状況になったのである。極言してしまえば、ここでまず公民へと転化すべき部民が一気に確定され、それを受けて建評作業が一気に進展を見せたはずである。またこの時点で豪族私有民を確定・登録できたことで、公民層に転じた旧部民のみが戸を単位として登録された戸籍から、すべての人民を居住地によって掌握する、領域的かつ人頭登録による戸籍の実現を可能なものとし、この延長線上に、後年、庚午年籍が編まれることとなったのだろう。

このように考えてくると、豪族私有民の確認・登録を決定した今回の宣こそが、部民廃止の過程を考えた時、最大の効果をもたらしたこととなるが、何故この段階で、これまで実現できなかった豪族所有民と豪族私有民の区別を達成し得たのだろうか。

部民の廃止とは、豪族層にとっては自己の権力の再生産に不可欠の経済基盤に直結した問題だけに、その協力なくしては、王権とてその実現は不可能であったと推測される。事実、品部廃止詔Ⅰでは、民と品部の居地が交雑され、朝廷では判別ができないという現状が確認できた。孝徳朝段階では、豪族層は協力どころかむしろ声高に、実際は品部であろうとも、己が民であると主張していたのであり、かかる状況下では、とても部民の廃止は実現不可能であった。

このような状況は、白村江の戦いで唐・新羅連合軍に敗れるまで続いたと推測する。この大敗は、大化二年三月の皇太子奏の分析から明らかなように、部民の廃止に積極的とは思えない中大兄王や（『斉明紀』以降の記事には、部民廃止に関わる命令が全く見えないが、これは彼が政権中枢を担っていたことと関わりがあると考えられる）、部民を未だ手放さない豪族層に、対外的な危機と従来の制度の限界を認識させ、王権の下、支配形態の一本化による国家体制の立て直しを目指すという改革を断行せざるを得ない状況へと倭国を導いたのである。それ故この時に至って初めて、王権と豪族層の部民廃止に関わる利害のベクトルが一致し、それを行うための前提作業＝部民と私的隷属民の区別が行われ、部民の廃止の全面的な実現が可能となったのであろう。

ここで触れおかねばならならないのは、ここに「民部」と記されたことの意味である。これまでも豪族私有民は、『孝徳紀』大化元年九月甲申条や、品部廃止詔Ⅰにおいて姿を見せているが、そこでは「民部」ではなく「民」であった。それが甲子宣では「民部」とされたのは、もはやこれまでの「民」（国家未掌握の豪族私有民）とは異なり、豪族私有民であることに違いはないが、国家掌握済みの、存在を確認したものだとの意識が成立したがために、「部」字を付したものと考えられる。つまり「民部」とは「王権の立場から見た、豪族私有民の存在確認を強調した語」であったが、その帰属については、これまで同様「豪族の私有下に隷属していた民」であったことから、実態においては何ら「民」と変わらないものである。しかしこれら一連の詔や宣が当時の字句に手を加えられたものでないなら、「民」と「民部」は共に豪族私有民ではあるが、それを国家が正確に存在確認していたか否かの違いをもって、使い分けをしていたと考えることはできないだろうか。つまり民は「国家が掌握できていない、豪族私有下の隷属民」で、民部は「国家が掌握済みの、豪族私有下の隷属民」という使い分けを考えておきたい。

最後に『天武紀』四年二月詔の意義について触れておこう。先の甲子年に範囲を定めた部曲（民部）はこれを廃止せよ、とあり、つまりここで豪族の私的隷属民の廃止がうちだされた（但し家部が見えないことからは全廃でない可能性もある）とすべきである。なおここで民部が「部曲」とされたのは、王権がことさらに民部の「掌握済み」といった側面を強調しているのと、これを廃止後は公民化するとの前提にたち、これまで公民化されたもので管理形態のはっきりしていたものは「部曲」であったとの意識から、ここでは「部曲」と記されたと考えられよう。そして「定」

が「給」に代わっているのは、王権の立場から見た時、天智三年に豪族の私的隷属民の範囲を定めた後も、公民化をせずにその私有を認めていたことは、それは王権によって諸豪族に与えた（給った）権利である、との理解が存在したのだろう。

では何故、天武四年に豪族私有民の廃止が俎上に上ったのだろうか。筆者はその契機を造籍に求めたい。天武四年（六七五）は、庚午年籍（六七〇）から数えて五年目の年にあたる。通説では、庚寅年籍以降の戸籍からが六年一造とされるが、[33]その一方で大化元年（六四五）八月の東国国司詔に東国・倭六縣の造籍を命じ、九月には諸国の民の元数を記録させている。これを基礎作業として、翌二年の改新詔第三条に命じる造籍が行われた可能性を考えた場合、この六年後の白雉三年（六五二）四月是月条に「造戸籍」とあることが気になる。これは令制下の六年一造の知識に基づく潤色と見る説が有力だが、[34]唐令の定める造籍は三年一造であり、戸令の採る六年に一度という造籍自体が、倭国古来の何らかの造籍作業（たとえばミヤケの丁籍作成など）と関わる年限である可能性も一概に否定できないのではないか。

かように考えると、天武四年に翌年の造籍作業に着手した際、庚午年籍造籍時は、民部が公民階層でない＝豪族私有民であるがために、例えば意図的な登録漏れや、豪族の意を酌んだウヂ名による登録が多かったという状況などが頻出し、そのことが問題となっていた可能性などが考えられよう。天武五年の造籍については伝える史料が何もなく、あくまでも仮説の域を出るものではないが、今回の造籍では、天下の百姓を漏れることなく精確に登録せんとし、その前提作業として豪族私有民を全廃して公民階層に組み込むことが命ぜられたと推測しておく。

民部を定めた天智三年（六六四）は、庚午年籍に先立つこと六年であり、ここで豪族の私的隷属民を国家が掌握しようとした動機についても、筆者は造籍と関連あるものと理解している。推論を重ねることになるが、六四六年、六五二年、六六四年、六七〇年、六七五年に造籍と関わる記事があることは、大化二年を起点に、断続的ではありながらも、六年一造の造籍が行われていたのではなかろうか。[35]

注

（1）坂本太郎『坂本太郎著作集　第六巻　大化改新の研究』吉川弘文館　一九八八、関晃『関晃著作集　第一巻　大化改新の研究　上』、『同著作集　第二巻　大化改新の研究　下』吉川弘文館　一九九六など。

（2）井上光貞『井上光貞著作集　第一巻　日本古代国家の研究』岩波書店　一九八五、八木充『律令国家成立過程の研究』塙書房　一九六八など。

（3）原秀三郎『日本古代国家史研究』東京大学出版会　一九八〇、門脇禎二『「大化改新」史論』上・下巻　思文閣出版　一九九一など。

（4）吉川真司「律令体制の形成」（歴史学研究会・日本史研究会編『日本史講座　古代一』東京大学出版会　二〇〇四）。なお最新の講座論文となる市大樹「大化改新と改革の実像」（『岩波講座　日本歴史　古代二』岩波書店　二〇一四）でも、孝徳朝の意義を高く評価し、『孝徳紀』に記された改新像を、あらかた史実と認める立場でまとめられている。但し仁藤敦史「七世紀後半における公民制の形成過程」（『国立歴史民俗博物館研究報告』一七八集　二〇一三）が指摘するように、部民を編戸したものが必ず「某部五十戸」と表記されるのかといった疑問や、天智四年の「国―評―五十戸」を孝徳朝にまで遡及することができるのかといった森公章の指摘がある（森公章『天智天皇』吉川弘文館　二〇一六）。

（5）村山光一「甲子の宣の「民部・家部」と天武四年詔の「部曲」について」（Ⅰ）〜（Ⅳ）（『史学』第五六巻第二・四号一九八六、第五七巻第二・三号　一九八七）は、改新詔第一条、品部廃止詔、甲子宣、天武四年詔を対象に、部曲・民部・家部といった部民に関わる語を、先行研究を丹念に整理・検討されている。

（6）具体的には『孝徳紀』大化元年九月甲申条に見える「自古以降、毎天皇時、置標代民、垂名於後。其臣連等・伴造国造、各置己民、恣情駈使」の「己民」が、「豪族私有民」にあたると考える。

（7）北村文治「改新後の部民対策に関する試論」（同『大化改新の基礎的研究』吉川弘文館　一九九〇）。

（8）以下、『日本書紀』は日本古典文学大系本（岩波書店）によるが、一部の字を常用漢字に改めた。

（9）『欽明紀』三十年正月辛卯条・同四月条
「詔曰、量置田部、其来尚矣。年甫十余、脱籍免課者衆。宜遣胆津、胆津者、王辰爾之甥也。検定白猪田部丁籍。夏四月、膽津検閲白猪田部丁者、依詔定籍。果成田戸」

(10) 薗田香融「皇祖大兄御名入部について」（同『日本古代財政史の研究』塙書房　一九八一）。本来は特定の有力王族の資養のために設定された部民が、世代をまたいで家産化していた例としては、他に『皇極紀』元年是歳条から、本来厩戸王の資養のために設定された上宮乳部が、女の上宮大娘姫王に伝領していたことを知ることができる。

(11) 鎌田元一「「部」についての基本的考察」（同『律令公民制の研究』塙書房　二〇〇一）。

(12) 篠川賢「乙巳の変と「大化」の新政権」（同『日本古代の王権と王統』吉川弘文館　二〇〇一）。

(13) ただし、その実効性についての評価は、押坂部とその支配のためのミヤケについて、すべての支配権を放棄したと見る吉川前掲注（4）から、王族による経営権を留保し、大王に献上した仕丁（入部）以外の私的な駆使は制約されなかったと見る仁藤前掲注（4）まで、定まっていない。

(14) 原前掲注（3）など。なお、山尾幸久「品部廃止詔の検討」（同『「大化改新」の史料批判』塙書房　二〇〇六）は、この詔を、本来は後述する天武四年二月己丑条の詔と同時に出されたものが、書紀編者によってここに配置されたとする。しかし石上英一が、原前掲注（3）を丹念に紹介する中で指摘したように、部民の廃止に関する一連の史料を、配列の前後関係を組み替えて考える史料操作の方法には問題があり従えない。この点は石上英一「大化改新論」同『律令国家と社会構造』名著刊行会　一九九六参照。

(15) 鎌田元一前掲注（11）論文。

(16) 狩野久「部民制」（同『日本古代の国家と都市』東京大学出版会　一九九〇）も「民」を豪族私有民と見るが、「部曲」もまた豪族私有民であるとする。

(17) 『雄略紀』十五年条の「秦民分散臣連等、各隨欲駈使。勿委秦造。由是、秦造酒甚以爲憂、而仕於天皇（以下略）」といった記述は、臣連等によって秦の民が分割され、さらに彼らの思うままに駈使され、本来の伴造である秦造の管掌が及ばなくなった状態を伝えているが、これは豪族が部民を分割し、私有民化していた現実を反映した伝承と思われる。

(18) 甲子宣と天武四年部曲廃止詔については、村山前掲注（5）に詳細な研究史がある。

(19) 津田左右吉『津田左右吉全集　第三巻　日本上代史の研究』岩波書店　一九六三、坂本前掲注（1）。

(20)　井上光貞「庚午年籍と対氏政策」(『井上光貞著作集　第四巻　日本古代史の諸問題』岩波書店　一九八五)。
(21)　平野邦雄「大化改新と〝甲子宣〟」(同『大化前代政治過程の研究』吉川弘文館　一九八五)。
(22)　石母田正『石母田正著作集　第三巻　日本の古代国家』岩波書店　一九八九。
(23)　吉川前掲注(4)。
(24)　原前掲注(3)。
(25)　狩野前掲注(16)。
(26)　原前掲注(3)。
(27)　狩野前掲注(16)。
(28)　仁藤前掲注(4)。
(29)　北村前掲注(7)。
(30)　両者の差異に注目し、「民部・家部」と「部曲」は本来別概念のものを指すとの指摘は、津田前掲注(19)にすでに見るれるが、同書中で津田は、甲子宣では「民部・家部」と表記されたものが、天武四年詔で「部曲」と表記されていることについては、『日本書紀』編者の杜撰としている。
(31)　『雄略紀』十七年三月戊寅条
「(前略)土師連祖吾笥、仍進摂津国来狭々村、山背国内村・俯見村、伊勢国藤形村及丹波・但馬・因播私民部。名曰贄土師部」
　同二十三年八月丙子条
「(前略)今星川王、心懐悖悪、行欠友于。(中略)此雖朕家事、理不容隠。大連等、民部広大、充盈於国。皇太子、地居儲君上嗣、仁孝著聞。以其行業、堪成朕志。以此、共治天下、朕雖瞑目、何所復恨。一本云、星川王、腹悪心麁、天下著聞。不幸朕崩之後、当害皇太子。汝等民部甚多。努力相助。勿令侮慢也。」
(32)　平野邦雄前掲注(21)、大山誠一「大化改新像の再構築」(井上光貞博士還暦記念会編『古代史論叢　上巻』吉川弘文館　一九七八)。

（33）　岸俊男「造籍と大化改新詔」（同『日本古代籍帳の研究』塙書房　一九七三）。
（34）　岸前掲注（33）。
（35）　大化二年を起点にした六年一造説については、平田耿二「庚寅の編籍について」（同『日本古代籍帳制度論』吉川弘文館　一九八六）。

上毛野三千

須永　忍

はじめに

上毛野氏は、上毛野国（後に上野国となり、現群馬県に相当）を基盤とした古代東国の有力氏族であり、七世紀以前のヤマト王権の対外政策に従事し、七世紀から八世紀初頭の対蝦夷政策の中心的地位にいたことが知られている。そして、七世紀頃に一部が中央へ移住して中央有力氏族に列するようになる。その中でも上毛野三千は、冠位二十六階制の第九となる大錦下（通説では後の従四位に相当するとされる）の冠位を持つ有力な人物である。ただし、史料からは天武十年（六八一）三月に『日本書紀』（以降『紀』と略称）の骨格となったと理解されている「帝紀」・「上古諸事」の選定事業に諸臣の筆頭として参与し、同年八月に死亡したことが確認されるのみであり、その詳しい動向を把握することは困難である。

天皇御二于大極殿一、以詔二川嶋皇子・忍壁皇子・広瀬王・竹田王・桑田王・三野王・大錦下上毛野君三千・小錦中忌部連首・小錦下阿曇連稲敷・難波連大形・大山上中臣連大嶋・大山下平群臣子首一、令レ記二定帝紀及上古諸事一。大嶋・子首、親執レ筆以録焉（『紀』天武十年三月丙戌条）。

大錦下上毛野君三千卒（同八月丁丑条）。

それゆえに三千の歴史的役割を論じた論考は少ないが、上毛野氏関係の伝承を『紀』に組み込んだとする加藤謙吉氏の指摘がある。(1)『紀』には上毛野氏に関連する伝承記事が多く採録されており、その中には同氏の祖である荒田別・巫別が、書氏(2)の祖たる王仁の招聘に関与するなど、渡来系氏族と密接に関係する記事も存在する。

本論文は、従来注目されることがなかった三千の重要な歴史的位置付けについて論じ、渡来系氏族に与えた影響についても考えるものである。

一 「帝紀」・「上古諸事」選定

上毛野三千は、「帝紀」・「上古諸事」の選定に諸臣の筆頭として関わっている。通説では『紀』編纂の端緒とされる(3)、天武十年の「帝紀」・「上古諸事」選定に関与したことの意義であるが、三千と同じく記定に関与した難波大形は、難波氏に関わる『紀』の一連の記事を潤色しているという加藤氏の考察がある。(4)さらに、辰巳和弘氏は、平群子首が『紀』の平群氏関連の伝承記事を潤色したと評価する。(5)このように、天武十年の事業に参加したメンバーは、『紀』の伝承記事に手を入れた可能性が高いと言及されており、三千もその例外ではないと考えられる。『紀』には多くの上毛野氏の祖先伝承が採録されており（表1参照）、これらはある程度の史実を下敷きにしつつも、地位の向上を狙った同氏による潤色が施されている。(6)

その中でも、豊城命の伝承は重要である。『紀』崇神四十八年正月戊子条は、崇神天皇が皇位継承者を決定する際の物語となる。天皇は豊城命と活目尊（後に垂仁天皇として即位）という二人の皇子を等しく愛していたため、どちらに皇位を継承させるか決めかねていた。そこで二人の皇子が見た夢によって、いずれが皇位を継ぐかを決定することにした。そして、豊城命は御諸山に登って東方へ向かい槍を八回突き、刀を八回振るう夢を、活目尊は御諸山に登り四方へ縄を引いて粟を食いに来る雀を追い払う夢をみた。天皇は、東方にだけ向いていた夢をみた豊城命に東国支配を任せ、四方に臨む夢をみた活目尊を皇位継承者にしたという。これに続く後日談となる同四月丙寅条では、活目尊を皇位継承者とし、豊城命に東方を治めさせたことが記され、後者は上毛野氏・下毛野氏の始祖であると説く。

この伝承は、日本古代における東国の支配が皇位の継承と同等の重みを有していたことを示している。[7] しかしながら、豊城命伝承が上毛野氏の意向によって『紀』に組み込まれていることを考慮すると、それだけに留まらない重要

表1　『日本書紀』の上毛野氏関係伝承

	伝承記事	登場人物	内　容
1	崇神四十八年正月戊子条	豊城命	上毛野氏・下毛野氏の始祖。夢占いにより東国支配者とされる
2	同四月丙寅条		
3	垂仁五年十月己卯条	八綱田	上毛野氏の遠祖。狭穂彦の乱を鎮圧する
4	景行五十五年二月壬辰条	彦狭嶋王	豊城命の孫。「東山道十五国都督」に任命されるが、途中で死去。東国の百姓によって上野国に葬られる
5	同五十六年八月条	御諸別王	彦狭嶋王の子。父の後継者として、東国へ行き善政を行う。後に蝦夷が反乱を起すが鎮圧。東国は平和になり、その子孫が今も東国にいるという
6	神功四十九年三月条	荒田別・鹿我別	将軍に任命され、百済国の肖古王や王子貴須、百済の諸将と共同して加耶地域を平定したという
7	応神十五年八月丁卯条	荒田別・巫別	上毛野氏の祖。百済国に派遣され、王仁を招聘する
8	仁徳五十三年五月条	竹葉瀬・田道	上毛野氏の祖。竹葉瀬は新羅国の欠貢を詰問し、田道は将軍として新羅国と戦う。田道は当初苦戦を強いられるが、敵陣の弱点をついて勝利する
9	同五十五年条	田道	蝦夷の征討に派遣。蝦夷に殺害されるが、後に毒蛇となって撃退する
10	安閑元年閏十二月是月条	上毛野小熊	笠原使主と武蔵国造の地位を争っていた同族小杵に援助を求められる
11	舒明九年是歳条	上毛野形名	大仁。蝦夷に敗北し逃亡しようとするものの、妻の叱咤により勝利する

な意義を持っている。豊城命の母は紀伊国の有力者の娘、一方の活目尊の母は皇族の皇后御間城姫であり、両者を天秤にかけるというこの伝承自体不自然なものといえる。(8)よって、なぜ豊城命が皇位継承に参入しなくてはならなかったかが問題となる。皇位は活目尊が継承することが自明であったとしても、そこに豊城命が介入していることは注目される。

本伝承は、上毛野氏の祖となる豊城命は皇位継承に介入できるほどの存在であったが、夢占いによって皇位継承者と双璧たる東国支配者とされたということを内包している。すなわち、上毛野氏は皇位継承に関係できるほど有力であり、天皇・皇族に比肩し得る高い位置付けを有しているという、同氏の主張が読み取れる。崇神天皇が「等しく愛していた二人の皇子」を、それぞれ東国支配者・皇位継承者に定めたことは、そのことを如実に示しているといえよう。このような特異な祖先伝承は、他の有力氏族では認められないものである。

ここで考察するべきは、上毛野氏が如何にして同氏に利する記述を加えたかであろう。特殊な上毛野氏の伝承であるが、なにゆえ特異な伝承を『紀』に加えることができたのか、その要因を考える必要がある。三千を従来のように従四位クラスの人物と評価すると、その程度の氏族が果たして天皇・皇族に比肩し得るとする伝承を『紀』に組み込むことができたかが問題となる。また、伝統的な中央有力氏族の反発なども予想されるところである。この問題を考える上で重要なのが、三千の冠位である。

二　大錦下

上毛野三千の有する冠位は「大錦下」である。この冠位は、天智三年（六六四）制定の冠位二十六階制の第九であり、後の「従四位」相当とされている。(9)また、三千の死没記事では「卒」と表記されているが、これについては「養老令」喪葬令薨奏条に「凡百官身亡者、親王及三位以上称レ薨。五位以上及皇親称レ卒」とあるように、四位・五位の官人が死亡した際は「卒」と表記せよという規定と関連して理解され、上毛野氏研究者においても、三千は従四位程度の人物という認識が定着している。

しかし、黛弘道氏も指摘したように、必ずしもこうした冠位は前後の冠位制・位階制と対応するものではなく、[10]同冠位制内においてその性質を考慮する必要がある。二十六階制施行期間中にて、大錦下以上の冠位を賜与された人物を羅列したのが表2である。この表を基に分析してみると、上位の大織・小織・大縫・小縫を賜ったのは大織の中臣（藤原）鎌足のみであるが、死没前日の賜与となり、小縫以上は名誉的な位置付けである。縫冠に次ぐ紫冠については、大臣の蘇我連が大紫であることから、大臣クラスの冠位であることが確認できる。ただし、「養老令」官位令によると左・右大臣は従二位相当であり、正三位相当といわれる大紫ではややずれが認められる。連の後任的存在の蘇我赤兄・中臣金は左・右大臣であるが、紫冠に次ぎ、また正四位相当とされる大錦上であり、さらにずれが生じている。

そして、『紀』天智十年正月癸卯条において、正三位相当である大納言の前身と認識された御史大夫であるが、その任にあった巨勢比等は大錦下である。同じく御史大夫に任命された蘇我果安・紀大人の冠位は不明であるものの大錦下と捉えられる。大人は、子にあたる紀麻呂の薨伝によると、「近江朝御史大夫正三位」であり（『続日本紀』〔以降『続紀』と略称〕慶雲二年〔七〇五〕七月丙申条）、これは大納言に相当するという御史大夫の任にあったために生じた贈位と思われる。また、比等は子の巨勢奈氏麻呂の薨伝では「中納言大紫」であり（同天平勝宝五年〔七五三〕三月辛未条）、大紫に昇級したともとれるが、その場合左・右大臣の赤兄や金の冠位を越えてしまうため、大人の場合と同様、潤色の可能性は否定できない。少なくとも、天智天皇治世後半における大錦下は、大臣に次ぐような高い地位の人物が賜与された冠位と評価できるだろう。

天武天皇代においても、大錦下以上の冠位を賜与された人物は限られ、死後の贈位の他は「壬申の功臣」関係者、百済から亡命してきた王族・最有力貴族などである。壬申の乱後、軍功のあった者に冠位を賜与した記事もみえ（『紀』天武元年十二月辛酉条）、この時に大錦下以上となった人物も多かったであろう。虎尾達哉氏は、天武天皇代では天皇の専制的性格から、大錦下（直広弐）以上の冠位の賜与が抑制されており、大錦下以上の高位の人物のほとんどが天智天皇代から冠していたと考察している。[11] 虎尾説に立つと、三千は天智天皇代には御史大夫クラスの冠位を有していたことになる。しかし、三千については正史の編纂に抜擢されていることから、天武天皇から一定の重用を受けている。三千は簡略な死没記事が示すように、「壬申の功臣」ではないが、壬申の乱後に冠位が上昇した可能性もある。

表2　冠位二十六階制における大錦下以上の人物

年月	冠位	贈位	氏	姓	名	官職	備考
天智元年五月	大錦中	―	阿曇	連	比羅夫	大将軍	余豊璋を百済国に送る
同三年五月	大紫	―	蘇我	臣	連	大臣	薨
同八年十月	大織	―	中臣	連	鎌足	内大臣	大臣・藤原の氏名を賜い死没。薨
	大錦上	―	蘇我	臣	赤兄	―	壬申の乱により流罪
同十年一月	（大錦上）	―	（蘇我）	（臣）	（赤兄）	左大臣	太政大臣は大友皇子
	大錦下	―	巨勢	臣	比等	御史大夫	壬申の乱により流罪
	大錦上	―	中臣	連	金	右大臣	壬申の乱により死罪
	大錦下?	―	蘇我	臣	果安	御史大夫	壬申の乱において自害
	大錦下?	―	紀	臣	大人	御史大夫	『公卿補任』では天武十二年没
	大錦下	―	余	―	自信	法官大輔	百済再興戦時に達率。のち佐平を称する
	大錦下	―	沙宅	―	紹明	法官大輔	佐平を称する
天武元年十二月	大紫	―	為奈	公	高見	―	薨。公姓氏族。白雉元年に雉の輿を進める
同二年五月	大錦上	小紫	坂本	臣	財	―	卒。壬申の功臣

同閏六月	（大錦下）	外小紫	（沙宅）	—	（紹明）	—	卒。重ねて大佐平を賜う
同十二月	小紫	—	—	—	美濃王	造高市大寺司	壬申の功臣
同三年一月	●	小紫	百済	王	昌成	—	薨。義慈王の孫。尊称としての「薨」カ
同二月	●	大紫	紀	臣	阿閇麻呂	—	卒。壬申の功臣
同四年四月	（小紫）	—	—	—	（美濃王）	—	竜田の風神を祀る
同五年六月	●	内大紫	物部	連	雄君	—	卒。壬申の功臣。もと舎人。朴井連雄君とも
同八月	●	内小紫	大三輪	君	子首	—	卒。壬申の功臣
同九月	●	大紫	坂田	公	雷	—	卒。壬申の功臣。公姓氏族
同六年十月	内大錦下	—	丹比	公	麻呂	摂津職大夫	公姓氏族。持統元年に誄（位階見えず）
同八年六月	大錦上	—	大伴	連	杜屋	—	卒
同十年二月	小紫	—	当麻	公	豊浜	—	薨。公姓氏族
同三月	大錦下	—	上毛野	君	三千	—	「帝紀」・「上古諸事」を選定
同八月	（大錦下）	—	（上毛野）	（君）	（三千）	—	卒
同十一年三月	（小紫）	—	—	—	（美濃王）	—	新都の地を視察
同十二年六月	（小紫？）	大紫	大伴	連	望多	—	薨。壬申の功臣
同十二月	大錦下	—	羽田	公	八国	—	諸国国境を定める。壬申の功臣
年月不詳	大錦上？	—	阿倍引田	臣	比羅夫	—	『続紀』による。白村江の戦いの時は大花下
	大錦下？	大錦下？	笠	臣	垂	—	『続紀』による。古人皇子の謀反を密告

※六国史による。死後の贈位によって大錦下以上となった場合は除く
※生前帯びていた冠位は不明であるが、大錦下以上を有していた可能性が想定できる場合は「●」とした
※阿曇比羅夫の大錦中は最終冠位。この時点では冠位十九階制の大花下

二十六階制は、天武十四年に四十八階制に移行する。これによって、大錦下の羽田八国が直大参（後の正五位相当）となっていることから、大錦下の官人はこの程度の位階に切り替えられたとみられる。ただし、天皇から朝参を禁じられた小錦上の当麻広麻呂（同四年四月辛巳条）も直大参となっていることから、直大参の官人はかつて大錦下の冠位にあった人物だけではなく、小錦上を冠した人物も多く含むとみて良いだろう。四十八階制になった直後の期間における、直大参以上の官人を抽出したのが表3となる。それによると、直大参以上の位階を有していたのは「壬申の功臣」関係者、百済から亡命してきた王族などである。そして、ここで注目されるのが天武十四年から持統二年において、直広弐（後の従四位相当）以上の位階にあった官人が、百済王善光と丹比嶋のみということである。また、直大参を冠する官人も、太政官を代表して誄をした阿倍布勢御主人など、重要な役割を担った人物が多い。嶋や御主人は、持統天皇代から文武天皇代にかけて重臣として活躍していく。

このように考えると、三千を後の大納言正三位相当に比定するのには躊躇するが、従四位程度の官人という通説的理解に収まらない、七世紀後半において高い地位にいた人物と評価したい。表3における嶋や直大参の官人は、二十六階制下の天武十年には大錦下ないし小錦上の冠位にあったと想定されるが、三千が死去した後にそこまで昇進した人物もいたと思われる。また、虎尾氏は嶋や四十八階制施行直後の時期における直大参の人物について、天武天皇代では小錦上以下の冠位を有していたとする。(12) いずれにしても、三千が高い地位にいたことは確かではないだろうか。

当該時期の三千の地位は、地方有力氏族だけではなく、伝統的に王権と関係してきた名門の中央有力氏族でさえも、必ずしも到達することができなかった高い位置付けにあったのである。三千の死後、上毛野氏は上毛野男足など従四位クラスの官人を輩出するのが限度であり（『続紀』和銅元年〔七〇八〕三月丙午条）、三千のような高い地位に至った人物は確認できない。他方、三千よりも前に活躍した有力な上毛野氏の人物として、蝦夷の征討を行った大仁（冠位十二階制の第三）の上毛野形名（『紀』舒明九年〔六三七〕是歳条）、白村江の戦いにおける前将軍の上毛野稚子（同天智二年三月条）がいる。稚子の冠位は確認できないが、冠位十九階制の第八にあたる大花下、ないし第九の小花上と想定される。[13]しかしながら、形名は大仁と一線を画する大徳・小徳（冠位十二階制の第一・二）の冠位を持たず、また稚子も冠位が不明であり、史料からは両者とも三千と同じような高い位置付けにあったと断定できない。

表3　位階四十八階制における直大参以上の人物

年月	位階	贈位	氏	姓	名	官職	備考
天武十四年三月	直大参	—	巨勢	朝臣	紫壇	京職大夫	卒。「東国国司」の一員
同五月	直大参	直大壱	当麻	真人	広麻呂	—	卒。壬申の功臣。天武四年では小錦上
朱鳥元年三月	直大参	直大壱	羽田	真人	八国	大弁官	病床に臥して死没。卒。壬申の功臣
同九月	直大参	—	県犬養	宿禰	大伴	—	宮内の事を誄。壬申の功臣。もと舎人
	直大参	—	当麻	真人	国見	—	左右兵衛の事を誄。壬申の功臣
	直大参	—	布勢	朝臣	御主人	—	太政官の事を誄。壬申の功臣
持統三年閏八月	直広壱	—	丹比	真人	嶋	—	もと直広弐。食封追加。もと筑紫大宰
同四年七月	正広参	—	（丹比）	（真人）	（嶋）	右大臣	太政大臣は高市皇子
同五年一月	正広肆	—	百済	王	善光	—	百済王余禅広。義慈王の子。食封追加
	（正広参）	—	（丹比）	（真人）	（嶋）	（右大臣）	食封追加
	直大壱	—	（布勢）	（朝臣）	（御主人）	—	食封追加
	直大壱	—	大伴	宿禰	御行	—	食封追加。壬申の功臣。天武四年では小錦上
同五月	直大参	—	淳武	—	微子	—	壬申の乱の功による叙位
同九月	●	直大弐	佐伯	宿禰	大目	—	没。壬申の功臣。もと舎人

※持統五年まで。死後の贈位によって直大参以上となった場合は除く
※生前帯びていた冠位は不明であるが、直大参以上を有していた可能性が想定できる場合は「●」とした

三　天皇に比肩し得る東国支配者として

本章では、七世紀後半において高い地位にあった上毛野三千が「帝紀」・「上古諸事」選定事業に関わった意義について考えてみよう。当事業は「帝紀」・「上古諸事」を選定・確定させるものであるが、これらはその名称から天皇の系譜・伝承に関係するものと考えられている。[14] また、本事業は大極殿に出御した天武天皇が川嶋皇子・三千等多くの人物に選定を命じていることから、非常に重要なプロジェクトであった。そして、先述のように『紀』編纂事業の嚆矢とされ、『紀』のフレームの一部が形成されたといえる。

天皇が、なぜこのような事業を実施したかという問題であるが、参考となるのが、『古事記』（以降『記』と略称）序文にみえる天皇の詔「朕聞、諸家之所レ賷帝紀及本辞、既違二正実一、多加二虚偽一」であろう。そこでは、各氏族が所有する「帝紀」・「本辞」は虚偽が多いことが問題視されているが、天武十年の作業もそうしたことが問題となっていたため、正統となる「帝紀」・「上古諸事」を選定・確定する必要があったのである。[15] 天皇の面前で作業が行われたか否かは不詳とせざるを得ないが、どちらにしても選定が完了し、正統なものとなった「帝紀」・「上古諸事」について、天皇が目を通したことは確かであろう。

また、蘇我蝦夷が乙巳の変にて自害する際、「天皇記」・「国記」や珍宝を焼いたが、船恵尺によって「国記」が救出されて中大兄皇子に献上されている（『紀』皇極四年（六四五）六月己酉条）。恵尺が「国記」のみ火中から取り出して中大兄皇子に献じたのは、戸籍の機能を持った氏族系譜だったためであり、「天皇記」は蘇我氏の潤色が顕著な王統譜であったゆえに利用価値がなく、そのまま焼失させたと指摘されている。[16] したがって、有力氏族の「帝紀」・「上古諸事」は、自氏に有利になるような記述が多いと想定され、それは上毛野氏が有する「帝紀」・「上古諸事」も例外ではないだろう。

この事業では、皇族が半数を占め、三野王や忌部首など「壬申の功臣」がセレクトされているが、天皇も天皇・皇族の権威を高め、これから正当とされる歴史を選定する以上、皇族や寵臣を多く抜擢する必要があったのであろう。(17)正統となる「帝紀」・「上古諸事」に、本事業に参与した氏族の思惑が反映されるため、その人選については慎重に行われたと想定される。

このようにして、三千は天皇によって「帝紀」・「上古諸事」選定事業に抜擢されることになった。そして、その地位を利用して、大形や子首のように自氏の利となる記述を盛り込んだと考えられる。三千が組み入れた伝承としては、第一に上毛野氏関係記事において唯一皇位継承に関連する豊城命伝承が挙げられ、皇位継承の物語たる同伝承は、「帝紀」・「上古諸事」の性質に相反しない。上毛野氏の地位が高まり、天皇との距離も短縮され、正史編纂事業に関与したこの時こそ、上毛野氏が天皇・皇族に比肩し得ると説く伝承を『紀』に組み込む最大の好機であったといえる。三千が、上毛野氏の「帝紀」・「上古諸事」にあった始祖伝承を正統なものとして選定し（あるいは新たに始祖伝承を創作した可能性もある）、天皇が承認したと考えられる。

最終的に、正統とされた「帝紀」・「上古諸事」に取り込まれた始祖伝承が、『紀』にみえる豊城命伝承へ仕上がったと評価できる。なお、天皇・皇族や大伴氏・藤原氏などの有力氏族が、後に豊城命伝承を不要・不都合なものとして削除できなかったのは、天武十年の本事業が天武天皇の直接関与した正史選定作業であり、正統な位置付けを有していたためであろう。

四　東国と上毛野氏

上毛野三千は大錦下という高い冠位を持っているが、「壬申の功臣」ではない。それにもかかわらず、天武天皇に重用されて選定作業に抜擢されており、また天皇が上毛野氏の主張を承認しているため、それらの要因を考える必要がある。三千の高い地位は、蘇我氏・中臣（藤原）氏・巨勢氏など、壬申の乱による名門の中央有力氏族の影響力後退も一因だと思われる。あるいは三千自身の個人的能力、天皇との友誼関係なども考慮するべきかもしれない。しかし、最大の要因として想起されるのは、三千が東国における有力氏族たる上毛野氏であったためであろう。

天武天皇は、周知のように甲斐国や信濃国など東国の勢力を味方につけて即位した経歴を持ち、その政治方針は「凡政要者軍事也」(『紀』天武十三年閏四月丙戌条)とあるように軍事政策の重視であった。古代の東国は、王権の重要な軍事的基盤であったと捉えられている。[18]壬申の乱や恵美押勝(藤原仲麻呂)の乱など、古代の権力者は東国の軍事力を頼る傾向があり、笹山晴生氏の「八、九世紀の皇族・貴族の東国人の武力への期待は、ほとんど信仰ともいえるものであった」との指摘も誇大な見解とはいえない。[19]そして、その東国の中でも上毛野地域は四世紀代より王権と密接な関係を形成させ続けた有力かつ稀有な地域であった。[20]そして、上毛野氏は吉備地域の下道(吉備)氏や筑紫地域の筑紫氏などと共に地方有力氏族の代表として挙げられているが、これらの西国有力氏族のように王権に対する反抗伝承を持たないことも特筆される。[21]上毛野氏は王権から信頼性の高い東国有力氏族として認識されていたと考えられ、それゆえに東国支配や東国の一大政策たる対蝦夷政策の中心的立場を承認されたと評価できる。

上毛野氏が壬申の乱に関与した形跡は認められないが、それでも同氏が王権の重要な軍事的基盤たる東国氏族であり、信頼性の高い有力氏族だったからこそ、同氏の代表者たる三千を重用し、その主張を採用・承認したと考えられる。

なお、天武十年の正史編纂事業の他に、上毛野氏を含む有力氏族が、自氏の伝承を『紀』に盛り込むもう一つの機会が持統五年(六九一)の「墓記」提出である(同持統五年八月辛亥条)。「墓記」は、各氏に伝わる伝承や系譜であり、『紀』は「帝紀」・「上古諸事」の他に、「墓記」をはじめとする、様々な書を取り入れているとされる。[22]七世紀後半において高い地位にいた三千、またその後継者によって、十年の間に上毛野氏の家記である「墓記」も、東国支配者に相応しい内容に整理された可能性が指摘できよう。特に、上毛野氏の祖を主役とし、苦難を克服する勝利という共通する要素を持つ彦狭嶋王・御諸別王、田道および上毛野形名の伝承は「墓記」提出によって『紀』に組み込まれるようになったと想定される。[23]

五　渡来系氏族への影響

書氏は、王権の書記官たる「フミヒト」の統率を意味する氏名を持ち、八色の姓において「忌寸」を賜与されたことが示すように、「フミヒト」の性格を帯びた河内国の百済系渡来氏族の伝統的・盟主的存在である。[24]同氏の代表的な人物は書禰麻呂であり、壬申の乱において活躍し、従四位下の位階に到達、死後に正四位上を贈られた（『続紀』慶雲四年〔七〇七〕十月戊子条・「文忌寸禰麻呂墓誌」）。そして、その祖である王仁は、学問に秀でた人物として著名である。『紀』応神十五年八月丁卯条では、王仁の招聘について次のように説く。

応神天皇が、経典の読解に精通した渡来系氏族である阿直岐（阿直岐氏の祖）に対し、さらに優れた学者がいないかと質問したところ、王仁という優秀な人物が存在するとのことであった。そこで上毛野氏の祖たる荒田別・巫別を百済国に派遣して、王仁を招聘したという。

一方、『記』応神段においては、天皇が阿直岐に問う場面はみえず、直接百済国の方に賢人の有無を問い合わせて王仁を派遣させている。また、荒田別等が王仁の招聘に関与したことも記されていない。すなわち、王仁招聘伝承は『記』のように天皇と阿直岐の問答や、荒田別の存在がなくても話としては完結するといえる。『記』と『紀』は別系統の史料であり、[25]このような相違が生じているのも当然のように捉えられるが、なくても通じる天皇と阿直岐のやりとりや、荒田別の関与が『紀』に記されている以上、これらの要素が追加された要因が問題となってこよう。

王仁招聘伝承については、その出典を上毛野氏の家記に求める坂本太郎氏に代表される意見と、[26]書氏の家記によるものとする加藤氏の見解[27]がある。天皇と阿直岐の問答が組み込まれ、王仁の優秀性が誇示されており、書氏の祖先顕彰の性格が濃厚であることからも、加藤氏のように書氏の家記に基づくと考えるのが良いと思われる。しかしながら、そのように捉えるとしても、なにゆえ荒田別が王仁の招聘に関わったと記されるようになったのかを考える必要がある。実際に上毛野氏の祖が書氏の祖の渡来に関与した可能性も想定できるかもしれないが、現状では史料から証明するのは難しい。

また、書氏の王仁招聘伝承に近似するものとして、津真道の上表があり（『続紀』延暦九年〔七九〇〕七月辛巳条）、自身が百済国王となる貴須王の子孫である辰孫王の後裔であり、応神天皇代に上毛野氏の祖である荒田別が招聘に関与し、長年学識によって奉仕してきたことを主張して「菅野朝臣」の氏姓を賜与されている。辰孫王は、応神天皇の時代に上毛野氏の祖となる荒田別によって来朝したとあることから、王仁をモデルとして創造された人物である。こうした作為については、津氏が祖を伝統的な書氏の祖たる王仁と結びつけることで尊貴性を確保しようとしたとする説、[28]津氏が本来書氏と同族関係にあったことを示唆し、分裂後に祖を辰孫王へ変更したと考える見解がある。[29]いずれにしても、津氏が王仁の存在を重視していたことを示すものである。津氏やその同族たる船氏・葛井氏（もと白猪氏）は、書氏と同じく河内国を基盤とした「フミヒト」の任にあった百済系渡来氏族であり、「野中古市人」の歌垣（同宝亀元年〔七七〇〕三月辛卯条）に代表されるように、同じ百済国に出自を持つ氏族として相互に文化的・精神的な協調意識や、同族関係など密接な関係を有していたと考察されてきた。しかし、津氏・船氏・葛井氏の祖たる王辰爾が他の「フミヒト」よりも優れた能力を持っていたと記す「烏羽の表」伝承（『紀』敏達元年五月丙辰条）に象徴されるように、時にはその中における中心的地位の争いのような競合意識も生じていたと指摘されている。[30]津氏が、伝統的な書氏よりも上級の氏姓を名乗って凌駕するためには、書氏の祖に比肩する祖を作成して強調する必要があった。

ここで注目されるのが、書氏のみならず津氏も自氏の祖の渡来に荒田別が関わったと主張していることである。荒田別の存在を欠落させても話自体は完結するが、それにもかかわらず津氏の祖の招聘に関与したとされていることは看過することができず、津氏が上毛野氏の祖を重要視していたことを示すといえよう。なにゆえ、荒田別がこれらの百済系渡来氏族の招聘に関係するようになったのであろうか。

この問題については、本稿で検討した上毛野三千の高い位置付けをもって説明することが可能になる。すなわち、三千は七世紀後半において高い地位にいたが、書氏などはこうした上毛野氏に接近し、祖を招聘した存在として上毛野氏を選定することにより、祖先伝承や氏族の位置付けの向上を狙ったと考えられる。実際に上毛野氏の祖が書氏などの百済系渡来氏族の渡来に関わったと捉えたとしても、三千の高い地位があったために、あえて荒田別との関係を誇示したと想定される。同時期、禰麻呂は壬申の功臣として活動していたが、三千との関係に注目できる。なお、可能性として上毛野氏が書氏の家記に荒田別を追加したケースも考慮しなくてはならないが、その場合でも書氏にとって高い地位を有する上毛野氏と結び付くことは不都合なことではなかったであろう。

こうした経緯によって、上毛野氏の祖は正史である『紀』に、王仁を招聘した存在として記されるに至り、書氏や津氏のような百済系渡来氏族がそのステータスを示すための重要な要素となったと評価できる。書氏の王仁を意識していた津氏が、辰孫王に正当性を持たせて改賜氏姓を行うためには、荒田別の存在が必要であったと捉えられる。ただし、この様相は津氏の「菅野朝臣」改賜氏姓によって変容を遂げる。延暦十年に書最弟は、自氏の祖は漢の高帝の後裔である王仁と主張して「宿禰」姓を賜っており（『続紀』延暦十年四月戊戌条）、そこに荒田別の姿はない。これは前年に津氏が改賜氏姓を行い、書氏の「忌寸」よりも上位の「朝臣」を名乗るようになったことと無関係ではなく、書氏は百済国王の後とする菅野氏に対し、漢の皇帝の後裔と主張することで尊貴性を確保しようとしたと考えられる[31]。この時の書氏が、百済国・荒田別との関係を主張して地位を高めた菅野氏に比肩するためには、百済国、そして荒田別との関わりを捨て、漢の皇帝との関係を強調するしかなかったといえる。

おわりに

本論では、上毛野三千が従来考察されていた以上に重要な位置付けを有する人物であったことを指摘した。七世紀後半において高い地位にあった三千によって、上毛野氏は天皇・皇族に比肩し得る東国支配者として『紀』に刻まれるに至ったのである。さらに、その影響は書氏や津氏のような百済系渡来氏族にも及び、王仁や辰孫王を招聘したとして上毛野氏の祖との関係を強調したこととも関わる。

本稿のように三千を評価すると、七世紀後半の上毛野氏が従来考えられていた以上に大きな影響力を持っていたことになる。上毛野氏は、高い地位を有する東国支配者として、自らを強く意識したであろう。そして、その影響は東国、特に上毛野氏の本拠地である上毛野国に及んだと思われる。たとえ東国において上毛野氏と競合関係にあった有力氏族が存在したとしても、三千を擁する上毛野氏に迎合せざるを得ない状況となっていたのではないだろうか。七世紀から八世紀初頭にかけての上毛野氏は対蝦夷政策を推進していたが、常陸国や陸奥国、越後国や出羽国においても上毛野氏との結び付きを求める有力氏族の存在が想起されるところである。

また、上毛野氏がいつ頃からこのような強い勢力を保持するようになったのかという問題も生じてくる。筆者は、六世紀末から七世紀初頭にかけて対蝦夷政策の中心的地位を認められた際に上毛野氏の影響力が高まりはじめ、斉明天皇代の対蝦夷政策の推進によって一層勢力が強まったという見通しを立てている。そして、三千の時に上毛野氏の勢力はピークに達したと考えられる。

注

（1）加藤謙吉「『日本書紀』とその資料」（『日本史研究』四九八、二〇〇四年）。
（2）書（文）氏としては、大和国の東文氏と河内国の西文氏がいるが、本稿の書氏は後者を指すこととする。
（3）坂本太郎「日本書紀の成立」『坂本太郎著作集』二、吉川弘文館、一九八八年（初出一九五八年）など。
（4）加藤氏前掲注（1）論文。
（5）辰巳和弘「平群氏に関する基礎的考察」『地域王権の古代学』白水社、一九九四年。
（6）拙稿「上毛野氏に関する一考察」（『文学研究論集』〈明治大学大学院文学研究科〉三三、二〇一〇年）。拙稿「律令以前における上毛野・下毛野氏」（『日本古代学』三、二〇一一年）。
（7）前沢和之「豊城入彦命系譜と上毛野地域」（『国立歴史民俗博物館研究報告』四四、一九九二年）。

(8) 黛弘道『上毛野国と大和王権』上毛新聞社、一九八五年。
(9) 黛弘道「冠位十二階考」『律令国家成立史の研究』吉川弘文館、一九八二年など。
(10) 黛氏前掲注(9)論文。
(11) 虎尾達哉「参議制の成立」『日本古代の参議制』吉川弘文館、一九九八年(初出一九八二年)。虎尾達哉「天武朝における冠位の抑制をめぐって」(『続日本紀研究』三七一、二〇〇七年)。
(12) 虎尾氏前掲注(11)論文「天武朝における冠位の抑制をめぐって」。
(13) 原島礼二「上毛野「伝承」採用の条件」(『日本歴史』一五四、一九六一年)。大花上の冠位で大臣に就任した人物は確認できないことから、大花上・大花下は、天智天皇治世後半代から天武天皇代にかけての大錦上・大錦中・大錦下よりも位置付けが低いものと推断できる。
(14) 津田左右吉『日本古典の研究』上、岩波書店、一九四八年。
(15) 坂本太郎「古事記の成立」『坂本太郎著作集』二、吉川弘文館、一九八八年(初出一九五六年)。
(16) 関根淳「天皇記・国記考」(『日本史研究』六〇五、二〇一三年)。
(17) 原島氏前掲注(13)論文。加藤氏前掲注(1)論文。
(18) 井上光貞「大和国家の軍事的基礎」『井上光貞著作集』四、岩波書店、一九八五年(初出一九四九年)など。
(19) 笹山晴生「「東人」と東北経営」(戸沢充則・笹山晴生編)『新版古代の日本』八、角川書店、一九九二年。
(20) 若狭徹『前方後円墳と東国社会』吉川弘文館、二〇一七年。
(21) 拙稿「古代駿河中部の氏族とヤマト王権」(篠川賢・大川原竜一・鈴木正信編)『国造制・部民制の研究』八木書店、二〇一七年。
(22) 坂本太郎「日本書紀の材料について」『坂本太郎著作集』二、吉川弘文館、一九八八年(初出一九四九年)。
(23) 前掲注(6)拙稿「上毛野氏に関する一考察」。
(24) 加藤謙吉「史姓の成立とフミヒト制」『大和政権とフミヒト制』吉川弘文館、二〇〇二年(初出一九九五年)。加藤謙吉「『野中古市人』の実像」『大和政権とフミヒト制』吉川弘文館、二〇〇二年(初出一九九七年)。

(25) 加藤氏前掲注(1)論文。
(26) 坂本太郎「纂記と日本書紀」『坂本太郎著作集』二、吉川弘文館、一九八八年(初出一九四六年)など。
(27) 加藤氏前掲注(1)論文。
(28) 井上光貞「王仁の後裔氏族と其の仏教」『井上光貞著作集』二、岩波書店、一九八六年(初出一九四三年)。関晃「帰化人」『関晃著作集』三、吉川弘文館、一九九六年(初出一九五六年)。吉田晶「渡来系氏族の定着とその役割」(『羽曳野市史』一、羽曳野市、一九九七年)。
(29) 加藤氏前掲注(24)論文「『野中古市人』の実像」。
(30) 井上氏前掲注(28)論文。関氏前掲注(28)論文。加藤氏前掲注(24)論文「史姓の成立とフミヒト制」・「『野中古市人』の実像」。吉田氏前掲注(28)論文。
(31) 関氏前掲注(28)論文。加藤氏前掲注(24)論文「『野中古市人』の実像」。

藤原百川と「和舞」

中川　久仁子

はじめに

『続日本紀』神護景雲四年（七七〇）三月辛卯条には、

葛井。船。津。文。武生。蔵六氏男女二百卅人供㆓奉歌垣㆒。其服並着㆓青摺細布衣㆒、垂㆓紅長紐㆒。男女相並。分㆑行徐進。

として、称徳天皇の由義宮行幸の折り、葛井、船、津、文、武生、蔵の六氏が歌垣に供奉したことが記されている。

葛井・船・津の三氏は河内国丹比郡野中郷、文・武生・蔵の三氏は同国古市郡古市郷を本拠とした百済系フミヒトで、『令集解』喪葬令親王一品条所引「古記」にみえる「野中古市人」と呼ばれる人々であったとされる。[1] この日、歌垣に加わった葛井ら六氏の人には商布二千段、綿五百屯が下賜され、翌月丁酉条には正六位上船連浄足、東人、虫麻呂三人に「族中長老。率㆓奉歌垣㆒」として外従五位下が授けられている。

このときの歌垣は、青摺の細布衣を着し、紅の長紐を垂らした男女二三〇人が相並び、行を分けて徐に進んで、「少女らに男立ち添ひ踏みならす西の都は万世の宮」、「淵も瀬も清く爽けし博多川千歳を待ちて澄める川かも」と歌い、「毎㆓歌曲折㆒挙㆑袂為㆑節」という華やかなものであった。このほかにも古詩四首があり、行幸に供奉している五位以上の官人と内舎人、女孺らが詔によってこの歌垣の中に列なり、さらに賑やかなものとなったようである。

そして、この歌垣の終わりに、河内大夫従四位上藤原朝臣雄田麻呂已下が「奏㆓和舞㆒」したとある。藤原雄田麻呂（のちに「百川」と改名）は、河内国が河内職とされたのに伴い、河内守からそのまま河内大夫となった人物で、ここではまさに河内職の長官として名がみえるのであろう。

河内国が河内職とされたのは、前年の神護景雲三年十月に由義宮を「西京」とする詔が出されたことと関連する。称徳天皇にとって重要な意味を持つ施策が行われたこの時期に、由義宮のある河内の地の長官に任じられたのが雄田麻呂であったのはなぜなのか。「野中古市人」らによって歌垣が供奉された後、「和舞」が奏されたことにはどのような意味があったのか。

称徳天皇の三度にわたる由義宮行幸のあとを辿り、改めて考えてみたい。

一　称徳天皇の由義宮行幸

天平神護元年（七六五）十月、使を遣わして三関を固く守らせるという異例の措置をとった後、称徳天皇は紀伊国へと行幸した。淳仁天皇を廃して重祚してから、ちょうど一年。いまだ皇位継承者は定められず、三月にはそれぞれの思惑によって自分に都合のよい皇嗣を担ぎ出そうとする動きを諫める詔が出されたが[2]、それから半年もたたない八月に、舎人親王の孫で淳仁の甥にあたる和気王の謀反が発覚した。和気王は率川社に隠れているところを捕らえられ、伊豆国に流される途次、山背国相楽郡で絞殺され狛野に埋められる。その翌月には、早くも紀伊国行幸のために大和、河内、和泉国に行宮を作らせており、藤原永手と吉備真備が御装束司長官に任じられるなど、行幸に向けての準備が着々と進められた。三関固守とともに、天平十二年十月の藤原広嗣の乱のおりの聖武の伊勢行幸に倣ってか、御前・御後次第司と御前騎兵将軍が任じられているのも、この行幸の特徴といえる。

『続日本紀』によってその行程を辿ると、一行はまず小治田宮に到り、飛鳥の地をめぐっている。称徳の曾祖父にあたる草壁皇子の檀山陵を過ぎるときには、陪従の百官に詔して、下馬して旗幟を巻かせた。廃帝・淳仁をはじめとする舎人親王系などの皇親に対し、現天皇・称徳の正統性を示威しているといえよう。

紀伊国玉津嶋に到着すると、称徳は南の浜の海を望む楼に御し、雅楽と雑伎を奏せしめた。権に市廛を置き、陪従の者らと紀伊国の百姓たちに交易させたともあり、非常に賑やかな様子が窺われる。

彼らの望む海の向こう、淡路公に封ぜられた淳仁はこのとき、「不㆑勝㆓幽憤㆒。踰㆑垣而逃」げたが、淡路守らの兵に捕らえられて翌日薨じた。(3) 称徳の挑発に乗せられ、自滅したかのような最期であった。

その知らせが届いていたとは思われないが、『続日本紀』は淳仁の死と同日条に、まるで当初の目的を果たしたことを祝うかのように、紀伊国の調庸の免除と、玉津嶋行宮の側近の年長者への賜物、紀伊守以下の人々への叙位など優遇措置が行われたことを記している。甲申条には、紀伊国から淡路への渡航地にあたる和泉国日根郡深日行宮へ到ったとき、「西方暗瞑。異㆑常風雨」ともある。淳仁の憤死を暗示するかのような不穏な記述であるが、称徳は何事もなかったかのように、ここまで送ってきた紀伊守小野小贄に物を賜い、河内国へと向かった。

次の目的地は、称徳が「師」(4)と仰ぐ道鏡の出身地、河内国若江郡弓削郷に置かれた「弓削行宮」である。藤原仲麻呂を討滅した後、仲麻呂の「太師」に対抗するかのように「大臣禅師」とされた道鏡と称徳を、「己怨男女二人在。此乎殺賜《幣》」(5)と語ったという和気王を退け、かつて二人の仲を諷諌して孝謙太上天皇の不興を買った淳仁を死に追いやって、のちの「由義宮」へとやってきたことになる。

弓削行宮に到着した翌日、道鏡ゆかりの弓削寺で仏を礼拝し、「唐・高麗楽」を庭で奏した。また、河内国交野郡を本拠とする百済王慶福らが「本国舞」を奏してもいる。「本国舞」とは、天平十二年（七四〇）二月、同十六年二月の聖武による難波行幸や、延暦十年（七九一）十月の桓武の交野行幸にみられる、百済王等が奏した「風俗楽」や「百済楽」をいうのであろう。

そして、翌閏十月、道鏡を「太政大臣禅師」とする詔が出され、行幸に供奉した文武の百官に彼を拝賀させている。本来「拝賀」は天皇に対する礼であり、それを道鏡に行うように命じるということは、彼が天皇に準じたものであることを目に見える形で示そうとしているものと考えられる。(6) 一連の行事が終わった後、再び弓削寺へ出向いて仏を礼拝しているのも、「太政大臣禅師」である道鏡と仏とを同一視させようとする目論見であったのかもしれない。礼仏後には、前回の唐と高麗楽に加え、河内国丹比郡黒山郷の地を本拠とする黒山企師氏の間に伝えられた舞が奏されている。(7) 百済王氏による百済舞と同様に、河内国に根付いた氏族による、その氏固有の舞が奏されたということであろう。

次の河内国への行幸は、四年後の神護景雲三年（七六九）十月、いわゆる「宇佐八幡神託事件」の翌月であった。ここで称徳は「以㆓由義宮㆒為㆓西京㆒」という詔を出し、(8)「西京」設置にともなう処置として、河内国は河内職とされた。「弓削行宮」ではなく「由義宮」と表記されているのも、「弓削」の字を「由義」という嘉字に改めたものとみられる。

和気清麻呂が宇佐から持ち帰った神託により、道鏡は単に即位への道を閉ざされただけではなく、天平神護二年についた法王としての権威を著しく損なわれたものと思われる。しかし称徳は、それを打ち消そうとするかのように、道鏡の故郷である弓削の地を「西京」とすることを宣した。称徳が道鏡への譲位を望んでいたのかはともかくとして、また道鏡の思惑がどのようなものであったのかも本当のところは見定めがたいが、道鏡は事件の責任を問われておらず、彼を法王とした称徳の姿勢に変化はないことを今回の行幸は示しているといえよう。『続日本紀』神護景雲三年十月乙卯条には、「権建㆓肆廛於龍華寺㆒、以㆓西川上㆒、而駆㆓河内市人㆒以居㆑之。陪従五位已上、以㆓私玩好㆒交㆓関其間㆒。車駕臨㆑之。以為㆓遊覧㆒」とみえる。天平神護元年の紀伊行幸を彷彿とさせるが、あれが淡路にいる淳仁へ向けての示威行為であったとするならば、今回は、道鏡を法王とした称徳の方針の揺るぎなさを万民に見せつけるためのものであった。くり返し行われる道鏡や彼の縁者への叙位や任官、賜物も、強い印象を残したであろう。

称徳が「由義宮」を「西京」としたのは、仲麻呂の「保良宮」「北京」に対応しているとされるが、(9)「西京」の地は、道鏡のみならず、称徳自身にとっても縁の深い場所である。称徳の外祖父・藤原不比等は、田辺史氏によって養育された。母である光明皇后の名は、河内国安宿郡にちなむ、安宿媛。さらにその母であり、称徳の外祖母になる県犬養橘三千代の県犬養氏もまた、河内国古市郡を本貫とする。[10]

法王道鏡との統治を目指す称徳天皇にとって、両者ともに「故郷」ともいえる「西京」は、理想を具現化した土地であった。

しかし、この「西京」を単なる離宮ではなく陪都として定着させようとするならば、多くの理解を得なければならない。称徳は行幸へと出立する直前、両端に金泥で「恕」と書いた紫の綾の帯を五位以上の官人に賜っているが、その際に藤原氏のみは成人に達しない者にも与えるという優遇策をとっている。[11]藤原氏出身の母を持つ称徳にとって、藤原氏は特別な存在であり、蔑ろにするつもりはないという意思表明といえる。

「西京」は称徳のみの「故郷」ではない。不比等が藤原氏の成員すべてにとって重要な存在であろうことは、いうをまたない。光明皇太后はかつて、藤原氏と橘氏の子弟らを「汝諸者吾近姪」と呼んだが、[12]三千代を母や祖母とする橘氏の氏人のみならず、三千代の女牟漏女王を母とする藤原北家の者らにとって、「西京」は二重の意味で自分たちのルーツとでもいうべき場所といえる。河内国出身者への賜姓や叙任を重ねるのみならず、藤原氏への目配りも怠らない。そのあらわれのひとつが、藤原雄田麻呂の河内大夫任命だったのではあるまいか。

二　称徳朝の藤原雄田麻呂

この称徳の二度目の行幸中に、四ヶ月前の六月に石上息嗣が美濃守に転じて以来空いていた河内守に藤原雄田麻呂が任じられた。この叙任後、前述したように河内国は河内職とされ、雄田麻呂はそのまま河内大夫となる。

雄田麻呂の経歴を追ってみると、ひとつの特徴が浮かび上がる。

藤原宇合の八男である雄田麻呂の名がはじめて『続日本紀』にみえるのは、天平宝字三年（七五九）六月、正六位上から従五位下への叙位である。その後、同七年四月に智部（宮内）少輔に任じられているが、翌年に起こったいわゆる「恵美押勝の乱」では仲麻呂の与党として処罰されてもいないかわりに、良継、田麻呂、蔵下麻呂らの兄弟が討伐軍の一員として報奨されている中、雄田麻呂のみは賞与に与っていない。雄田麻呂の妻諸姉は良継の女であるが、宝亀八年（七七七）九月丙寅条の良継薨伝に記された「謀欲レ害二太師一」という企てにも加わらなかったらしく、事件のあったとされる天平宝字七年に智部少輔に任じられている。権力におもねり親仲麻呂派ともならなければ、現政権に不満を抱く反仲麻呂派に組みすることもなく、一官人として中立を保っていたのであろう。

そうした姿勢を買われたものか、称徳天皇が重祚して以後、雄田麻呂は職歴を重ねていくことになる。天平神護二年九月には山陽道使に任じられ、翌年の神護景雲元年二月戊申条には「左中弁侍従内匠頭武蔵介正五位下藤原朝臣雄田麻呂為二兼右兵衛督一」とみえ、同二年二月には、左中弁・内匠頭・右兵衛督はそのままに武蔵介から武蔵守へとなり、十月には正五位上から従四位下に叙されている。この年の七月に設置された内豎省の長官（卿）は、道鏡の弟・弓削御浄朝臣浄人であったが、雄田麻呂は翌三年三月、左中弁と兼任で内豎大輔に任じられている[13]。これより先の同二年十一月には、左中弁・内匠頭・武蔵守のまま中務大輔に任じられたのみならず、浄人が検校兵庫将軍、雄田麻呂と紀船守が副将軍とされてもいる。このときの働きぶりが認められての、内豎大輔就任であったのかもしれない。

雄田麻呂の経歴を追っていて気になるのは、彼の母、久米連若女の存在である。

神護景雲元年十月、若女は弓削御浄朝臣美夜治、弓削御浄朝臣等能治、大伴宿禰古珠瑠河らとともに、無位から従五位下に叙されている。この日は、石上等能能古も無位から従五位上とされているが、若女のほかの四人はこの叙位記事以外に史料にみえず、このときの女叙位の理由も定かでない。が、弓削御浄氏の二人はもちろん、物部氏を祖とする石上等能能古も、物部守屋を「先祖之大臣」とする道鏡との関係での優遇措置なのであろうと思われる[14]。だとすれば、若女も彼女らと同様の扱いを受けていたということになる。無位から従五位下への直叙は破格の待遇といえ、若女は翌年十月にはさらに従五位上に昇っているが、このときともに叙位に与っているのが、藤原麻呂の女で藤原豊成の室・藤原百能、藤原鳥養女で永手室かとされる藤原家子、[15]大野東人の女で藤原永手の室・大野仲智、大中臣清麻呂の室・多治比古奈弥らであり、いずれも宮人であることから、若女も称徳の後宮に出仕していたものと推測される。『尊卑分脈』によれば、若女の父は神亀元年（七二四）年五月に連の姓を賜った、正六位上久米連奈保麻呂。『続日本紀』には「久米連」はこの奈保麻呂と若女の父娘のほかに、二人の近親者とみられる久米連真上と久米連形名女の二名しかみえず、[16]詳しいことは不明といわざるを得ないが、神亀元年二月の「韓人部」への賜姓の詔をうけて「連」を賜っていることから、奈保麻呂も渡来系の一族であったと思われる。娘の若女が藤原宇合の子を生むことになったのは、この年四月に持節大将軍に任じられた宇合とともに、奈保麻呂が蝦夷征討に赴いたことが一因であったのかもしれない。

『続日本紀』宝亀十年七月丙子条の薨伝に享年四八歳とあるのに従えば、若女は天平四年（七三二）に雄田麻呂を生んだことになる。しかし宇合は同九年に薨じてしまい、その二年後の天平十一年三月庚申条に「石上朝臣乙麻呂坐レ奸二久米連若女一」すとあり、若女は石上乙麻呂との仲を罪に問われて下総へ、乙麻呂は土佐へと流された。翌年には若女のみ許されて入京するが、その後、従五位下に叙されるまでの彼女の消息は不明である。

称徳が神護景雲年間になって久米若女を後宮に呼び寄せた背景には、あるいは、若女のこういった経歴が関係していたのかもしれない。

宇合の死が天平九年八月、乙麻呂と若女が配流となったのが同十一年三月。「喪葬令」十七服紀条には「凡服紀者。為二君。父母。及夫。本主一。一年」とあり、若女が夫の服喪期間中に乙麻呂と関係を持ったために罰せられたとの説もあるが、天平十二年六月庚午条の、若女のみが大赦によって入京が許され、乙麻呂は除外されたことを記す勅の中に、「奸二他妻一」の語があることから、二人は宇合の生前から関係があったとして処罰されたものとされる。[17]

雄田麻呂の兄である広嗣と良継の母は、石上麻呂の女の国盛（国守）であり、同じく石上麻呂を父とする乙麻呂の、姉か妹にあたる人である。(18) 宇合の存命時から、乙麻呂が宇合邸に出入りする機会は多分にあったであろう。おそらくは乙麻呂と若女の関係を取り沙汰する風聞は早くからあり、それが天平十一年の配流に繋がったものと思われる。

『万葉集』巻六―一〇一九～一〇二三には、「石上乙麻呂卿配二土左国一之時歌三首并短歌」がある。

一〇一九　石上　布留の尊は　たわやめの　惑ひに因りて　馬じもの　縄取り付け　鹿猪《しし》じもの　弓矢囲みて　王《おほきみ》の　命《みこと》恐《かしこ》み　天離《あまざか》る　夷辺《ひなへ》に罷《まか》る　古衣　真土山より　帰り来ぬかも

一〇二〇　大君の　命恐み　さし並ぶ　国に出でます　はしきやし　我が背の君を　かけまくも　ゆゆし恐《かしこ》し　住吉の　現人神

一〇二一　船舳《ふなのへ》に　うしはきたまひ　着きたまはむ　島の崎々　寄りたまはむ　磯の崎々　荒き波　風にあはせず　つつみなく　病あらせず　速《すむや》けく　帰したまはね　本《もと》の国辺《くにへ》に

一〇二二　父君に　我は愛子ぞ　母刀自に　我は愛子ぞ　参上《まゐのぼ》る　八十氏人《やそうぢびと》の　手向《たむけ》する　恐《かしこ》の坂に　幣奉《ぬさまつ》り　我はぞ追へる　遠き土佐道《とさぢ》を

第一首は時の人の作、第二首は乙麻呂の妻の作、第三首は乙麻呂自身の作として、第三者が作った物語歌とされるが、これらの歌の存在からも、いかに乙麻呂と若女の恋愛譚が人口に膾炙したか、窺い知ることができる。『懐風藻』には、乙麻呂自身が詠んだ漢詩も遺されている。

乙麻呂と若女が実際にはどのような関係であったにしても、世論は乙麻呂に同情的であったようである。乙麻呂の主観で詠まれた『懐風藻』の漢詩はもちろんのこと、第三者の手になる『万葉集』の和歌も、「時の人」は「石の上布留の尊」である乙麻呂は「たわやめ」若女に「惑」わされたとしており、乙麻呂の「妻」も、夫を責めることなく

「わが背の君」が「つつみなく病あらせず」速やかに帰還することを神に祈っている。乙麻呂に仮託した歌でも「父君に我は愛子ぞ母刀自に我は愛子ぞ」と、流されていく自分への憐憫が歌い上げられる。立派な父母と妻を持つ名門石上氏の御曹司が、「たわやめ」の色香に惑わされて経歴に傷をつけられた。悪いのは相手の女である、という意識が透けてみえる。

本来、どちらがいい、悪いという話ではない。それぞれに言い分があるであろうし、若女の方でも自己を正当化した話を周囲に洩らしていたかもしれない。名門の子弟と権門の妻との醜聞は、虚実ない交ぜとなっておもしろおかしく広められ、ひとり歩きするうちに肥大化して、もはや押しとどめることも打ち消すこともかなわない。そうして二人は、それぞれ流されていくこととなったのであろう。

この事件のとき、のちに孝謙・称徳天皇となる阿倍内親王は、皇太子の地位にあった。二十二歳の彼女が、母方の伯父である宇合の妻妾のひとりが起こした事件を、どのように眺めていたものかはわからない。しかし、天平宝字五年十月の保良宮行幸において道鏡と出逢って後、くり返し批判と醜聞にさらされてきた称徳天皇としての彼女には、当時とはまた違った感慨があったのではあるまいか。

若女が従五位下に叙された神護景雲元年には、雄田麻呂は天皇の近辺に仕える侍従でもあった。若女が宮人として出仕する契機を作ったのは、雄田麻呂であったのかもしれない。下総から帰京した後、二八年ぶりに史料上に登場した若女の名が、石上氏とともにあるのも興味深い。

もうひとつ、若女が「渡来系の久米」氏であったということも、考慮する必要があるように思われる。先にも述べたように、『続日本紀』に名前を連ねる「久米連」は四名のみ、それも簡単な叙任記事ばかりで、どうやら渡来系氏族らしいという以外、詳しいことは不明といわざるを得ない。ただ、「渡来系」であるとみることができるのであれば、『新撰姓氏録』河内諸蕃に「百済国人久米都彦」を祖とする「佐良々連」が存在することが知られている。河内国には、この「佐良々連」のほかにも、「百済国人久米都彦」を祖とし、「久米」を名乗る一族が存在したのではなかろうか。

また、『日本書紀』天武元年（六七二）七月壬子条には「是時。河内国司守来目臣塩籠有下帰二於不破宮一之情上。以集二軍衆一。爰韓国到レ之。密聞二其謀一而将レ殺二塩籠一。々々知二事漏一。乃自死焉」とある。ここに記されている「河内国司守来目臣塩籠」と、奈保麻呂や若女の「久米連」がそのまま結びつくわけではないが、河内国に「国司守」をつとめた「来目（久米）」氏が存在したことは確認できる。しかも、「壬申の乱」において大海人皇子（天武天皇）側につこうとして自死に追い込まれた、悲劇の人物という描かれ方をしているのである。天武の曾々孫であり、自身も「恵美押勝の乱」を経験した称徳にとっては、好ましい臣下像であるといえよう。(19)

奈保麻呂や若女が河内国出身だという確たる証拠はない。が、雄田麻呂の河内大夫任官と同日、道鏡の縁者であろう弓削御浄朝臣美努久売、乙美努久売、弓削宿禰東女らとともに、雄田麻呂の室藤原諸姉も無位から従五位下に叙されている。雄田麻呂本人だけではなく、妻の諸姉も由義宮行幸に従っていたということであろうし、この後は母・久米若女とともに宮人として出仕することになる。

こういったことを考え合わせると、雄田麻呂の河内大夫任官は、称徳の強い意志があってのものだったのではないかと思えてくる。

雄田麻呂は宇合の男であり、当然、藤原氏の一員である。兄良継の女である妻の諸姉も、もちろん藤原氏に属す。一方、母親は渡来系氏族の出で、「河内国司守」であった「来目臣塩籠」と同じ氏名を持つ久米若女。

藤原氏をはじめとする氏族の支持を得て、道鏡の本拠である河内国若江郡弓削郷を中心に、由義宮を「西京」として定着させようと願う称徳にとって、雄田麻呂はうってつけの人材ではなかったか。藤原氏でありつつ、弓削御浄氏とも良好な関係を保っている。そういう雄田麻呂だからこそ、河内職の長官に抜擢されたのである。

そして、そういうあり方の象徴が、雄田麻呂が奏した「和舞」ではなかったか。

三　「和舞」の本質

そもそも、「和舞」とはどのような舞なのか。

現在のところ、「和舞」のもっとも古い例として知られるのは、和銅四年（七一一）から霊亀二年（七一六）の遺構から出土した長屋王家木簡、

雅楽寮移長屋王家令所　平群朝臣広足
　　　　　　　　　　　右人請因倭舞
故移　十二月廿四日　少属白鳥史豊麻呂
　　　　　　　　　　少允　船　連　豊

で、雅楽寮から長屋王家令所に、平群朝臣広足を「因二倭舞一」って請う、というものであった。(20)

その次に正確な年次がわかるのは、先にみた神護景雲四年三月辛夘条の「河内大夫従四位上藤原朝臣雄田麻呂已下奏二和舞一」になるが、『令集解』職員令雅楽寮条に引かれる「大属尾張浄足説」に、「今有レ寮舞曲等如レ左」として「五節舞十六人。田舞師。舞人四人。倭舞師舞也」との記述がある。斯波辰夫氏は、「大属尾張浄足説」を天平勝宝四年（七五二）四月の東大寺大仏開眼会のために書き記されたものであるとされており、それに従えば神護景雲四年の由義宮行幸より前ということになる。(21)長屋王邸にいた平群広足は、「倭舞」の舞人であったか、あるいはこの「倭舞師」として雅楽寮に求められたのではなかったか。

その後、宮廷や社寺での儀式が整備されるようになると、「和（倭）舞」の痕跡も多くみられるようになっていく。延暦二十三年（八〇四）三月に太政官に奏上された解文である『止由気宮儀式帳』と、同じく延暦二十三年八月に神祇官に上進した解文『皇太神宮儀式帳』によれば、両宮ともに正月朔日、五月五日、六月・九月・十二月の「三節

祭」における直会で「倭舞仕奉」されている。

また、『延喜斎宮式』「斎内親王参三時祭禊料」条によれば、斎宮でも五月、八月、十一月の「三時祭」の際、「就二解斎殿一給二酒食一訖入二外玉垣門一供二倭舞一先神宮司以下。及主神司。寮官次第舞。次斎宮女孺四人供二五節舞一」とある。

つまり、伊勢では内宮、外宮、斎宮のいずれでも、直会の後に「倭舞」が行われていたことになる。

一方、大同四年（八〇九）三月廿一日の太政官符「定二雅楽寮雑楽師一事」には、

舞師四人〈筑紫諸県師一人在此中〉

とあるが、弘仁十年（八一九）十二月廿一日の官符「定二雅楽諸師数一事」では、

舞師四人〈倭舞師一人田舞師一人　五節舞師一人筑紫諸県舞師一人〉

とあることから考えると、大同四年の「舞師四人」も倭舞師、田舞師、五節舞師、筑紫諸県舞師それぞれ一人ずつという構成であったものと思われ、嘉祥元年（八四八）九月廿二日の官符「応レ減二定雅楽雑色生二百五十四人一事〈減一百五十四人　定一百人〉」に、

倭楽生百卌四人〈減九十九人　定卌五人〉

歌人廿人〈元卌五人〉　笛生四人〈元六人〉

笛工二人〈元八人〉　舞生二人〈元十六人〉　田舞生二人〈元廿五人〉
五節舞生二人〈元十六人〉　筑紫諸県舞生三人〈元廿八人〉

とある「舞生」も、「倭舞生」であると推察される。
大嘗祭における「和（倭）舞」の初見は清和天皇のときの『三代実録』貞観元年（八五九）十一月十九日庚午条、

撤二去悠紀主基両帳一。天皇御二豊楽殿広廂一。宴二百官一。多治氏奏二田舞一。伴佐伯両氏久米舞。安倍氏吉志舞。内舎人倭舞。入レ夜宮人五節舞。並如二旧儀一。宴竟賜二絹綿一各有レ差。

になる。が、雅楽寮に「倭舞師」や「倭舞生」が存在したとみられる時期の、平城天皇の大嘗祭にあたる大同三年十一月甲午条に「奏二雑舞并大歌五節舞等一」、嵯峨天皇の大嘗祭にあたる弘仁元年（八一〇）十一月戊午条に「宴二五位已上一。奏二雑舞并大歌一」とある「雑舞」が、大同四年三月廿一日太政官符の「雑楽」にあたるのであれば、両天皇の大嘗祭に「倭舞」も含まれていた可能性がある。そして、和銅四年から霊亀二年頃に雅楽寮に「因二倭舞一」って請われた人物がいたということは、平城以前の天皇の大嘗祭においても、「倭舞」が行なわれていたということもありうるように思われる。

このほか『儀式』によれば、春日祭と大原野祭では「直会殿座」で「神主和舞」、園并韓神祭でも神殿での祭儀後に「祐已上和舞」、平野祭でも「左右山人共起和舞」とある。『延喜式』からも、鎮魂祭、新嘗祭、大嘗祭において、同様の場で「和舞」が奏されていたことがわかる。

これらのことから、斯波氏は「倭舞の儀礼的性格は、大嘗祭においては「解斎和舞」（『太政官式』・『儀式』）、伊勢神宮においては「直会倭舞」（『儀式帳』）と称されているところに端的に示され」ており、「春日祭や大原野祭でも、直会殿において倭舞は行われている（『儀式』）し、平野祭や鎮魂祭、園并韓神祭でも、倭舞がなされた後は群官に直会の酒食が給されて祭祀は終了している（「神祇式」・『儀式』）ことから、これらも解斎舞とみなされよう」とされる。さらに、「倭舞」は「叙位や任官・賜禄の時に謝意を表わす拝舞」と互換性があったともされるが、由義宮行幸時の「和舞」も、まさにこれに当てはまる。(22)

四　称徳天皇と「和舞」

これまでみてきたとおり、「和舞」は「倭舞」とも記されるが、斯波氏は「倭」の字は「倭国＝日本を意味」し、「倭舞は日本を代表する舞」であったとされる。(23) これに対し、米山敬子氏は嘉祥元年九月廿二日の太政官符に、「倭舞生」を意味しているであろう「舞生」とともに、「田舞生」「五節舞生」「筑紫諸県舞生」を合わせて「倭楽生」とされていることから、「外国の舞に対立する「和（日本）舞」」としては用いられていないとし、「倭舞」の名は「倭笠縫邑」の伝承に由来するのではないだろうかとされる。(24)『日本書紀』崇神天皇六年条に「天照大神。倭大国魂二神。並祭二於天皇大殿之内一。然畏二其神勢一、共住不レ安。故以二天照大神一、託二豊鍬入姫命一、祭二於倭笠縫邑一、仍立二磯堅城神籬一。〈神籬。此云二比莽呂岐一。〉」とある「倭笠縫邑」の所在地については諸説あるが、大和国内であることに異論はなかろう。貞観三年（八六一）三月十四日戊子条の東大寺無遮大会では「先令三内舎人端児者廿人供二倭舞一。次近衛壮歯者廿人東舞」とされていることからも、「倭舞」と「東舞」が対であり、「倭舞」は「東舞」より西の地方の舞であると認識されていたことが窺われる。本来、都のある大和国こそが中心であるはずではあるが、東国からみれば都は西方。この場合の「倭舞」は、「倭国＝日本」というより、「倭笠縫邑」のような一地方を喚起させる舞であったと考えられる。

長屋王家木簡に、「因二倭舞一」って雅楽寮に請われたとある「平群広足」の平群氏もまた、大和国平群郡平群郷を本貫とする。もっとも、たまたま発見された木簡に平群広足の名が残っていただけで、ほかにも「和（倭）舞」の舞人や舞師がいた可能性はある。が、『日本書紀』武烈天皇即位前紀には、武烈と平群真鳥大臣の男鮪臣が、物部麁鹿火大連の女影媛をめぐって海柘榴市の歌垣で争ったという話が記されている。『古事記』清寧天皇記では鮪は「志毘」と表記され、彼と争ったのは袁祁命（顕宗天皇）、二人が取り合った女性は菟田首等の女大魚となっているが、平群氏の人物が歌垣に参加したという点に変わりはなく、こういった伝承が『日本書紀』や『古事記』の編纂時に存在したことは確かである。平城京から難波宮への行幸路には、平群駅があった。[25] あるいは難波京や和泉宮などへの途次に、「歌垣」や「和（倭）舞」を奏するための人材が平群氏から求められたこともあったのかもしれない。

『延喜式』神名帳には、大和国平群郡と伊勢国員弁郡のそれぞれに、平群神社の名がみえる。平群郡の祭神は大山祇命であるが、員弁郡の平群神社は、平群氏の祖である木菟宿禰を祭神とする。

『古事記』は、伊勢の能褒野で命尽きようとする倭建命が詠んだ「命《いのち》の 全《また》けむ人は 畳薦《たたみこも》 平群の山の 熊白檮《くまかし》が葉を 髻華《うず》に挿《さ》せ その子」という思国歌《くにしのびうた》を載せる。「倭舞」に「遷宮とともに大和国から伊勢へと伝わった舞」であるという伝承があったのだとすれば、その遷宮を導いた倭姫命の甥である倭建命が「伊勢において平群の地を思い歌を詠む」という構図は、うまく重なり合うといえるであろう。その舞を担う者として、「平群広足」は非常にふさわしい人物のようにも思われるのである。

伊勢神宮の「倭舞」は、「年に六回（六月と九月はそれぞれ二回）という回数の多さと、祭祀組織を構成する全ての人々の参加という規模の大きさとから考えて、宮廷や藤原氏等におけるそれよりも古態を保っていると言えるのではなかろうか」とされる。[26] その伊勢神宮に仕える斎宮では、「倭舞」とともに「五節舞」も奏されていた。

この「五節舞」について、「倭舞と同じく、天皇あるいは神々に対する感謝・忠誠・服従の意義を持った身体表現としての舞と位置づけることができよう」との指摘がある。[27]

「倭舞」は「数多くの人々が、一斉にではなく、順々に舞をなしたということから、一人が舞に要する時間は多くはなかった」ものと考えられ、また、「拝舞」との入れ替わりも可能であったが、(28)「拝舞」の袖を振る所作は、『年中行事秘抄』「五節舞姫参入并帳台試事」に、

本朝月令云。五節舞姫者。浄御原天皇之所レ製也。相伝云。天皇御二吉野宮一。日暮弾レ琴有レ興。試楽之間。前岫之下。雲気忽起。疑如二高唐神女一。髣髴応レ曲而舞。独入二天瞻。他人無レ見。挙レ袖五変。故謂二之五節一云々。

とある、「挙レ袖五変。故謂二之五節一云々」という動きに通じるとされる。(29)この袖を振る仕草は、神護景雲四年三月の「毎二歌曲折一、挙レ袂為レ節」という「歌垣」とも共通していよう。

称徳という天皇にとって、「五節舞」は大きな意味をもつものであった。『続日本紀』天平十五年（七四三）五月癸卯条には「宴二群臣於内裏一。皇太子親舞二五節一」とあり、父聖武の皇太子であった阿倍内親王は、天武天皇の創始とされる「五節舞」を、元正太上天皇の御前で舞っている。天平十年に立太子したにもかかわらず、橘奈良麻呂の言にみられるように、彼女を「皇嗣」として認めようとしない者たちもいた。(30)そうした中で、聖武の命により元正太上天皇に奉献された「五節舞」は、「君臣祖子乃理」を教導するものであると表明され、皇太子の正統性とともに、君臣秩序を再認識させるものであった。

そういう称徳が、「五節舞」と同じく「天皇あるいは神々に対する忠誠・服従」の意をあらわす「和舞」を、法王道鏡の故郷である「西京」由義宮で奏させているのである。聖武の詔には、「上下乎斉倍和気弓无レ動久静加尓令レ有尓八礼等楽等二都並弓志平久長久可レ有」とある。「野中古市人」である葛井ら六氏による「歌垣」ののち、行幸に従った官人たちにもそれに加わらせ、さらに河内職の長官以下に「和舞」を奏させる。この場に集うすべての人々に、「礼楽」によって「君臣祖子乃理」を思い起こさせようとする意図があったとみることができるのではないか。

「歌垣」に供奉した人たちの「着二青摺細布衣一、垂二紅長紐一」という服装もまた、意図的に選ばれたものであったと

思われる。

『古事記』には「青摺衣」と「紅紐」という取り合わせの服装が二度出てくる。ひとつ目は仁徳記で、仁徳によって山代筒木の韓人奴理能美の家に留まって戻ろうとしない皇后石之日売のもとに使者として派遣された丸邇臣口子が、「紅紐青摺衣」を着していたとする。雨をもいとわず皇后の御前に参上しようとする口子は、庭中に跪いたときに水溜まりで腰まで濡れ、「水潦払二紅紐一青皆変二紅色一」と、その様子が印象深く描かれている。この口子には皇后に仕える口比売という妹がおり、皇后に兄を取りなす場面も挟まれる。そして、口子、口比売、奴理能美の三人で相談し、天皇と皇后の仲を修復して無事に帰還させることに成功するのである。

もうひとつの雄略記では、天皇から行幸に従う官人たちに「悉給下著二紅紐一之青摺衣上」ったとある。それとよく似た様子の一行が向こうの山の尾根づたいにいるのを不思議に思って尋ねると、実は葛城の一言主の大神であることが判明し、大刀や弓矢とともに衣服も献上したところ、受け入れられたとする。

『古事記』に記されたこれらの話を、称徳朝の人々は聞き知っていたであろう。都から皇后の行啓先に派遣された忠臣・丸邇臣口子や、天皇の行幸につき従い、神と遭遇した官人たちと同じ服装をさせ、「歌垣」に奉仕させる。「歌垣」に加わった官人たちがすべて「青摺衣」に「紅紐」という姿であったのかは定かでないが、二百人以上の人々が揃いの装束を身につけていたのは確かで、それを目にしながら「天皇あるいは神々に対する感謝・忠誠・服従の意義を持った身体表現としての舞」である「和舞」が奏されたことになる。「紅紐」をつけた「青摺衣」は、「弘仁以降は、神事の祭の特定の斎服」となり、「ことに大嘗祭・新嘗祭奉仕の小忌の職員の標しとして用いることによって小忌衣といい、神事舞の東遊奉仕の舞人や楽人は、闕腋の小忌衣を下襲・半臂の上につけるのを例として、これを一般に青摺の袍」というようになる。(31) 由義宮行幸の「歌垣」は、「倭舞」が大嘗祭で奏されていることからみても、その流れを象徴しているように思えるのである。

五　「田舞」と「五節舞」と「和舞」

「和（倭）舞」は、特定の氏族の間で伝えられたような類の舞ではない。しかし、「倭舞」が奏されているのは、藤原氏の氏神である春日大社や大原野神社であり、皇祖神である伊勢神宮の神官や鎮魂祭の祭主も、藤原氏と同族の中臣氏に占められ、園韓神社も養老年中（七一七－二四）に藤原氏の創建にかかるという伝承を有するなど、それぞれ藤原氏との縁は深い。

「春日祭」の初見は、天平勝宝四年（七五二）の『万葉集』一九－四二四〇の光明皇太后の歌の詞書「春日祭神之日」であるが、『三代実録』元慶八年（八八四）八月廿六日甲寅条に「新造二神琴二面一、奉レ充二春日神社一。以二神護景雲二年十一月九日所レ充破損一也」とあることから、春日大社が春日御蓋山麓に創建され、祭祀の形式などが整うのも、神護景雲二年（七六八）頃であったろうと思われる。

ちょうどその時期にあたる神護景雲三年二月乙夘条には、

奉二神服於天下諸社一。以二大炊頭従五位下掃守王。左中弁従四位下藤原朝臣雄田麻呂一。為二伊勢太神宮使一。

とあり、雄田麻呂が伊勢に派遣されている。

『止由気宮儀式帳』「年祈幣帛使参入弖幣帛進時行事」には、

幣帛使与二太神宮司一共神宮外院参入来。爾時即禰宜内人等玉串所候侍弖。菅裁物忌父造奉留太玉串乎。禰宜捧弖太神宮司爾給。

とあるが、ここにみえる「菅裁物忌父」は、二月の最初の子の日に、二所大神の朝夕の御饌に供える御料の稲を作る神田の種下し始めの神事に供奉する「菅裁物忌」（物忌は斎内親王に代わって大神の身辺で奉仕した童女）の補佐役であり、

二所太神乃御饌処乃御田爾下立弖。先菅裁物忌湯鍬持弖東向耕佃。湯草湯種下始。然畢時諸内人等我戸人夫以令レ為二耕殖状一。即菅裁物忌父田舞仕奉。次大物忌父。次小内人等舞畢。然即禰宜内人等皆悉集侍弖。大直会被レ給。

として、「田舞仕奉」っている。

この「田舞」は、『続日本紀』天平十四年正月壬戌条と天平勝宝元年十二月丁亥条では「五節田舞」と連記されるが、先にみた「尾張浄足説」では「五節舞十六人。田舞師。舞人四人。倭舞師舞也」と三つ並べて記されており、これに従えばそれぞれ独立した舞であったことになる。

『皇太神宮儀式帳』では同じ神事について、「酒作乃物忌乃父仁忌鍬令レ採弖。太神乃御刀代田耕始。即田耕歌弖田舞畢。然即諸神田耕始。并諸乃百姓乃田耕始」とあり、「田耕歌」とともにあったところをみると、この「田舞」は「春の予祝儀礼の田耕所作」であったように見受けられ、『止由気宮儀式帳』で「菅裁物忌」が供奉する神事も、湯鍬山に登り、まず山口の神を祭り、ついで櫟の木の本の神を祭り、この木で造った湯鍬で神田を耕し、湯種を下し始めるというものであり、確かに農耕儀礼に通じるものがある。(32)

しかし、これらの儀礼が終わった後に「菅裁物忌父」は「田舞仕奉」っているのであり、「次大物忌父。次小内人等舞畢」という有様にも、「然即禰宜内人等皆悉集侍弖。大直会被レ給」という様相にも、「倭舞」のあり方と通底しているものがみられる。大嘗祭の巳の日には、悠紀人十人によって奏される「和舞」と対になるような形で、主基人十人によって「田舞」が奏されている。「田舞」と「和舞」が対になるものであるならば、「五節舞」と「和舞」に共通す

る要素があるように、「田舞」と「和舞」にも相通じるものがあったとしても不思議はない。

「田舞」の史料上の初見は、『日本書紀』天智天皇十年（六七一）五月辛丑条の「天皇御二西小殿一。皇太子・群臣侍レ宴。於レ是。再奏二田舞一」である。このとき「田舞」を奏したのが誰かは不明であるが、「皇太子」と「舞」という組み合わせが、天平十五年の阿倍皇太子による「五節舞」を思い起こさせよう。ともに五月五日に行われているという点からも、阿倍内親王の「五節舞」は天智十年の宴を参考にしていたとみることはできまいか。天智の生前から、彼亡き後の皇位継承について、不穏な空気が存在していた。だからこそ、天皇と皇太子がうち揃っての宴席がもたれ、和やかさが演出されたのであろう。女性皇太子である阿倍内親王が、聖武の要請によって元正太上天皇に「五節舞」を奏じたのは、「君臣祖子乃理」を具現化し、自らの正統性を再認識させるためであった。皇位の安定的継承を目指し、融和をはかるという点で、両者は共通しているといえよう。天智と天武、両方の血統を併せ持つ聖武・阿倍内親王父娘にとって、この宴は模範とするにふさわしい。安倍皇太子が舞う「五節舞」が、天智十年における「皇太子」であった天武の創始であるとわざわざ語られているのも、二つの舞の繋がりを感じさせる。(33)

ただし、雅楽寮に「五節舞師・田舞師・倭舞師」がそれぞれ置かれていたように、三つの舞には差異もある。舞とともに奏される歌の歌詞も異なるものであったし、(34)「和（倭）舞」は男女問わずに奏されたが、「五節舞」の舞人は女性であり、「田舞」の舞人は男性である。

舞人が変われば舞の様相も変わり、舞われる場も変化していく。「菅裁物忌」が供奉する神事の後に奏されれば、「田舞」はまさに農耕予祝儀礼の一環のようにみえるし、宮中で舞った「五節舞姫」たちは、天皇の寝所に侍るようにもなる。(35)それらはまったく異質のものに思えるが、しかし、「田舞」や「五節舞」が本来持っていた意味や役割は、「和舞」と同じく、「拝舞」に通じるようなものであったのではあるまいか。「田舞」はその名称から「農耕予祝舞」と結び付けて解されているが、「田」の文字があるからといって必ずしも農耕にのみ結びつける必要はなく、「田」は単に「た」という音を表しているだけなのかもしれない。貞観元年の清和天皇の大嘗祭において、「田舞」が「如二旧儀一」く多治氏によって奏されたのは、「田」が河内国丹比郡を本拠とする「多治氏」を意味するものであると認識されていたためということも考えられよう。

伊勢に派遣されてから半年ほど後、雄田麻呂は河内守となり、河内職が設置されて由義宮を「西京」とするのに合わせて、河内大夫へと任じられた。道鏡との関係を考えると、同じく物部氏を祖とする者として、前任者の石上息継がそのまま留任していても良さそうなものであるのに、敢えて雄田麻呂が抜擢されたということになる。

大嘗祭における多治氏の田舞、伴・佐伯氏の久米舞、阿倍氏の吉志舞のように、舞には特定の氏族と結びついているものがある。百済王慶福の「本国舞」も、河内国を本拠とする黒山企師部氏の「黒山企師部舞」も同様であり、そのために選ばれたのであろう。

それでは、藤原雄田麻呂の場合はどうであったか。彼が「和舞」を奏したのは、河内大夫という立場ゆえではあるが、それがほかでもない「和舞」であった理由はどこにあるのか。

この前年に伊勢太神宮へ派遣された雄田麻呂は、神宮での神事を目にしていたであろう。同じ二月の神事で奏される「田舞」は、河内国とも繋がり「由義宮」を言祝ぐにふさわしいようにも思われるが、しかしそれは、都においては多治氏によって奏されるものと規定されており、藤原氏の雄田麻呂に似つかわしいものではない。特定の氏族に属するものではなく、なおかつ「西京」繁栄にふさわしい舞。かつて称徳自身が舞った「五節舞」を思い起こさせる、「君臣祖子乃理」を体現するような舞が求められたのではなかったか。それこそが「和舞」が選ばれた理由であり、伊勢神宮の両「儀式帳」などに記された「倭舞」ではなく、『続日本紀』では「和舞」となっているのも、「上下乎斉倍和気弓无レ動久静加尓令レ有尓八礼等楽等二都並弓志平久長久可レ有」の理念に沿っているといえよう。

むすびにかえて

「和（倭）舞」の「やまと」は、東国の「東舞」に対しては西、河内国の「田舞」に対しては東という関係にあることからみても、大和国の舞という認識を持たれていたようではあるが、『古事記』における「倭建命」が『日本書紀』では「日本武尊」と記されるように、「倭＝日本」という意も内包していたように思われる。「和」や「倭」を冠することなく、単に「舞」とのみ表されることがあるのも、そうした意識ゆえなのではあるまいか。「倭舞」は特定の氏族に独占されるような性質の舞ではないというのも、大和国という一地方のみをさすわけではないというあり方と通じるものがある。

そうした「和舞」が、称徳の由義宮行幸と時期を同じくして整備が進められた春日大社に伝わったのは、雄田麻呂が舞ったことで「和舞」と藤原氏が結びついたためであったのかもしれない。[36] それがさらに、平城京からの遷都にともない勧請された、大原野神社の祭へも受け継がれていったのである。

もうひとつ、平野神社も平安京への遷都によって大和国から遷されているが、こちらでは「和舞」の奉仕者に桓武天皇の母である高野新笠ゆかりの和氏や、「山人」が加えられている。『延喜式』太政官条に「凡平野祭者、桓武天皇之後王〈改レ姓為レ臣者亦同〉、及大江和等氏人、並預二見参一」とあるように、平野神社には桓武の外戚神としての性格が強くみられる。和乙継の女である新笠に「高野朝臣」の姓が賜与されたのは、『続日本紀』に「高野天皇」とも記される称徳によるものではないかともされる。[37]「倭舞」も、「和舞」と表記されることによって、「和氏の舞」という性格が意図的に付与されたのではあるまいか。

皇太子不在を危ぶまれる不安定な情況の中で、諸氏族の融和をはかり、法王道鏡との共同統治を実現しようとする称徳天皇の思惑による、由義宮行幸。その際に藤原雄田麻呂によって奏された、「和舞」。のちに「百川」と改名する彼の息子に、桓武は「微二緒嗣之父一。予豈得レ践二帝位一乎」と詔する。[38]

雄田麻呂の「百川」改名は、宝亀元年（七七〇）十月の光仁即位、宝亀改元に際しての叙位では「藤原朝臣雄田麻呂」として正四位下に叙されているが、翌年三月庚午条には「正四位下藤原朝臣百川〈本名雄田麻呂〉為二大宰帥一」とあることから、この間のことであったと思われる。亀田隆之氏は『尚書』禹貢伝「百川以レ海為レ宗」、『淮南子』氾論訓「百川異レ源、而皆帰二於海一」などから、「彼の光仁・山部に対する姿勢を示すものとして「百川」の名を用いるに至ったものであるのかも知れない」と推測され、さらに『説苑』君道「若夫江海無レ不レ受、故長為二百川之主一」から「「百川」とは臣下・百姓の代名詞と見なすことができる」とされる。(39)『日本紀略』宝亀元年八月丙午条が引く「百川伝」の記述から、「百川」という人物は光仁天皇、山部皇太子の擁立に暗躍した策謀家のように語られるのが一般的となっているが、「百川伝」という史料の性質からいって、そこに書かれていることをすべて史実として見做すことには問題がある。『続日本紀』から知ることのできる「藤原雄田麻呂」の人生をみるかぎり、彼の選んだ「百川」という名は、仕える天皇が淳仁、称徳、光仁と変わっても、川の流れが最後には海へと到るように、官人としての姿勢に変化はないのだということを表しているようにもみえる。「百川」が「臣下・百姓の代名詞」であるならば、改名のちょうど一年前、彼が由義宮で「和舞」を奏した姿そのものを反映しているようにも思えるのである。

称徳天皇は由義宮で不予となり、平城京へ還った後、「自レ此積二百余日一、不レ親レ事。群臣曽無下得二謁見一者上。典蔵従三位吉備朝臣由利。出二入臥内一、伝二可レ奏事一」という状況となって、崩御した。(40)

光仁天皇即位前紀に「高野天皇崩。群臣受レ遺。即日立レ諱為二皇太子一」とあるように、白壁王が皇太子とされたのは称徳の意向を受けてのことであるが、その最大の理由であろう白壁王と称徳の異母姉妹である井上内親王の子、他戸親王が廃太子となり、高野新笠を母とする山部親王がその跡を襲うことになったのは、彼女の思惑をはるかに超えるものであったに違いない。

伊勢への遷宮以前から伝わる「倭舞」から、「西京」由義宮で奏されるのにふさわしい、「君臣祖師乃理」を体現した「五節舞」とも通じる「和舞」、そしてさらに、「和氏の舞」へ。

神護景雲四年の歌垣は、称徳から光仁、桓武へとつづくことになる皇位継承の行方を、暗示するものであったようにも思えるのである。

注

（1）加藤謙吉「「野中古市人」に関する一考察」『日本古代中世の政治と文化』（吉川弘文館、一九九七年）
（2）『続日本紀』天平神護元年三月丙申条
（3）『続日本紀』天平神護元年十月庚辰条
（4）『続日本紀』天平宝字八年九月甲寅条「己師」、天平神護元年閏十月庚寅条「朕師」
（5）『続日本紀』天平神護元年八月庚申朔条
（6）『続日本紀』天平神護元年閏十月丙申条によれば、平城京に帰還した後に留守の百官にも道鏡に拝賀させている
（7）加藤謙吉「難波吉士氏」（『渡来氏族の謎』祥伝社新書、二〇一七年）
（8）『続日本紀』神護景雲三年十月甲子条
（9）岸俊男『日本の古代宮都』（日本放送出版協会、一九八一年）
（10）岸俊男「県犬養橘宿禰三千代をめぐる臆説」『宮都と木簡』（吉川弘文館、一九七七年）
（11）『続日本紀』神護景雲三年十月乙未朔条
（12）『続日本紀』天平宝字元年七月戊申条
（13）『続日本紀』が「右中弁」とするのは、前後の関係からみて「左中弁」が正しい。
（14）『続日本紀』天平宝字八年九月甲寅条
（15）玉井力「光仁朝における女官の動向について」『名古屋大学文学部研究論集（史学）』五〇、一九七〇年
（16）『続日本紀』宝亀十年二月癸酉条、甲午条、同年三月丁巳条、天応元年四月丙申条。なお、『三代実録』貞観九年（八六七）十月戊辰条に「石見国那賀郡権大領外従八位上村部岑雄。主帳外少初位上村部福雄復二本姓久米連一」とあるが、

雄田麻呂、若女との関係は不明である。

（17）吉田一彦「石上乙麻呂と久米若売の配流について――姦通と追放刑――」『続日本紀研究』二七一、一九九〇年。

（18）木本好信「藤原不比等・広嗣・良継と石上氏」『奈良時代の藤原氏と諸氏族　石川氏と石上氏』（おうふう、二〇〇四年）

（19）『日本古典文学大系』（岩波書店、一九五八年）、『新編日本古典文学全集』（小学館、一九九七年）などの注は、宇合が編纂に携わったかともされる『常陸国風土記』久慈郡条にみえる「国宰久米大夫」を塩竃かとする。

（20）奈良国立文化財研究所編『平城京長屋王邸宅と木簡』吉川弘文館、一九九一年

（21）斯波辰夫「倭舞について」『古代史論集　下』直木孝次郎先生古稀記念会編、塙書房、一九八九年

（22）前掲（21）斯波氏論文。

（23）前掲（21）斯波氏論文。

（24）米山敬子「「宮人」考――和舞からの考察――（その二）」『日本歌謡研究』三八、一九九八年

（25）『日本霊異記』中巻第十七「観音の銅像、鷺の形に反りて、奇しき表を示す縁」

（26）前掲（21）斯波氏論文。

（27）服藤早苗「五節舞姫の成立と変容―王権と性をめぐって―」『平安王朝社会のジェンダー』校倉書房、二〇〇五年

（28）前掲（21）斯波氏論文。

（29）前掲（27）服藤氏論文。

（30）『続日本紀』天平宝字元年（七五七）七月庚戌条

（31）『国史大事典』「青摺袍」鈴木敬三氏執筆

（32）前掲（27）服藤氏論文。

（33）『続日本紀』天平十五年（七四三）五月癸卯条

（34）米山敬子「「宮人」考――和舞からの考察――（その一）」（『歌謡　雅と俗の世界』和泉書院、一九九八年）は、『古語拾遺』崇神天皇条に記された「宮人《みやびと》の　大夜《おおよ》すがらに　いさとほし　行《ゆ》きの宜《よろ》しも　大夜すがらに〔今の俗《よ》の歌に曰はく、「宮人の　凡《おほよそ》衣《ころも》膝《ひざ》とほし　ゆきの宜しも　凡衣」といふは、詞《ことば》の転《うつ》れるなり〕」の歌は九世紀初頭には「和舞」の歌とし

て機能していたとする。また、『古今和歌集』巻二〇－一〇七〇には「古き大和舞の歌」として「細枝結《しもとゆ》ふ 葛城山に 降《ふる》雪の 間《ま》なく時《とき》なく 思ほゆる哉」がある。『年中行事秘抄』「五節舞姫参入并帳台試事」所引「本朝月令」によれば、「五節舞」は山上憶良の「哀ニ世間難レ住歌一首并序」（『万葉集』巻五－八〇四）「娘子らが 娘子さびすと 韓玉を 手本に巻かし」と似た「乎度綿度茂。遠度綿左備須茂。可良多万乎。多茂度邇麻岐底。乎度綿左備須茂」とともに舞われた。

(35) 前掲（27）服藤氏論文。

(36) 『二中歴』に雄田麻呂の子緒嗣を藤氏長者の創始とする説が伝わるのは示唆的である。

(37) 林陸朗「高野新笠をめぐって」『折口博士記念古代研究所紀要』三号、一九七七年

(38) 『続日本後紀』承和十年（八四三）七月庚戌条

(39) 亀田隆之「律令貴族の改名に関する覚書」『人文論究』四二－四（関西学院大学、一九九三年）

(40) 『続日本紀』神護景雲四年八月丙午条

第二部

地域社会と国造・県主制

出雲国造神賀詞にみられる国譲り神話の問題点について
―『日本書紀』との比較を中心に―

瀧音　能之

一　問題の所在

「出雲国造神賀詞」の奏上は、出雲国造のみがおこなったものであり、史料的には、八世紀の初めから九世紀前半にかけて、合わせて十五例を確認することができる。「出雲国造神賀詞」の内容については、十世紀前半に成立した『延喜式』によってみることができる。(1)

従来、「出雲国造神賀詞」の奏上は、国家によって出雲国造に課された服属儀礼であるとされてきた。しかし、その内容をみるならば、出雲国造は天皇家に対して、自分たちの先祖が神代よりいかに忠節を尽し貢献してきたかを主張し、加えて天皇の長寿を祈って寿詞を述べるというものである。したがって、その奏上を単に服属儀礼というのは妥当ではないといわれるようになってきている。こうした見解は正当であると考えられるが、そのことを明確にいうためには、「出雲国造神賀詞」の内容を十分に検討することが不可欠であろう。もとより、今までも「出雲国造神賀詞」の内容に関して論じられることがなかったというわけではないが、どちらかというと国文学の視点からのものが大半であり、歴史学の分野からの考察はあまりないようにみうけられる。「出雲国造神賀詞」の個々の内容についても、さらに検討を加える必要がある点も多いと思われる。

本稿でとりあげる国譲り神話もそうした中のひとつといえる。国譲り神話といえば、『古事記』や『日本書紀』にみられるものが有名であるが、それ以外にも『出雲国風土記』や「出雲国造神賀詞」などの中にもみることができる。これらのうち、「出雲国造神賀詞」にみられる国譲り神話については、従来、あまりふれられてこなかったように思われる。しかし、「出雲国造神賀詞」の中で展開されている国譲り神話をみると、そこには、『古事記』や『日本書紀』、すなわち、「記・紀」とは異なったみすごすことのできない内容を確認することができる。この点に注目してかつて管見を述べたことがあるが、考察が十分でなかったり、主として『古事記』との比較に終始してしまった感がある。

この点について少し詳しく述べるならば、出雲国造の祖先神とされるアメノホヒ神は、「記・紀」の国譲り神話において、高天原からの使者として地上に派遣されるものの、その役割を果たさなかった神とされている。ところが、「出雲国造神賀詞」をみると、国譲りに多大な貢献をした神として記されている。「出雲国造神賀詞」が朝廷において、天皇の前で奏上されるものであることを考慮にいれるならば、アメノホヒ神がいくら出雲国造の祖先神であるからといって、「記・紀」と相入れない内容を記すことはできなかったであろう。このことをいい変えるならば、「出雲国造神賀詞」の中のアメノホヒ神像が「記・紀」と異なると指摘されても、それに応じ得る論理があり、国家側もその論理を容認していたと考えられるのである。このように考えるならば、当然のことながらその論理とは何かが問題になってこよう。

この点については、かつて「出雲国造神賀詞」の中でアメノホヒ神が国譲りに直接的に関与していないことを明らかにし、「記・紀」のアメノホヒ神像と問題が起きることを微妙に回避していることを述べた。その上で、アメノホヒ神の子神であるアメノヒナトリ神を国譲りを行った神として、出雲国造家の功績をアピールしているのが「出雲国造神賀詞」であるとした。(2) また、「出雲国造神賀詞」にみられるアメノホヒ神の姿は、『古事記』の中のアメノオシホミミ神の働きと類似していることを指摘し、このことが「出雲国造神賀詞」のアメノホヒ神を正当化する論理になったのではないだろうかとも推測した。(3) 現在もこれらの考えに変わりがないが、「出雲国造神賀詞」と『日本書紀』との比較については、さらに検討すべき点があると考えている。

「出雲国造神賀詞」と「記・紀」との関係を考える際には、まず、『古事記』との比較が重要である。その理由としては、「出雲国造神賀詞」の奏上事例の問題があげられる。表1からもあきらかなように「出雲国造神賀詞」は、霊亀二年（七一六）から天長十年（八三三）にいたるまでの奏上が史料によって確認される。それでは、奏上の開始はいつであったかというと、この点についてては明らかにすることは容易ではないが、霊亀二年（七一六）の出雲臣果安の奏上をもって開始としてよいと思われる。この年は、『古事記』が成立した四年後であり、『日本書紀』が完成する

国造名	国造補任年月日	神賀詞奏上年月日
果安	708（和銅元）	
		① 716（霊亀2）2.10
広島	721（養老5）	
		② 724（神亀元）1.27 ③ 726（〃 3）2.2
弟山	746（天平18）3.7	
		④ 750（天平勝宝2）2.4 ⑤ 751（〃 3）2.2
益方	764（天平宝字8）1.20	
		⑥ 767（神護景雲元）2.14 ⑦ 768（〃 2）2.5
国上	773（宝亀4）9.8	
国成	782（延暦元）	
		⑧ 785（延暦4）2.18 ⑨ 786（〃 5）2.9
人長	790（延暦9）4.17	
		⑩ 795（延暦14）2.26
（姓名欠）		⑪ 801（延暦20）
門起	803（延暦22）	
旅人	810（弘仁元）	
		⑫ 811（弘仁2）3.27 ⑬ 812（〃 3）3.15
豊持	826（天長3）3.29	
		⑭ 830（天長7）4.2 ⑮ 833（〃 10）4.25

表1　出雲国造神賀詞奏上の事例

四年前にあたる。したがって、出雲臣果安が最初の「出雲国造神賀詞」奏上者として大過なければ、まず、『古事記』との関係が重要になってくると思われるのである。

また、「出雲国造神賀詞」は、国家側からの要請で出雲国造が奏上に及んでいるというのが定説であるが、この点について、出雲国造であった出雲臣果安の側から朝廷に奏上を願い出たのではないかと述べたことがある[4]。そのとき、出雲臣果安の相談役的な役割を果たした人物として忌部子首を想定した。忌部子首は、和銅元年（七〇八）から霊亀二年（七一六）までの八年間にわたって出雲守であった人物である。すなわち、忌部子首が出雲守となったのは、出雲臣果安が出雲国造に補任されたのと同年であり、子首が出雲守を解かれたのは、果安の奏上の二ヵ月後ということになる[5]。

忌部子首が史料上に登場するのは、天武紀元年（六七二）七月三日条においてであり、壬申の乱に際して倭の古京を守った一人とされる。武人として壬申の乱で功をあげたことがわかるが、その一方で、天武紀十年（六八一）三月十七日条には[6]

天皇御二于大極殿一。以詔二川嶋皇子。忍壁皇子。廣瀬王。桑田王。三野王。大錦下上毛野君三千。小錦中忌部連子首。小錦下阿曇連稲敷。難波連大形。大山上中臣連大嶋。大山下平群臣子首一令レ記二定帝紀及上古諸事一。大嶋。子首親執レ筆以録焉。

とある。これは、天武天皇が帝紀および上古の諸事を記録・校定させたもので、『日本書紀』の編纂の出発点とされる記事である。このメンバーの一人に忌部子首が入っているのである。ここから、忌部子首は武人としてだけではなく、文人としての素養も兼ね備えた人物であったと考えられる。

このような経歴をもつ忌部子首が和銅元年（七〇八）に出雲守に着任するわけであり、出雲臣果安が「出雲国造神賀詞」を奏上するにあたって何かと助言をしたであろうと推測することは自然であろう。こう考えると、果安の奏上は、『日本書紀』成立の四年前のことではあるが、子首を通して『日本書紀』の国譲り神話に関しての知見があったとすることもできるのではなかろうか。したがって、「出雲国造神賀詞」の検討に際しては、『日本書紀』との比較も必要といえよう。

二　「出雲国造神賀詞」の国譲り神話

「出雲国造神賀詞」は延長五年（九二七）にまとめられた『延喜式』に所収されており、内容的にA・B・Cの三段落に分けてとらえることができる。これらのうち、Aは天皇の治世の平安を祝うため、出雲国造が熊野大神・杵築大神をはじめとする出雲国内の一八六社の神々を斎い祭り、潔斎して得た神意に基づく賀詞を奏上する、ということを述べている。次いで、Bでは出雲国造の祖先神であるアメノホヒ神とその子神であるアメノヒナトリ神とが国譲りの際に多大な貢献をしたことを強調している。さらに、杵築大社のオオナモチ神が自身をはじめとする出雲の四神で天皇を守護するために大和の四方に鎮座することを宣言している。そして、最後のCでは、献上物をひとつひとつ述べ、それらにことよせて天皇の長寿をことほいでいる。

これらの「出雲国造神賀詞」のうち、本稿で問題とするのは、Bの部分である。いまあらためてBの部分を具体的に示すならば、次のようになる。(7)

高天乃《タカマノ》神王高御魂命乃《カブロギタカミムスビノミコトノ》皇御孫命爾《スメミマノミコトニ》天下大八嶋國乎《アメノシタオホヤシマクニヲ》事避奉之時《コトサリマツリシトキ》出雲臣等我《イヅモノオミラガ》遠《トホツ》「祖《オヤ》」天穂比命乎《アメノホヒノミコトヲ》國體見爾《クニカタミニ》遣時爾《ツカハシシトキニ》天乃八重《アメノヤヘ》雲乎《グモヲ》押別弖《オシワケテ》天翔國翔弖《アマカケリクニカケリテ》天下乎《アメノシタヲ》見廻弖《ミグリテ》返事申給久《カヘリゴトマヲシタマハク》、豊葦原乃水穂國波《トヨアシハラノミズホノクニハ》晝波《ヒルハ》如五月蠅《サバヘナス》水沸支《ミズワキ》夜波《ヨルハ》如火瓫《ホヘノゴトク》光《カガヤク》神在利《カミアリ》。石根木立《イハネコダチ》青水沫《アヲミナワ》毛《モ》事問弖《コトトイテ》荒國在利《アラブルクニナリ》。然毛《シカレドモ》鎮平弖《シズメムケテ》皇御孫命爾《スメミマノミコトニ》安國止《ヤスクニト》平久《ヒラケク》所知坐之米牟止《シロシメシマサ》申弖《マヲシテ》。己命兒《オノレミコトノコ》天之夷鳥命爾《アメノヒナトリノミコトニ》布都怒志命乎《フツヌシノミコトヲ》副弖《ソエテ》天降遣《アマクダシツカハシ》弖《テ》荒布留《アラブル》神等《カミドモ》乎《ヲ》撥平《ハラヒム》介《ケ》、國作之大神《クニツクラシシオホカミ》乎《ヲ》毛《モ》媚鎮《コビシヅメ》弖《テ》大八嶋國現事顕事令事避《オホヤシマクニノウツシゴトアラハニコトトサラシメ》支《キ》。乃《スナハチ》大穴持命《オホナモチノミコト》乃《ノ》申給《マヲシタマ》久《ク》、皇御孫命《スメミマノミコト》乃《ノ》静坐《シヅマリマサ》牟《ム》大倭國《オホヤマトノクニ》申《マヲシ》弖《テ》己命《オノレミコト》乃《ノ》和魂《ニギミタマ》乎《ヲ》八「咫」《ヤタ》鏡《カガミ》爾《ニ》取託《トリツケ》弖《テ》倭大物主櫛𤭖玉命《ヤマトノオホモノヌシクシミカタマノミコト》止《ト》名《ナ》乎《ヲ》稱《タタヘ》弖《テ》大御和《オホミワ》乃《ノ》神奈備《カムナビ》爾《ニ》坐《マサセ》、己命《オノレミコト》乃《ノ》御子《ミコ》阿遅須伎高孫根《アヂスキタカヒコネ》乃《ノ》命《ミコト》乃《ノ》御魂《ミタマ》乎《ヲ》葛木《カヅラキ》乃《ノ》鴨《カモ》乃《ノ》神奈備《カムナビ》爾《ニ》坐《マサセ》、事代主命《コトシロヌシノミコト》乃《ノ》御魂《ミタマ》乎《ヲ》宇奈提《ウナデ》爾《ニ》坐《マサセ》、賀夜奈流美命《カヤナルミノミコト》乃《ノ》御魂《ミタマ》乎《ヲ》飛鳥《アスカ》乃《ノ》神奈備《カムナビ》爾《ニ》坐《マサセ》弖《テ》皇孫命《スメミマノミコト》乃《ノ》近守神《チカキマモリガミ》止《ト》貢置《タテマツリオキ》弖《テ》八百丹杵築宮《ヤホニキツキノミヤ》爾《ニ》静坐《シヅマリマシ》支《キ》。是《ココ》爾《ニ》親神魯伎神魯美《ムツカムロギカムロミ》乃《ノ》命《ミコト》宣《ノリタマハ》久《ク》、汝天穂比命《イマシアメノホヒノミコト》波《ハ》天皇命《スメラミコト》乃《ノ》手長大御世《テナガノオオミヨ》乎《ヲ》堅石《カキハ》爾《ニ》常石《トキハ》爾《ニ》伊波比奉《イハヒマツリ》、伊賀志《イカシ》乃《ノ》御世《ミヨ》爾《ニ》佐伎波閇奉《サキハヘマツレ》止《ト》仰賜《オホセタマヒ》之《シ》次《ツギ》乃《ノ》隨《マニマ》爾《ニ》供齋《イハヒゴト》若後斎時者加後字仕奉《ツカヘマツリ》弖《テ》朝日《アサヒ》乃《ノ》豊榮登《トヨサカノボリ》爾《ニ》神《カミ》乃《ノ》禮白《キヤシロ》臣《オミ》乃《ノ》禮白《キヤシロ》止《ト》御禱《ミホギ》乃《ノ》神寶《カムタカラ》献《タテマツ》良久《ラク》止奏《マヲス》

このうちの前半部分が国譲り神話に該当する。この部分の解釈としては、従来、アメノホヒ神が国譲りに貢献したとして「記・紀」の国譲り神話にみられるアメノホヒ神とはまるで異なるとされてきた。しかし、この部分を注視すると、アメノホヒ神は高天原から地上の状況を視察するために遣わされたとある。そして、アメノホヒ神は、地上をみて回り、カオスの状態であり、荒ぶる国であると報告している。すなわち、ここからわかるように、オオナモチ神と国譲りの交渉は一切していないのである。したがって、オオナモチ神によってとりこまれたということもないわけである。

そして、アメノホヒ神は、地上は荒ぶる国であったが、自身の子神であるアメノヒナトリ神にフツヌシ神をつけて天降りさせ、荒ぶる神たちを平定し、「国作らしし大神」であるオオナモチ神に国譲りを認めさせたとしている。すなわち、オオナモチ神と直接に交渉し、国譲りを成功させたのは、アメノホヒ神の子神のアメノヒナトリ神ということになる。これらの点をふまえて、節をあらためて『日本書紀』の国譲り神話をみていくことにする。

三　『日本書紀』の国譲り神話

『日本書紀』の中で国譲り神話がみられるのは、神代の下（第九段）にあたる箇所で、本文と八つの一書から構成されている。まず、本文からみるならば、(8)

天照太神之子。正哉吾勝勝速日天忍穂耳尊。娶二高皇産靈尊之女栲幡千千姫一。生二天津彦彦火瓊瓊杵尊一。故皇祖高皇産靈尊。特鍾二憐愛一以崇養焉。遂欲下立二皇孫天津彦彦火瓊瓊杵尊一以爲中葦原中國之主上。然彼地多有二螢火光神及蠅聲邪神一。復有二草木咸能言語一。故高皇産靈尊召二集八十諸神一。而問之曰。吾欲レ令レ撥二平葦原中國之邪鬼一。當遣レ誰者宜也。惟爾諸神勿二隠所レ知。僉曰。天穂日命是神之傑也。可レ不レ試歟。於レ是俯順二衆言一。卽以二天穂日命一往平之。然此神佞二媚於大己貴神一。比二及三年一尚不二報聞一。故仍遣二其子大背飯三熊之大人一。（大人。此云二于志一。）亦名武三熊之大人。此亦還順二其父一。遂不二報聞一。

とある。これによると、最初、アメノホヒ神が高天原からの交渉神として地上へ天降りしたが、オオナムチ神にとりこまれてしまい、三年間にわたって復命しなかったとある。そのため、アメノホヒ神の子神であるオオセビノミクマノウシが派遣されたが、この神も父神と同様に復命しなかった。

そのため、『日本書紀』では次のアメノワカヒコ神の派遣のことが記され、この神もまた、復命をしなかったとある。そこで

是後高皇産靈尊更會二諸神一選下當レ遣二於葦原中國一者上。僉曰。磐裂（磐裂。此云二以簸娑窶一。）根裂神之子。磐筒男磐筒女所生之子經津（經津。此云二賦都一。）主神是將佳也。時有二天石窟所住神稜威雄走神之子甕速日神。甕速日神之子熯速日神。熯速日神之子武甕

槌神。此神進曰。豈唯經津主神獨爲丈夫而吾非丈夫者哉。其辭氣慷慨。故以卽配經津主神令平葦原中國。二神於是降到出雲国五十田狹之小汀。則拔十握劒。倒植於地。踞其鋒端而問大己貴神曰。高皇産靈尊欲降皇孫君臨此地。故先遣我二神駈除平定。汝意何如。當須避不。時大己貴神對曰。當問我子然後將報。是時其子事代主神遊行在於出雲國三穗三穗。此云美保。之碕。以釣魚爲樂。或曰。遊鳥爲樂。故以熊野諸手船亦名天鴿船。載使者稻背脛遣之。而致高皇産靈尊勅於事代主神。且問將報之辭。時事代主神謂使者曰。今天神有此借問之勅。我父宜當奉避。吾亦不可違。因於海中造八重蒼柴籬柴此云府爾。蹈船枻船枻。此云浮那能倍。而避之。使者既還報命。故大己貴神則以其子之辭白於二神曰。我怙之子既避。去矣。故吾亦當避。如吾防禦者。國内諸神必當同禦。今我奉避。誰復敢有不順者。乃以平國時所杖之廣矛。授二神曰。吾以此矛卒有治功。天孫若用此矛治國者。必當平安。今我當於百不足之八十隈將隱去矣。隈。此云矩磨涅。言訖遂隱。於是二神誅諸不順鬼神等一云。二神遂誅邪神及草木石類。皆已平了。其所不服者。唯星神香香背男耳。故加遣倭文神。建葉槌命者則服。故二神登天也。倭文神。此云斯圖梨俄未。果以復命。

とあるように、フツヌシ神が交渉神として選ばれ、これにタケミカヅチ神が加えられ、地上へ天降りすることになる。これに対して、地上では、まずコトシロヌシ神が国譲りに応じ、これを受けてオホナムチ神も国譲りに同意することになる。

以上が、『日本書紀』の本文にみられる国譲り神話の概要であるが、次に別伝である一書についてみていくことにしたい。

第一の一書をみると(9)

天照大神勅天稚彦曰。豐葦原中國。是吾兒可王之地也。然慮有殘賊强暴横惡之神者。故汝先往平之。乃賜天鹿兒弓及天眞鹿兒矢遣之。天稚彦受勅來降。則多娶國神女子經八年無以報命。

とあり、最初にアメノワカヒコ神を地上に遣わしたとある。しかし、アメノワカヒコ神は国神の女子を多数娶って、八年たっても高天原へ復命しなかった。

そこで、

旣而天照大神。以思兼神妹萬幡豐秋津媛命。配正哉吾勝勝速日天忍穗耳尊爲妃令降之於葦原中國。是時勝速日天忍穗耳尊。立于天浮橋而臨睨之曰。彼地未平矣。不須也。頗傾[也]凶目杵之國香歟。乃更還登。具陳不降之狀。

とあるように、アマテラス大神は、自分の子神であるアメノオシホミミ神を地上へ派遣しようとした。しかし、アメノオシホミミ神は、天の浮橋に立って地上を見おろして、観察した結果、地上は乱れた国であるとして高天原へもどり、そのことを報告した。つまり、アメノオシホミミは、地上へまでは天降りしていないことになる。したがって、直接、国譲りの交渉にはあたっていないのである。従来、この点についてはみすごされがちのようであるが、「出雲国造神賀詞」との比較の上でみのがせない点であると考えられる。

第一の一書の国譲り神話にもどるならば、アメノオシホミミ神の報告をうけてストーリーは次のように展開されていく。

故天照大神復遣二武甕槌神及經津主神一先行駈除。時二神降二到出雲一。便問二大己貴神一曰。汝將二此國一奉二天神一耶以不。對曰。吾兒事代主射鳥遨遊在二三津之碕一。今當問以報之。乃遣二使人一訪焉。對曰。天神所レ求何不レ奉歟。故大己貴神以二其子之辭一報二乎二神一。二神乃昇レ天復命而告之一。葦原中國皆已平竟。

すなわち、アマテラス大神は、タケミカヅチ神とフツヌシ神とを派遣して、オオナムチ神に国譲りを迫ることになる。これに対して、地上ではコトシロヌシ神の同意を経て、オオナムチ神も国譲りに応じることになる。

次いで、第二の一書をみるならば、(10)

天神遣二經津主神。武甕槌神一使レ平二-定葦原中國一。時二神曰。天有二惡神一。名曰二天津甕星一。亦名天香香背男。請先誅二此神一。然後下撥二葦原中國一。是時齋主神號二齋之大人一。今在二乎東國檝取之地一也。

とある。ここでは天神がフツヌシ神とタケミカヅチ神とに天降りを命じている。この二神は、アマツミカホシ神という悪神が天にいることを述べ、まず、この悪神を誅伐してから天降りしたいと願い出ている。このあと地上へ天降りした二神は、オオナムチ神に国譲りを迫るが、逆に追い返されてしまう。そこで、高天原のタカミムスヒ神があらためてオオナムチ神の主張も認め、ようやく国譲りが実現することになるのである。このように、第二の一書にみられる国譲り神話は、他のものとは少し展開が異なっているといえる。

続いて、第三の一書をみると(11)

初火燄明時生兒火明命。次火炎盛時生兒火進命。又曰二火酢芹命一。次避二火炎一時生兒火折彦火火出見尊。凡此三子火不レ能レ害。及母亦無レ所二少損一。時以二竹刀一截二其兒臍一。其所棄竹刀。終成二竹林一。故號二彼地一曰二竹屋一。時神吾田鹿葦津姫以二卜定田一。號曰二狹名一。以二其田稻一釀二天甜酒一嘗之。又用二渟浪田稻一爲レ飯嘗之。

とあって、アタカシツヒメ神、すなわち、コノハナサクヤビメ神の子神であるホノアカリ神、ホスミ神、ホオリヒコホホデミ神の三神の出生譚となっている。したがって、国譲り神話については述べられていない。

この点については第四の一書も、(12)

高皇産靈尊以二眞常覆衾一褁二天津彥國光彥火瓊瓊杵尊一。則引二開天磐戸一。排二分天八重雲一以奉降之。于レ時大伴連遠祖天忍日命。帥二來目部遠祖天槵津大來目一。背負二天磐靫一臂著二稜威高鞆一手捉二天梔弓。天羽羽矢一。及副二持八目鳴鏑一。又帶二頭槌釼一。而立二天孫之前一遊行降來。到二於日向襲之高千穗槵日二上峯一。天浮橋而立二於浮渚在之平地一。膂完空國自頓丘覓レ國行去。到二於吾田長屋笠狹之御碕一。時彼處有二一神一。名曰二事勝國勝長狹一。故天孫問二其神一曰。國在耶。對曰。在也。因曰。隨レ勅奉矣。故天孫留二於於彼處一。其事勝國勝神者是伊弉諾尊之子也。亦名鹽土老翁。梔。此云二波茸一。音之移反。頭槌。此云二箇歩豆智一。老翁。此云二烏膩一。

とあるように、天孫降臨から叙述が始まっており、その前段階にあたる国譲りについての部分は記述をみることができない。

国譲りの部分がみられないということは、第五の一書も同様であり、[13]

天孫幸二大山祇神之女子。吾田鹿葦津姬一。則一夜有身。遂生二四子一。故吾田鹿葦津姬抱レ子而來進曰。天神之子寧可二以私養一乎。故告レ狀知聞。

と始まることからわかるように、天孫とアタカシツヒメ神との間の子神の誕生譚であり、国譲りについては述べられていない。

次の第六の一書はというと、[14]

（前略）時高皇產靈尊勅曰。昔遣二天稚彥於葦原中國一。至レ今所二以久不來一者。蓋是國神有强禦之者。

とあって、わずかではあるが、国譲りに関係した記述がみられる。それは、タカミムスヒ神の言葉として残されている。すなわち、タカミムスヒ神が昔、アメノワカヒコ神を地上に派遣したが、いまだに復命してこないのは、激しく抵抗する国神がいるからであろうかと述べている。

最後に第七の一書、および第八の一書をみるならば、[15]

一書曰。高皇産靈尊之女天萬栲幡千幡姫。一云。高皇産靈尊兒。萬幡姫兒玉依姫命。此神爲二天忍骨命妃一。生二兒天之杵火火置瀬尊一。一云。勝速日命兒天大耳尊。此神娶二丹舄姫一。生二兒火瓊瓊杵尊一。一云。神「高」皇産靈尊之女栲幡千幡姫。生二兒火瓊瓊杵尊一。一云。天杵瀬命娶二吾田津姫一。生二兒火明命一。次火夜織命。次彦火火出見尊。

一書曰。正哉吾勝勝速日天忍穂耳尊。娶二高皇産靈尊之女天萬栲幡千幡姫一爲レ妃而生レ兒。號二天照國照彦火明命一。是尾張連等遠祖也。次天饒石國饒石天津彦火瓊瓊杵尊。此神娶二大山祇神女子木花開耶姫命一爲レ妃而生レ兒。號二火酢芹命一。次彦火火出見尊。

とあり、みてわかるように、いずれもニニギ神をはじめとする神々の誕生について、別伝承をとり入れながらほぼ羅列するように述べられているのみである。したがって、伝承らしい伝承は記されておらず、国譲りに関する記述についてもみられない。

以上が『日本書紀』にみられる国譲り神話の該当部分である。これらからわかるように、本文および、八つの一書のすべてに国譲りの記述がみられるわけではない。すなわち、国譲りに関して記されているのは、本文と第一・第二・第六の一書の合わせて四か所ということになる。次節では、これらを基にして「出雲国造神賀詞」との比較を試みることにする。

四　アメノホヒ神の記述をめぐって

いままで、「出雲国造神賀詞」と『日本書紀』とにみられる国譲り神話について、煩をいとわずひとつずつみてきた。それらの要点を表にまとめたものが表2であり、これによって国譲り神話の全体像がみえてくるように思われる。

本稿で問題としているのは、アメノホヒ神の役割である。すなわち、「記・紀」では、高天原への復命をしなかった神として描かれているのに対して、「出雲国造神賀詞」では忠実に任務を果たしている点が大きな相違点とされて

表2　「出雲国造神賀詞」と『日本書紀』の国譲り神話

書　名		司令神	高天原からの派遣神	地上の対応神
「出雲国造神賀詞」		タカミムスヒ神	〈アメノホヒ神〉⇦（アメノヒナトリ神 フツヌシ神）	オオナモチ神
『日本書紀』	本文	タカミムスヒ神	アメノホヒ神⇦オオセビノミクマノウシ〔別名・タケミクマノウシ〕⇦アメノワカヒコ神⇦（フツヌシ神 タケミカヅチ神）	オオナムチ神 コトシロヌシ神
	一書 第一	アマテラス大神	アメノワカヒコ神⇦〈アメノオシホミミ神〉⇦（タケミカヅチ神 フツヌシ神）	オオナムチ神 コトシロヌシ神
	一書 第二	天神 タカミムスヒ神	（フツヌシ神 タケミカヅチ神）	オオナムチ神
	一書 第三			
	一書 第四			
	一書 第五			
	一書 第六	タカミムスヒ神	アメノワカヒコ神	国神
	一書 第七			
	一書 第八			

きた。具体的に『日本書紀』をみると、アメノホヒ神が登場するのは本文のみで、一書には登場していないことがわかる。そして、本文においてアメノホヒ神は、復命していないとされる。この点はやはり、「出雲国造神賀詞」とは相違しているように思われる。そこで、再度、「出雲国造神賀詞」にたちもどって、アメノホヒ神の行動をみるならば、すでに指摘したように、地上へと天降りするのであるが、与えられた役割は地上の状況の報告であって国譲りの交渉ではないのである。

この点は、かつて『古事記』と「出雲国造神賀詞」との比較をおこなった際に述べたように、最初アメノオシホミミ神が地上の状況を天浮橋に立って観察して高天原へ報告したのと類似している。[16]したがって、アメノホヒ神がとった行動は、「出雲国造神賀詞」のみにみられる独特なものとはいえず、『古事記』にすでに同じパターンがあるといえる。つまり、前例があるということになる。

こうしたパターンすなわち、前例が『日本書紀』にもないかとみていくと、第一の一書のアメノオシホミミ神の行動が目にとまる。すでに述べたように、第一の一書では、アメノワカヒコ神がはじめに派遣されたものの、復命しなかったため、次いでアメノオシホミミ神が地上へ天降りすることになる。しかし、注目しなければならないことは、アメノオシホミミ神は天浮橋に立って地上をみまわしたところ、大変、荒ぶる国であったため地上へ降りることなく、高天原へもどってその状況を報告している点である。これは、『古事記』と同様であり、「出雲国造神賀詞」にも通じているところがあるといえよう。

そもそも、アメノオシホミミ神とアメノホヒ神とは誕生の場を同じくしていると考えられる。すなわち、スサノオ神がイザナキ神によって天界を追放された際、姉神のアマテラス大神のもとを訪れるのであるが、そこでアマテラス大神とスサノオ神とがウケイをおこなったときに生まれた神とされている。このウケイの場面で生じる神々をまとめたものが表3である。みてわかるようにこの場合は、神話の構成が複雑であり、『日本書紀』をみても、本文・第二の一書の系統と第一の一書・第三の一書の系統とに分かれる。ちなみに、『古事記』は、『日本書紀』本文・第二の一書の系統に属している。いずれにしても、このウケイの場面でアメノホヒ神が誕生していないのは、第三の一書のみであり、こうしたことからもアメノオシホミミ神とアメノホヒ神とはウケイの場で生まれたといってよいであろう。

これらのことをふまえるならば、「出雲国造神賀詞」の中にみられるアメノホヒ神の描かれ方は、『日本書紀』の国譲り神話の第一の一書のアメノオシホミミ神の行動と類似しているということができる。その意味では、出雲国造家側が「記・紀」にまったくないことや正反対のことを作り出したとはいえないことになる。つまり、「出雲国造神賀詞」の中のアメノホヒ神の行動は、一見すると突飛であり「記・紀」と異なるようにみえるのであるが、その実は前例をふまえた描かれ方をしており、朝廷においてその内容が奏上されてもとがめられることはなかったと考えられるのである。

表３　ウケイによって得た子神の比較

書名		アマテラス大神の子	スサノオの子
『日本書紀』	本文	アメノオシホミミ神 アメノホヒ神 アマツヒコネ神 イクツヒコネ神 クマノクスビ神	宗像三女神
	第一の書	宗像三女神	アメノオシホネ神 アマツヒコネ神 イクツヒコネ神 アメノホヒ神 クマノオシホミ神
	第二の書	アメノホヒ神 アメノオシホネ神 アマツヒコネ神 イクツヒコネ神 クマノクスビ神	宗像三女神
	第三の書	宗像三女神	アメノオシホミミ神 アマツヒコネ神 イクツヒコネ神 ヒノハヤヒ神 クマノオシホミ神
『古事記』		アメノオシホミミ神 アメノホヒ神 アマツヒコネ神 イクツヒコネ神 クマノクスビ神	宗像三女神

五　結語

「出雲国造神賀詞」にみられるアメノホヒ神の描かれ方に注目して、『日本書紀』の国譲り神話との比較を行なった。その結果、奇抜なようにみうけられるアメノホヒ神の行動は、決して出雲国造家によって作り出されたものではないことを述べた。すなわち、「出雲国造神賀詞」の中のアメノホヒ神の行動は、『日本書紀』の国譲りの第一の一書の内容を基にしたのではないかというものである。

出雲国造家の立場からすると、「出雲国造神賀詞」の中で、自分たち一族が天皇家に対して果たしてきた功績を述べるのは当然のことである。その意味では国譲り神話は絶好のテーマといえよう。しかし、「記・紀」において高天原への復命を行なわなかったとされるアメノホヒ神をまったく異なった姿で描き、それを天皇の前で奏上することはできなかったと考えられる。そこで、『日本書紀』の国譲り神話の第一の一書にみられるアメノオシホミミ神像を援用する形でアメノホヒ神を描いたのではなかろうか。アメノオシホミミ神とアメノホヒ神とは、同じくアマテラス大神とスサノオ神とのウケイによって誕生した神であり、生まれも似ているといえる。

こうしたことが想定されるならば「出雲国造神賀詞」の作成にあたって、「記・紀」との微調整を行った人物がいるはずであり、その人物は、当然のことながら「記・紀」の国譲り神話についての知識があったはずである。そのような人物を出雲で探すならば、出雲守として赴任した忌部子首の存在が浮かんでこよう。すなわち、壬申の乱の功臣の一人であるばかりでなく、史書の編纂にもあたり帝紀・旧辞にも通じていたと考えられる忌部子首によって、「出雲国造神賀詞」の国譲りの場面がアメノホヒ神の功績を述べつつも「記・紀」と問題が起きないように調整されたと推測することができるのではなかろうか。

注

（1）本稿においては、「出雲国造神賀詞」の引用は、山田孝雄『出雲国造神賀詞義解』（出雲大社教教務本庁、一九六〇年）によるものとする

（2）瀧音能之『出雲古代史論攷』（岩田書院、二〇一四年）九六五頁〜九八四頁。

（3）瀧音能之「出雲国造神賀詞の国譲り神話について」（『出雲古代史研究』）第二十七号、二〇一七年）

（4）前掲注（2）九三九頁〜九六四頁。

（5）出雲臣果安が「出雲国造神賀詞」を奏上したのは、霊亀二年（七一六）二月十日のことであり、その二か月後の四月二十日に「正五位下船連秦勝為出雲守」と『続日本紀』にあることから、出雲守が忌部子首から船秦勝に代わったことが知られる。

（6）『日本書紀』天武天皇十年三月十七日条（新訂増補国史大系、吉川弘文館）三五七頁。

（7）「出雲国造神賀詞」の最初の奏上に関しては、史料上の初見である霊亀二年（七一六）と考えられるが、そこで出雲臣果安が奏上したものは、『延喜式』に残されているような内容であったか否かについては断定することは難しい。しかしながら、一般的に考えるならば、『延喜式』にみられるような内容であったというよりはむしろ、当初はそれよりも未成熟なものであり、それが次第に形が整えられ、完成形となったものが『延喜式』にみられる「出雲国造神賀詞」というべきであろう。
それでは、本稿で検討の対象としている国譲りの部分が霊亀二年（七一六）の段階であったか否かが問題になろう。この点についても断定することは難しいといわざるをえない。しかし、「出雲国造神賀詞」が従来からいわれているような国家側の要請ではなく、出雲国造からの働きかけによるものであると考える立場からすれば、国譲りの部分は出雲国造家の功績を朝廷にアピールする重要な箇所といえる。したがって、この部分は「出雲国造神賀詞」の奏上が開始された当初より存在したと考えられる。

（8）『日本書紀』神代下（新訂増補国史大系、吉川弘文館）五九頁〜六四頁。

（9）右同書六六頁〜六九頁。

(10) 右同書七二頁〜七四頁。
(11) 右同書七七頁。
(12) 右同書七八頁。
(13) 右同書七九頁〜八〇頁。
(14) 右同書八〇頁〜八三頁。
(15) 右同書八三頁〜八四頁。
(16) 注(3)論文。

凡直氏と国造制―「凡直国造制」の再検討―

鈴木　正信

はじめに

国造制は古代国家の形成過程を考える上で不可欠なテーマであり、膨大な研究が蓄積されている。しかし、その展開過程についてはいまなお詳らかでない点がある。いわゆる「凡直国造制」の問題である。かつて八木充は、凡直という氏姓[1]を名乗る氏族が瀬戸内海沿岸地域に集中的に分布しており、その中には国造に任命された例が多く見られるとして、それらを「凡直国造」と呼称した。そして、この「凡直国造」は複数の小規模な国造を広範囲に統轄する存在であり、その設置により国造制の再編・強化を目的とする「凡直国造制」が施行されたと論じた。この説は現在も広く知られているが、その後の研究の進展にともない批判や異論も出されている。八木の業績を発展的に継承するためには、研究の現状を踏まえた見直しが必要であろう。そこで本稿では、「凡直国造」および「凡直国造制」の再検討を行い、凡直氏の実態を明らかにしたい。

一　先行研究の問題点

「凡直国造」に言及した研究は多いが[2]、はじめに八木充と吉田晶の見解を整理しておこう。まず、八木は「凡直国造」の特徴として、以下の点を指摘した。

（1）国造に任命された凡直氏の中には「クニ（国造国）の名＋凡直」という氏姓を名乗るものが多い。
（2）「凡」は「押統ぶる」という意味であり、「凡直国造」とは広範な地域を支配した国造である。
（3）「凡直国造」は王権の「政策的意図」により瀬戸内地域に「画一的に設置」された。
（4）統一的な呼称を付すことは「国家政治の充実を背景としてはじめて可能」であることから、「凡直国造」の成立は「六世紀以降」から「大化に近い年代」と見られる。
（5）「凡直国造」は旧来の「氏族制的」支配ではなく、某人を「下級支配者」とする「機構的地域的」支配を行った。

そして、部民制・屯倉制の発展とそれにともなう支配系統の多元化により国造制が弱体化したため、地方支配の「単一化」・「領域支配化」・「強大化」の実現、および「対朝鮮戦略上の海路の確保」のために、国造制を再編したものが「凡直国造制」であると位置づけた[3]。

凡直氏の分布を整理したものが【表1】であるが、これによれば凡直氏はたしかに瀬戸内地域に多く見られる。これ以前にも凡直氏を取り上げた研究はあったが[4]、八木の研究は「凡直国造」という存在を措定し、それを古代国家の形成過程の中に位置づけた点で大きな意義があったと言える。

一方、吉田晶は、小規模な複数の国造を「統轄」・「支配」するために設置されたのが「凡直国造」であるとし、それは瀬戸内海を中心とする海上交通の確保と「国制の再編強化」を目的として、「六世紀以降」で「大化に近い年代」に設置されたとした。また、「凡」は「押統ぶる」という意味が本来の用法であり、それが「広範囲の領域を支配することとなった国造の呼称としての用法に転訛」したと論じた[5]。

この吉田説を受けて、八木も「凡直国造」について再論し、それは「国造中の有力な首長をあらわし、転じてより広い地域を支配する国造」であるとした[6]。また、「凡」は「あまねく」・「おしなべて」の意であり、「凡直国造」は小

規模な国造を「併合」・「総括」した存在であるとも述べている。(7)

こうした理解は現在も広く知られていると思われるが、いくつか再考を要する点がある。両氏は「凡」を「押統ぶる」・「あまねく」・「おしなべて」の意味とし、「凡直国造」は複数の小規模な国造を広範囲に統轄する存在であると論じたが、その根拠として、八木は①凡直氏が複数の郡に分布することを挙げ、吉田も②凡直氏が分布する国（令制国）には複数の国造が置かれており、「凡直国造」はそれらのほかの国造を統轄したと思われること、③凡海直氏が海部を統率し、凡河内直氏が河内国の渡来系氏族を統率したように、「凡」を同じくする「凡直国造」もほかの国造を統率したと推察されることを挙げている。

しかし、①については、たとえば出雲臣氏（出雲国造）は出雲国の意宇・嶋根・楯縫・飯石・仁多各郡に分布しているが（『出雲国風土記』など）、「凡」を冠する氏姓を称してはいない。当然ながら、複数の郡に分布することと「凡」を含む氏姓を名乗ることとは別の問題である。②については、『先代旧事本紀』巻十「国造本紀」（以下『国造本紀』）で複数の国造が置かれている令制国は計三十二ヶ国あるが、この中で凡直氏は阿波・伊予・土佐の三ヶ国にしか分布していない。また、凡直氏が分布する安芸・淡路・讃岐の三ヶ国には、一国造しか置かれていない。よって、一つの令制国内に複数の国造が置かれたことと「凡」の語義との間にも、相関関係を見出すことはできない。③については、凡海直・凡河内直両氏の「凡」はウジナの冒頭に来るのに対し、「凡直国造」とされる粟凡直氏や周防凡直氏などは、「凡」がウジナの後半に置かれている。これはウジナの成り立ちが異なることを示唆する。凡直氏の「凡」の語義は、凡海直・凡河内直両氏の「凡」とは別個に扱わなければなるまい。

したがって、「凡」を「押統ぶる」・「あまねく」・「おしなべて」とする解釈や、「凡直国造」が複数の国造を統轄したとする理解は、必ずしも自明なことではないのであり、八木・吉田両説は検討の余地を残していると言える。

【表1】凡直氏の分布

※氏姓に「凡直」を含み、所在地が判明するもののみ載録した。

国郡郷名	人名・氏族名	出典	備考
三河国渥美郡幡太郷?	凡直	『平城宮木簡』二‐二一九四	
安芸国賀茂郡	凡直貞刀自	『日本三代実録』貞観元(八六二)・四・三	采女
安芸国高田郡風早郷	凡貞行	承保三(一〇七六)書生凡貞行田地売券案(平安遺文三‐一一三三)	
周防国周防郡(熊毛郡?)	周防凡直葦原	『続日本紀』宝亀元(七七〇)・三・癸未	
周防国周防郡(熊毛郡?)	周防凡直葦原	『続日本紀』宝亀十(七七九)・六・辛酉	
周防国玖珂郡玖珂郷	周防凡直有房ほか	延喜八年(九〇八)周防国玖珂郡玖珂郷戸籍(平安遺文一‐一八九)	
周防国玖珂郡伊宝郷	周防凡真(直?)実則	『東宝記』天暦八(九五四)・五・十五太政官符	
周防国?	周防凡直百背	大宝二(七〇二)長谷寺観音菩薩立像銘文(奈良国立文化財研究所飛鳥資料館編『飛鳥・白鳳の在銘金銅仏』同朋舎、一九七九年)	
長門国豊浦郡	長門凡	『長岡京木簡』二‐八四一	
紀伊国名草郡	大直	『紀伊国造次第』・『紀伊国造系図』	
淡路国	凡直	『延喜式』神祇七践祚大嘗祭	
阿波国名方郡	粟凡直弟臣	養老七(七二三)阿波国造碑	国造大領
阿波国名方郡・板野郡・阿波郡	凡直麻呂・凡直・粟凡直	『続日本紀』神護景雲元(七六七)・三・乙丑	評督
阿波国板野郡	粟凡直若子	『続日本紀』天平十七(七四五)・一・乙丑	采女
阿波国板野郡	粟凡直国継	宝亀十一(七八〇)西大寺資財流記帳(寧楽遺文中四一四)	
阿波国板野郡	粟凡直鱒麻呂	『日本三代実録』貞観四(八六二)・一・七	
阿波国板野郡	粟凡直(粟宿禰)鱒麻呂・貞宗	『日本三代実録』貞観四(八六二)・九・二十三	
阿波国板野郡田上郷	粟凡直今吉売ほか	延喜二(九〇二)阿波国板野郡田上郷戸籍(平安遺文一‐一二四)	
阿波国板野郡田上郷	凡直介佐麻呂ほか	延喜二(九〇二)阿波国板野郡田上郷戸籍(平安遺文一‐一二四)	
阿波国板野郡	凡直	『日本後紀』弘仁二(八一一)・六・戊辰	
阿波国板野郡	凡直	『元亨釈書』勝悟法師条	

阿波国	粟凡直豊穂	『続日本紀』延暦二（七八三）・十二・甲辰	国造
阿波国	粟凡直頴（顯？）治	嘉祥三（八五〇）阿波国新嶋庄坪付注文（大日本古文書家わけ一八東南院文書二−一六四）	
阿波国？	粟人（粟直）道足	『続日本紀』宝亀七（七七六）・六・甲子	
阿波国？	粟凡？	『観音寺遺跡Ⅳ（第三分冊木簡編）』一一〇	
阿波国？	禾凡龍麻呂	『平城宮発掘調査出土木簡概報』一九−四三上	
讃岐国寒川郡	凡直（讃岐公）千継・皇直・紗抜大押直	『続日本紀』延暦十（七九一）・九・丙子	国造
讃岐国（寒川郡？）	凡直	『円珍俗姓系図』神櫛皇子尻付	
讃岐国大内郡	凡直春宗	『日本三代実録』仁和元（八八五）・十一・十七	
讃岐国大内郡	凡直春宗	『日本三代実録』仁和二（八八六）・七・十五	
讃岐国山田郡田井郷	凡直佐留	『平城宮発掘調査出土木簡概報』二四−三〇上（三一四）	
讃岐国山田郡三谷郷	凡直小野	『木簡研究』一八−一五頁−（七五）	
讃岐国山田郡	凡直	天平宝字七（七六三）讃岐国山田郡司牒案（東寺百合文書ル一）	少領
伊予国宇摩郡	凡直継人・稲積	『続日本紀』神護景雲元（七六七）・十・癸巳	
伊予国桑村郡	凡直広田	天平八（七三六）伊予国正税出挙帳（大日本古文書二−六）	大領
伊予国宇和郡	凡直鎌足	『続日本紀』天平勝宝元（七四九）・五・戊寅	
伊予国宇和郡	凡直宅麻呂	天平八（七三六）伊予国正税出挙帳（大日本古文書二−五）	大領
伊予国	大直足山・氏山	『続日本紀』天平神護二（七六六）・九・丙寅	
伊予国	凡直黒鯛	『続日本紀』神護景雲二（七六八）・八・癸丑	
伊予国	凡直黒鯛	『続日本紀』天応元（七八一）・十一・庚午	
伊予国	凡直大成	『続日本紀』延暦十（七九一）・七・辛巳	
土佐国安芸郡	凡直伊賀麻呂	『続日本紀』神護景雲元（七六七）・六・庚子	少領

二　凡直氏の分布と改姓

そこでまず、凡直氏の分布状況を確認したい。先行研究では、凡直氏は安芸・周防・長門・紀伊・淡路・阿波・讃岐・伊予・土佐の各国に分布するとし、これらのすべての国々に「凡直国造」が存在した（凡直氏が国造に任命された）と理解してきた。しかし、凡直氏が分布しているからといって、「凡直国造」が存在したとは必ずしも限らない。なぜなら、凡直氏が国造に任命されなかったケースもあり得るからである。従来、この点は看過されてきたように思われる。そして、上記七ヶ国のうちで、凡直氏の国造任命が史料上で確認できるのは、実は讃岐と阿波のみである。

讃岐国の凡直氏に関しては、『続日本紀』延暦十年（七九一）九月丙子条に、

> 讃岐国寒川郡人正六位上凡直千継等言、千継等先、皇直。訳語田朝庭御世、継二国造之業一、管二所部之界一。於レ是、因レ官命二令氏一、賜二紗抜大押直之姓一。而庚午年之籍、改二大押字一、仍注二凡直一。是以、皇直之裔、或為二讃岐直一、或為二凡直一。方今、聖朝、仁均二雲雨一、恵及二昆蚑一。当二此明時一、冀照二覆瓫一。請、因二先祖之業一、賜二讃岐公之姓一。勅、千継等戸廿一烟、依レ請賜レ之。

とある。ここに見える「紗抜大押直」は、後裔が讃岐直氏と凡直氏に分かれたとあることや、「紗抜大押直」という氏姓がこの一例しか確認できないことから、「讃岐凡直」の別表記（好字表記）と考えられる[8]。「皇直」は個人名の可能性もあるが、氏姓（氏族名）と見るのが一般的である[9]。千継の言上では何より改姓のことに主眼が置かれており、「紗抜大押直」が賜姓された時や、庚午年籍が作成された時の個人名が見えないことからしても、これは氏姓（氏族名）を示すと理解したい。「皇」は『説文解字』に「皇、大也」とあり、「大きい」という意味が「大押」・「凡」（おほし）に通じる。この「皇」を『続日本紀』卜部家相伝本系（三条西本系）の諸本は「星」に作るが、その場合は「神骨」

（かむほね）（『日本書紀』景行四年二月甲子条）が「神大根」（かむおほね）（『古事記』景行段）と換言されるように、「星」（ほし）の音が「凡」（おほし）に転じたと推測される。「皇直」や「星直」という氏姓はほかに見えないことから、どちらが正しいのかは不明であるが、さきの「紗抜大押直」と同様、「皇」・「星」は「凡」の別表記（好字表記）であると判断できる。[10]「凡」は「大押」や「大」のほかに、「大凡」（『平城宮出土墨書土器集成』一－一二二八）などと記されることもあり、古くは「おほし」という読みに様々な文字が当てられていたのであろう。

「紗抜大押直」が「讃岐凡直」、「皇直」が「凡直」を表しているとすれば、当該記事からは以下の三点を読み取ることができる。すなわち、凡直氏が敏達朝に「国造之葉」を継いで「所部之界」を管理したことにともない、讃岐凡直の姓を賜ったこと、庚午年籍の作成時に「大押」が「凡」と誤記され、子孫は讃岐直や凡直を称するようになったこと、凡直千継は「先祖之業」に因んで讃岐公への改姓を申請し、承認されたことである。ここで凡直氏が「国造之葉」を継いだとあることが、讃岐国造への任命を意味している。

それは他史料からも裏付けられる。『円珍俗姓系図』には、

神櫛皇子。〈讃岐公祖。本姓凡直。〉

とあり、讃岐公氏が神櫛皇子を祖とし、もとは凡直を名乗っていたことが見える。この神櫛皇子は讃岐国造の祖とされており（『日本書紀』景行四年二月甲子条、『先代旧事本紀』巻七「天皇本紀」景行六十年十一月辛卯条）、その子孫が讃岐国造に任命されたとも伝えられる（『国造本紀』讃岐国造条）。これらのことからも、のちに讃岐公氏を称した凡直氏が讃岐国造に任命されていたことが確認できる。讃岐国山田郡少領として凡直氏が見えることも、その傍証となろう（天平宝字七年（七六三）「讃岐国山田郡司牒案」〈東寺百合文書ル一〉）。

次に、阿波国の凡直氏に関しては、養老七年（七二三）「阿波国造碑」に、

阿波国造名方郡大領正□(七カ)位下粟凡直弟臣墓。

とあり、粟凡直弟臣が国造であったことが知られる。また、『続日本紀』延暦二年（七八三）二月甲辰条には、

阿波国人正六位上粟凡直豊穂（略）任㆓国造㆒。

とあり、粟凡直豊穂が国造に任命されている。ほかにも『続日本紀』天平十七年（七四五）正月乙丑条には、

正六位下（略）粟凡直若子（略）並外従五位下。

とあるが、天平勝宝四年（七五二）四月六日～天平勝宝七年（七五五）十月七日「写経所請経文」（『大日本古文書』十二―二六五）には「板野采女国造粟直若子」と見えており、天平勝宝五年（七五三）五月七日「紫微中台請留経目録」（『大日本古文書』十二―四四八）にも「板野采女粟国造若子」と見えることから、彼女は阿波国板野郡から出仕した采女であり、粟国造に任命されたことが分かる。

ここで想起したいのは、『続日本紀』延暦十年九月丙子条（前掲）で、讃岐国の凡直氏が讃岐凡直を賜ったという点である。つまり、国造への任命を契機として、凡直から「クニの名＋凡直」へ改姓しているのである。粟国造についても、『続日本紀』神護景雲元年（七六七）三月乙丑条に、

阿波国板野・名方・阿波等三郡百姓言、己等姓、庚午年籍被㆑記㆓凡直㆒。唯籍皆著㆓費字㆒。自㆑此之後、評督凡直麻呂等、披㆓陳朝庭㆒、改為㆓粟凡直姓㆒已畢。

とある。これによれば、阿波国板野・名方・阿波三郡の人々は庚午年籍に「凡直」と記されており、評督の凡直麻呂の申請によって粟凡直への改姓が認められたという。ここから讃岐凡直氏と同様、粟凡直氏も古くは凡直を名乗っていたと推察される。

このように、各地に分布する凡直氏のうちで国造への任命が確実に分かるのは、讃岐と阿波の凡直氏だけである。その二氏が国造任命後に「クニの名＋凡直」へ改姓していることを重視するならば、他国でも凡直氏が国造に任命された際には「クニの名＋凡直」を名乗ったと考えられる。

これに該当するのは、周防国の凡直氏である。『続日本紀』宝亀元年（七七二）三月癸未条には、

外正八位下周防凡直葦原、献二銭百万、塩三千顆一。授二外従五位上一。

とあり、外正八位下の位階を有する周防凡直葦原なる人物が、銭百万・塩三千顆を献上したことで外従五位下を授けられたことが見える。『続日本紀』宝亀十年（七七九）六月辛酉条にも、周防国周防郡の人としてこの人物が記載されている。周防郡は熊毛郡の別称であり、葦原は熊毛郡司の一族と見られている(11)。また、同国玖珂郡玖珂郷には多くの周防凡直氏が居住しており（延喜八年〈九〇八〉「周防国玖珂郡玖珂郷戸籍」〈『平安遺文』一―一八九〉）、同郡伊宝郷にも周防凡真（直カ）氏が見える（『東宝記』天暦八年〈九五四〉五月十五日太政官符）。このように「クニの名＋凡直」の氏姓を名乗る周防凡直氏は、前述の讃岐凡直氏・粟凡直氏の例から類推するに、周防国造に任命された氏族であると見て間違いないであろう。

以上のとおり、讃岐・阿波では凡直氏が国造を継承し、讃岐凡直・粟凡直という氏姓を称したことが確認できる。周防国でも周防凡直氏が国造に任命されたと推定される。それに対して、これら三ヶ国以外の凡直氏は、国造に任命されたことや、「クニの名＋凡直」を名乗ったことが知られない。もっとも、安芸国の凡直氏は采女を貢進しており

（『日本三代実録』貞観元年〈八六二〉四月三日戊子条）、伊予・土佐両国の凡直氏はそれぞれ大領・少領に任じられているが（天平八年〈七三六〉「伊予国正税出挙帳」〈『大日本古文書』二―五〉、『続日本紀』神護景雲元年六月庚子条）、八世紀以降に采女や郡領を輩出した氏族のすべてが律令制以前に国造であったとは限らない。よって、この三ヶ国に関しては、凡直氏の国造任命は一つの可能性に留まると理解したい。そして、これら以外の国々の凡直氏は「クニの名＋凡直」を名乗っておらず、のちに采女や郡領を輩出してもいないことから、国造には任命されなかったと考えられる。

三　国造の交替と凡直氏

『続日本紀』延暦十年九月丙子条（前掲）には、凡直氏が初代の国造に任命されたとは記されておらず、「国造之葉」を継いだとある。つまり、敏達朝以前には別の氏族が国造に任命されており、凡直氏はその氏族から国造の地位を継承したことになる。この点にも従来は関心が払われていなかった。かりに八木・吉田両説のような「凡直国造制」が施行されたとすれば、その対象地域ではそれ以前から国造であった氏族を一斉にその任から外し、新たに各地の凡直氏を国造に任命したことになるが、そうした事態は想定しがたい。では、讃岐・阿波・周防の三ヶ国において凡直氏が国造となる前は、いかなる氏族が国造に任命されていたのであろうか。

国造の氏姓に「クニの名＋直」が多く見られることは周知のとおりである。(12)また、椎根津彦が大倭国造に任命されて大倭直氏の始祖になった例など（『新撰姓氏録』大和国神別　大和宿禰条）、国造に任命された氏族が、そのウジナにクニの名を冠する由来を説いた伝承は枚挙にいとまがない。その内容を無批判に史実と見ることはできないが、一定範囲の支配を王権から承認されることにより、その地域名を冠したウジナが賜与されるという論理を看取することはできる。(13)国造に任命された氏族の場合も、クニの名を冠した氏姓を名乗ることが、そのクニ（国造国）を支配して王権へ仕奉することの正統性を意味したと考えられている。(14)律令制下の事例ではあるが、丈部直不破麻呂は武蔵宿禰を賜姓された二日後に武蔵国造に任命されており（『続日本紀』神護景雲元年十二月壬午条・甲申条）、漆部直伊波も相模宿禰を賜姓された上で、相模国造に任命されている（『同』神護景雲二年〈七六八〉二月戊寅条）。これらも国造に任命された氏族が「クニの名＋直」を称するという原則の存在を裏付けるものである。[15]このことを踏まえて、讃岐・阿波・周防の各国造に当初任命された氏族の氏姓を検討してみよう。

これまで、讃岐国造に任命された氏族は、前述のとおり讃岐凡直（讃岐公）とされてきた。ほかにも『日本三代実録』貞観三年（八六一）十一月十一日辛巳条には、

書博士正六位下佐伯直豊雄款云（略）倭胡連公、允恭天皇御世、始任二讃岐国造一。倭胡連公、是豊雄等之別祖也。

とあり、佐伯直豊雄らの別祖に当たる倭胡連公が允恭朝に讃岐国造に任命されたと伝えられることから、佐伯直氏も讃岐国造を輩出した氏族であると見られてきた。しかし、『続日本紀』延暦十年九月丙子条（前掲）には、讃岐凡直氏の後裔の一部が讃岐直という氏姓を名乗ったとある。はたして讃岐国山田郡・大内郡・寒川郡には、讃岐というウジナを名乗った人物が確認できる（長岡京出土木簡〈『長岡京木簡』一－八五三〉、寛弘元年（一〇〇四）「讃岐国大内郡入野郷戸籍」〈『平安遺文』二－五六五〉、建長四年（一二五二）「大般若経奥書」〈『香川県史』八－九四七頁〉）。これらの例からすれば、讃岐国において凡直氏の前に国造に任命されていたのは、「クニの名＋直」を称する讃岐直氏であったと考えられる。

次に、粟国造については、前掲した粟直若子が見えるほか、粟人から粟直への改姓記事（『続日本紀』宝亀七年〈七七六〉六月甲子条）や、粟直（『平城京木簡』三－四五三五）・阿波直（『観音寺遺跡』Ⅳ　第三分冊　木簡編）一一〇）という氏族が確認できる。よって、粟国造に本来任命されていたのは、「クニの名＋直」を称する粟直氏（阿波直氏）であったと見られる。

周防国造に関しても、周防というウジナを記した木簡が複数出土している（平城京出土木簡〈『平城京木簡』三－四七〇五など〉）。共伴する木簡にはカバネを省略したものが多いが、周防国には凡海直氏（平城宮出土木簡〈『平城宮木簡』一－三二八〉など）のように直のカバネを持つ氏族が多く分布していることから、前述した周防というウジナを称した氏族のカバネも直であった可能性が高い。よって、周防国造に当初任命されていたのも、「クニの名＋直」を称する周防直氏であったと推定される。

とするならば、讃岐国では讃岐直氏、阿波国では粟直氏、周防国では周防直氏というように、「クニの名＋直」を氏姓とする氏族が国造に任命されていたが、その後、讃岐国では敏達朝に凡直氏が国造を継承して讃岐凡直という氏姓を名乗るようになり、阿波・周防両国でもおそらくそれに近い時期に、凡直氏が国造を継承して粟凡直・周防凡直を称したと考えることができる。それに対して、凡直氏が分布するほかの諸国では、最初に国造に任命された氏族がその地位を継承し続けたために、凡直氏は国造に任命されることがなく、したがって「クニの名＋凡直」を名乗ることもなかったのであろう。

四　凡直氏と凡人・凡人部

では、凡直氏とはいかなる氏族なのであろうか。八木・吉田両説では前述のとおり、「凡直」の二文字をカバネと見て（「凡」はカバネの一部と見て）、「凡直」姓の国造（すなわち「凡直国造」）が、「直」姓を称する小規模な国造を統轄すると理解した。しかし、凡直千継のように地名を冠さない凡直氏もおり、【表1】によれば、むしろそれが大多数を占めている。カバネを持たない氏族（無姓）は存在するが、ウジナを持たない氏族は存在しない（ウジナを持たない集団はウジではない）のであり、「凡」がカバネの一部であるならば、凡直氏はウジナを持たないことになってしまう。また、たとえば「凡直判麿」（天平神護二年〈七六六〉十月二十一日「越前国司解」〈『大日本古文書』五－六六一六〉）

は、「凡判麻呂」（年月日不明「阿弥陀悔過知識交名」〈『大日本古文書』十七－一一四〉）とも表記されることがあり、後者の文書ではカバネが省略されていると見られる。よって、凡直という氏姓の「直」はカバネであり、「凡」はウジナであることが明らかである。つまり「凡」は「直」にかかる語ではなく、「凡直」姓の国造と「直」姓の国造の序列を意味するものでもない。

　さらに、第一節で述べたとおり、凡直氏が複数の郡に分布することや、凡直氏が所在する令制国に複数の国造が置かれていることは、「凡」の語義とは直接に結びつかないのであり、凡海直氏・凡河内直氏の「凡」を、凡直氏の「凡」にそのまま当てはめることはできない。とするならば、「凡」の語義を「押統ぶる」・「あまねく」・「おしなべて」と解釈し、「凡直国造」を複数の国造を統轄した存在と見ることは困難である。そもそも『続日本紀』延暦十年九月丙子条（前掲）によれば、凡直氏は国造に任命される以前から凡直を名乗っていたのであり、各国に分布する凡直氏の中で国造に任命された例が一部に過ぎないことからしても、凡直氏が冠する「凡」の語義と国造としてのあり方は、一旦切り離して考察しなければなるまい。

　そこで、凡直氏と同様、ウジナに「凡」を冠する凡人・凡人部に着目したい。伊予国には濃満郡宅万郷に凡人（飛鳥京出土木簡〈『評制下荷札木簡集成』二三八〉）、温泉郡（湯評）に凡人部（飛鳥池遺跡出土木簡〈『飛鳥藤原京木簡』一－一〇九〉）が確認できる。和泉国には凡人・凡人中家が居住していた[16]（『新撰姓氏録』未定雑姓和泉国　凡人条・和泉国諸蕃　凡人中家条）。尾張国にも丹羽郡・山田郡・春部郡（春部評）に凡人部が分布しており（天平勝宝五年六月十五日「貢進仕丁歴名帳」〈『大日本古文書』二五－九四〉、天平勝宝二年〈七五〇〉四月七日「智識優婆塞貢進文」〈『大日本古文書』二五－一三八〉、愛知県春日井市高蔵寺二号窯出土篦書須恵器[17]）、このほかにも飛鳥京や平城京から出土した木簡に、中央官司に出仕していたと思しき凡人が見える（『評制下荷札木簡集成』一七八、『平城宮発掘調査出土木簡概報』二二－八下〈二一一〉）。

　これら凡人・凡人部の「人」は、いわゆる人制に由来する。かつて直木孝次郎は、人制とは実務的な下級官人を組織化した制度であり、部民制の発展にともない六世紀代に施行されたと論じた。[18]八木充は冒頭でも触れたとおり、某人を「凡直国造」の「下級支配者」としたが、それはこの直木説に依拠したものであった。[19]しかし、金石文の発見などにより年代が修正され、人制は各地の集団が王権と仕奉関係を結んで上番した職務分掌の制度であり、その実施は五世紀代に遡り、やがて部民制の中に解消されていったとする見方が、現在は主流である。[20]後述する凡人部のように、その呼称が部姓の中に残存していることからも、人制は部民制に先行すると見て差し支えない。よって、凡人とは五世紀段階に王権と関係を持った各地の集団から中央に出仕した人々が編成されたものであり、凡人の「凡」はほかの某人と区別するための身分標識と理解される。

ただし、たいていの某人は、酒人・宍人などのように「某」の意味する内容（職掌など）が推測できるが、凡人の「凡」はその内容が必ずしも明らかでない。また、『周礼』には「酒人」・「倉人」・「舎人」、『北史』には「作書人」などが見えており、広開土王碑には「守墓人」、迎日冷水里碑には「典事人」、蔚珍鳳坪碑には「立石碑人」、蔚州川前里書石には「作書人」、昌寧真興王拓境碑には「旨為人」、磨雲嶺新羅真興王巡狩碑には「裏内従人」、戊戌塢作碑には「文作人」、南山新城碑には「石捉人」、順興邑内里壁画古墳墨書には「墓像人」の文字が刻まれていることから、「人」を付して集団を編成する仕組みは、大陸・半島から日本列島にもたらされたと見られているが、[21]人間集団としての「凡人」の用例は管見の限り外国史料に確認できない。これらのことは、何らかの職掌を与えられた某人と比べて、凡人がやや特異な存在であったことをうかがわせる。

とするならば、逆説的ではあるが、この点にこそ「凡」の意味を見出すことができるのであるまいか。つまり、組織化されてはいるが、某人の「某」が示すような特定の職掌を規定されておらず、それゆえに状況に応じて様々な任務に包括的に従事した集団が、凡人と呼称されたと考えられるのである。少なくとも、凡人が編成された段階でその職掌をほかの某人に明確に分類できなかったか、あるいは遊軍のような位置づけが与えられたため、意図的に分類されることがなかったものと思われる。[22]

こうした「普通の」・「通常の」という意味での「凡」の用例は、『荀子』礼論篇注に「凡、謂二常道一也」、『孟子集注』尽心上に「凡民、庸常之人也」などとある。『日本書紀』推古天皇二十一年（六一三）十二月辛未条にも、厩戸皇子が行き倒れた飢者に対して、

先日臥二于道一飢者、其非二凡人一。必真人也。

と述べたとある。ここに見える「真人」は道の奥義を悟った仙人を指す道教の用語であり、その「真」と対照される形で「凡」が用いられている。このように、ある特殊な事象に対して、一般的な事象であることを示すのが「凡」という語の本来の意味であり、人制における凡人の「凡」が示す内容も、これに通じると推察される。凡人・凡人部が現存史料にほとんど見出せないのは、その大半がのちに特定の職掌を与えられて、別の某人や某部に編入されたためであろう。なお、某人の名称については、抽象的な語を冠する某人が早くに組織され、のちに具体的な語を冠する某人が登場したとの指摘がある。[23] これにしたがうならば、凡人は人制の初期段階に組織された集団ということになり、それがのちに他の某人・某部へ取り込まれたとする上記の推測とも矛盾しない。

一方、凡人部の「部」は言うまでもなく部民制に由来する。部民制は王権に奉仕する人々を編成した制度であり、某部という呼称は六世紀初頭以降に使用が開始され、その実施によって中央に出仕した人々のみならず、彼らを輩出した各地の集団も某部として編成されたと考えられている。[24] もし部民制の導入後に「凡」を冠する集団が設置されたならば、それは「人」を付さずに「凡部」と呼称されるはずであるが、そうした例は見られない。このことは、人制段階で組織化されていた凡人とその母集団が、部民制の導入にともなって再編成あるいは名称変更されたものが、凡人部であることを示している。[25]

そして、山直氏と山人・山人部、海直氏と海人・海人部、神直氏と神人・神人部のように、某人や某人部にはその

「某」を共有し「某（人）＋カバネ」を称する氏族（某直など）が存在しており、それらは同じ地域に多く分布していることから、「某（人）＋カバネ」を称する氏族と某人・某人部との間には「支配統属の関係」があったと推定されている。[26] このことから類推するならば、凡直氏と凡人・凡人部の間にも何らかの政治的関係が結ばれていた可能性が高い。しかも、【表1】によれば、凡人・凡人部が存在する伊予国では、宇摩郡・桑村郡・宇和郡に凡直氏が確認でき（『続日本紀』神護景雲元年十月癸巳条・天平勝宝元年〈七四九〉五月戊寅条、天平八年「伊予国正税出挙帳」〈前掲〉）、所在郡不明の人物も含めると非常に多くの凡直氏が分布している。このことも凡直氏と凡人・凡人部との関係性を示唆するものと言える。

以上のように、凡直氏と凡人・凡人部が「凡」を共有しており、分布地域も近接していることからすれば、凡直氏は凡人・凡人部を管掌した地方伴造であったと見るのが妥当である。[27] すなわち、五世紀代に中央へ出仕した人々が凡人として組織化され、六世紀初頭以降には凡人とその母集団が凡人部として編成されたことにともない、それらを各地で管掌する地方伴造として登場したのが凡直氏であり、それが六世紀後半頃に讃岐・阿波・周防の三ヶ国では国造を継承して、讃岐凡直・粟凡直・周防凡直という氏姓を名乗るようになったと考えることができる。これが先行研究で言われてきた「凡直国造」の実態である。したがって、国造制の再編・強化を目的とする「凡直国造制」なる制度の施行を認めることは困難である。[28] むしろ、これまで述べてきた凡直氏のあり方からは、国造制が展開していく過程において、はじめに国造に任命された氏族が交替し、地方伴造がその地位を継承する状況が生じていたということを読み取るべきである。

五　結　語

本稿では「凡直国造」および「凡直国造制」の再検討を行い、国造制だけでなく、人制・部民制も含めた地方支配制度の諸関係の中で、凡直氏の実態解明を試みた。論旨を整理するならば次のとおりである。

- 凡直氏は安芸・周防・長門・紀伊・淡路・阿波・讃岐・伊予・土佐の各国に分布したとされてきたが、これらの国々の凡直氏がすべて国造に任命された（上記の各国すべてに「凡直国造」が存在した）わけではない。国造に任命されたことが確実なのは、讃岐・阿波の凡直氏のみである。両氏は国造任命後に讃岐凡直・粟凡直（「クニの名＋凡直」）を名乗っており、これに該当する周防凡直氏も国造に任命されたと理解される。
- 『続日本紀』延暦十年九月丙子条（前掲）によれば、讃岐国の凡直氏はあくまでも国造を継承したのであり、それ以前には讃岐直氏（「クニの名＋直」）が国造に任命されていたと考えられる。阿波・周防両国でも粟直氏・周防直氏が国造に任命されており、のちに粟凡直氏・周防凡直氏が国造の地位を継承したと推定される。
- 「凡直」は二文字でカバネなのではなく、「凡」がウジナ、「直」がカバネを示しており、それは「凡直」姓の国造と「直」姓の国造の序列を示すものではない。凡直氏は国造に任命される以前から凡直を名乗っており、国造に任命された凡直氏が一部であることからしても、「凡」の語義と国造としてのあり方は切り離して検討する必要がある。
- 凡人は五世紀段階に各地から中央へ出仕した人々が組織化され、特定の職掌を規定されず様々な任務に包括的に従事した集団であり、「普通の」・「通常の」という一般的な事象であることを示すのが、「凡」の本来の語義である。また、人制段階で組織化されていた凡人とその母集団が、部民制の導入にともなって六世紀初頭以降に再編成あるいは名称変更されたのが凡人部である。
- こうした凡人・凡人部を各地で管掌した地方伴造が凡直氏であり、その一部が国造に任命されたものが、先行研究で言われてきた「凡直国造」の実態であると考えられる。よって、国造制の再編・強化を目的とする「凡直国造制」の施行を認めることはできない。むしろ、凡直氏の動向からは、国造に当初任命された氏族が交替し、地方伴造がその地位を継承するという状況が生じていたことがうかがえる。

最後に付言しておきたいのは、「某部+カバネ」という地方伴造としての氏姓を名乗る国造（いわゆる「伴造的国造」）が、東国に多く見受けられることである。その理由について、従来は大和王権に対する東国の隷属度が高かったためと説明されてきた。[29]それに対して近年では、国造としての仕奉よりも、地方伴造としての仕奉を示す氏姓を選択した、[30]あるいは国造と地方伴造の「権益」をともに受け継ぐために両方の氏姓を称したなど、[31]庚午年籍による定姓の問題として捉える見解が示されており、傾聴に値する。ただし、本稿で扱った凡直氏の例からすれば、定姓の前段階として、地方伴造が実際に国造の地位を継承する（国造に任命される氏族が交替する）こともあり得たのであり、それは国造制の展開過程における一つの形態として位置づけることができる。このようなケースがどの程度普遍的に存在したのかに関しては、別の機会に詳しく検討することとしたい。

注

（1）ここで言う氏姓とは、厳密には国造に任命された特定個人に与えられた職名的称号を指している。近年、父系出自集団の呼称としての氏姓は庚午年籍の段階で制度的に成立したものであり、それ以前の氏姓は王権と関係をもつ特定個人に与えられた職名的称号であること、また、氏族は本来的に複数の仕奉関係を持っており、庚午年籍における定姓の段階で各氏族はそれらの中から一つの仕奉にもとづく氏姓を与えられた（選択した）ことが指摘されている。ともに首肯すべきであろう。加藤晃「我が国における姓の成立について」（坂本太郎博士古希記念会編『続日本古代史論集』上、吉川弘文館、一九七二年）須原祥二「「仕奉」と姓」（『古代地方制度形成過程の研究』吉川弘文館、二〇一一年、初出二〇〇三年）参照。

（2）このほかに、石母田正「古代国家と生産関係」（『石母田正著作集』三、岩波書店、一九八九年、初出一九七一年）、松原弘宣「大化前代の津支配と国造」（『日本古代水上交通史の研究』吉川弘文館、一九八五年）、小野里了一「凡直国造に関する基礎的考察」（あたらしい古代史の会編『王権と信仰の古代史』吉川弘文館、二〇〇五年）などもあるが、紙幅の関係上、本稿では割愛する。
（3）八木充「地方政治組織の発展」（『律令国家成立過程の研究』塙書房、一九六八年、初出一九五八年）。
（4）太田亮「凡直」（『全訂日本上代社会組織の研究』邦光書房、一九五五年）など。
（5）吉田晶「凡河内直氏と国造制」（『日本古代国家成立史論』東京大学出版会、一九七三年）。
（6）八木充「国造制の構造」（『日本古代政治組織の研究』塙書房、一九八六年、初出一九七五年）。
（7）八木充「凡直国造とミヤケ」（『日本古代政治組織の研究』前掲、初出一九七七年）。
（8）佐伯有清・高嶋弘志編『国造・県主関係史料集』（近藤出版社、一九八二年）補注、青木和夫・稲岡耕二・笹山晴生・白藤禮幸校注『新日本古典文学大系16　続日本紀』五（前掲）補注など。なお、松原弘宣「大化前代の津支配と国造」（前掲）は、「大押直」と「凡直」の間に上下関係を想定するが、これは表記の問題として捉えるべきであろう。
（9）八木充「凡直国造とミヤケ」（前掲）、松原弘宣「大化前代の津支配と国造」（前掲）など。かりに「皇直」を個人名と解した場合でも、その人物は後述のとおり凡人・凡人部の地方伴造であったために、国造を継承したのちに讃岐凡直という氏姓を与えられたと考えられる。また、この時期の氏姓は厳密には特定個人に与えられた職名的称号であり、それが個人名のように伝承された可能性もあろう。
（10）青木和夫・稲岡耕二・笹山晴生・白藤禮幸校注『新日本古典文学大系16　続日本紀』五（前掲）補注。
（11）八木充「凡直国造とミヤケ」（前掲）。
（12）阿部武彦「国造の姓と系譜」（『日本古代の氏族と祭祀』吉川弘文館、一九八四年、初出一九五〇年）、井上光貞「国造制の成立」（『井上光貞著作集』四、岩波書店、一九八五年、初出一九五一年）など。
（13）松木俊暁「『風土記』地名起源説話と支配秩序」（『言説空間としての大和政権』山川出版社、二〇〇六年）。
（14）篠川賢「国造制の成立過程」（『日本古代国造制の研究』吉川弘文館、一九九六年、初出一九八五年）。
（15）篠川賢「国造の「氏姓」と東国の国造制」（あたらしい古代史の会編『王権と信仰の古代史』前掲）、拙稿「国造の氏姓と「クニの名」」（『日本古代の氏族と系譜伝承』吉川弘文館、二〇一七年）。

(16) 佐伯有清『新撰姓氏録の研究』考証編六(吉川弘文館、一九八三年)は、和泉国の凡人・凡人中家と凡河内直氏との関係を指摘している。しかし、前者が始祖とする神汗久宿禰はほかに見えず、後者は山背忌寸氏(山背国造)との系譜関係を主張しており、ともに凡河内直氏との関係を示す積極的な根拠は存在しない。

(17) 巽淳一郎「古代の焼物調納制に関する研究」(森郁夫先生還暦記念論文集刊行会編『瓦衣千年』一九九九年)。

(18) 直木孝次郎「人制の研究」(『日本古代国家の構造』青木書店、一九五八年)。

(19) 八木充「地方政治組織の発展」(前掲)。

(20) 篠川賢「部民制」(『日本古代国造制の研究』前掲、初出一九九〇年)、吉村武彦「倭国と大和王権」(朝尾直弘・網野善彦・石井進・鹿野政直・早川庄八・安丸良夫編『岩波講座日本通史』二古代一、岩波書店、一九九三年)、平石充「人制再考」(『島根県古代文化センター研究論集』一四、二〇一五年)、拙稿「人制研究の現状と課題」(篠川賢・大川原竜一・鈴木正信編『国造制・部民制の研究』八木書店、二〇一七年)など。

(21) 直木孝次郎「官人制の展開」(井上光貞・西嶋定生・甘粕健編『東アジア世界における日本古代史講座』五、学生社、一九八一年)、鈴木靖民「倭の五王の外交と内政」(『倭国史の展開と東アジア』岩波書店、二〇一二年、初出一九八五年)、吉村武彦「倭国と大和王権」(前掲)、田中史生「倭の五王と列島支配」(大津透・桜井英治・藤井譲治・吉田裕・李成市編『岩波講座日本歴史』一 原始・古代一、岩波書店、二〇一三年)、同「倭の五王の対外関係と支配体制」(『島根県古代文化センター研究論集』一四、二〇一五年)、拙稿「人制研究の現状と課題」(前掲)など。金石文については、韓国古代社会研究所編『訳注韓国古代金石文』一・二(駕洛国史蹟開発研究院、一九九二年)、瀬間正之「文字言語から観た中央と地方」(『文学・語学』二一二、二〇一五年)も参考にした。

(22) 第一節で述べたとおり、先行研究には瀬戸内海交通の把握を目的として「凡直国造」が設置されたと説明するものが多い。「凡直国造」は瀬戸内海の「水軍兵站基地を統率」したとする説もある(中村修「瀬戸内海水軍の氏族編成」(『海民と古代国家形成史論』和泉書院、二〇一三年、初出二〇〇九年))。筆者は後述するように「凡直国造制」なる制度の施行はなかったと見ているが、凡直氏が担当した様々な職掌の一つに海上交通の掌握が含まれていた可能性はあると考えている。

(23)　中村友一「人・部制の成立と展開」(『駿台史学』一四八、二〇一三年)。
(24)　平野邦雄「「部」の本質とその諸類型」(『大化前代社会組織の研究』吉川弘文館、一九六九年)、鎌田元一「部民制の構造と展開」(『律令公民制の研究』前掲、初出一九八四年)、吉村武彦「倭国と大和王権」(前掲)など。
(25)　中田興吉「発生期のミヤケと王権」(『日本歴史』七五九、二〇一一年)、中村友一「人・部制の成立と展開」(前掲)、拙稿「大神氏の分布とその背景」(『大神氏の研究』雄山閣、二〇一四年、初出二〇一三年)、拙稿「人制研究の現状と課題」(前掲)。
(26)　直木孝次郎「人制の研究」(前掲)、佐伯有清『新撰姓氏録の研究』考証編六(前掲)。
(27)　各地の凡直氏を統轄した中央伴造については未詳であるが、凡連氏がそれに該当する可能性がある。天平勝宝五年五月七日「写経奉請注文」(『大日本古文書』十二‐四四〇)には「凡連馬主」という人物が見えており、平城宮出土木簡(『平城宮発掘調査出土木簡概報』一一‐一〇下〈六七〉)にも「凡連□」と記したものがある。
(28)　「凡直国造」の設置を認める点で私見とは異なるが、篠川賢も凡直国造の設置を「「凡直国造制」の施行と呼び得るような、支配内容の変化をともなった国造制の再編とみるのは疑問」としており(篠川賢「国造制の成立過程」前掲)、小野里了一も同様の疑問を呈している(小野里了一「凡直国造に関する基礎的考察」前掲)。
(29)　阿部武彦「国造の姓と系譜」(前掲)、井上光貞「国造制の成立」(前掲)など。
(30)　篠川賢「国造の「氏姓」と東国の国造制」(前掲)、仁藤敦史「古代東国と譜第意識」(『古代王権と支配構造』吉川弘文館、二〇一二年、初出二〇〇八年)。
(31)　北康宏「大王とウヂ」(大津透・桜井英治・藤井讓治・吉田裕・李成市編『岩波講座日本歴史』二　古代二、岩波書店、二〇一四年)。

【付記1】　脱稿後、平安時代の相模国府域内に所在する六ノ所遺跡(神奈川県平塚市)から、「凡人部豊子丸」という人名を線刻した灰釉陶器が出土したことが発表された。この灰釉陶器は尾張国と三河国にまたがる猿投窯で産出されたものであり、線刻は焼成前に行われている(『神奈川県平塚市六ノ所遺跡第十七地点発掘調査報告書』二〇一七年)。本文および【表1】で取り上げたように、尾張国丹羽郡・山田郡・春部郡には凡人部の分布が確認されており、三河国渥美郡にも凡直氏が存在した可能性があることから、上記の灰釉陶器に見える凡人部もこれらと何らかの形で関係するものと推測される。ただし、陶器の焼成前に人名を線刻した理由や、猿投窯から相模国まで運ばれた経緯などについては未詳であり、今後の発掘調査の進展を期待したい。なお、上記の灰釉陶器の存在は、荒井秀規氏のご教示により知り得た。記して謝意を表する次第である。

【付記2】本稿は、科学研究費補助金若手研究（B）（課題番号一五K一六八三四）による研究成果の一部である。

紀伊国造と古代王権

大川原　竜一

はじめに

古代の紀伊国造には、紀直氏（のち紀宿禰に改姓）が代々任命された。紀直氏は紀伊国名草郡（現在の和歌山市および海南市の一部）に本拠を置き、同郡の郡領を多く輩出した地方豪族である。

紀伊国造の出自については、『先代旧事本紀』巻第十「国造本紀」に「紀伊国造、橿原朝御世、神皇産霊命五世孫天道根命、定二賜国造一。」とあり、神武天皇の時にカミムスヒの五世孫のアメノミチネが、初代の紀伊国造に任ぜられたとされている。[1] また、歴代の紀伊国造の地位継承を録したいわゆる『紀伊国造次第』[2]には、その冒頭に「日前国懸太神宮天降坐之時、天道根為二従臣一仕始、即厳奉崇也。仍賜二国造一任焉。」と記されている。すなわち日前神宮と国懸神宮が天降り座した時に、アメノミチネはその従臣となって仕えて奉祀したため紀伊国造に任命されたとある。[3]『紀伊国造次第』と「国造本紀」はともにその初代をアメノミチネとしている。これらの史料を鑑みると、紀伊国造は天神の後裔であり、その由緒は、現在の和歌山市秋月の地に隣りあって鎮座する日前神宮と国懸神宮の祭祀にもとづくものであったことが分かる。

紀伊国造は、和歌山市にある岩橋千塚古墳群や鳴滝遺跡の倉庫群の発掘成果を基礎に研究され、その成立と展開を古代王権の趨勢のなかに位置づけることで考察されてきた。大化以前における紀伊国造は王権の対外交渉の場で活躍し、水軍や水上交通の面で大きな役割を果たしたと考えられている。[4] また、律令制下の紀伊国造には、杵築大社の祭祀を掌った出雲国造以外に唯一その任命の儀式が存在したことから、[5] これまでの研究では、国造の代表的な存在ある

いは特殊例であるとみなされてきた。(6)

このように紀伊国造は日前神宮と国懸神宮の祭祀を担い、古代王権と関わりをもって展開したとされるが、それらの役割はいかなる背景をもって形成されたものであるのか、そして律令制下においてもなぜその地位が保持されたのか、いまだ明らかになっていない点がある。本稿では紀伊国造の歴史的位置について考察しつつその展開過程を跡づけて、紀伊国造と古代王権の関わりを論じる。

一　大化以前の紀直氏と古代王権

本節では、大化以前に紀直氏が王権といかなる関わりをもって紀伊国造に任命されたのかについて考察し、紀伊国造の歴史的位置を検討する。

大化以前の紀伊国造および紀直氏については、『古事記』『日本書紀』にいくつかの伝承がみえる。まず『古事記』には、つぎの系譜記事が載せられている。

『古事記』孝元天皇段

大倭根子日子国玖琉命、（中略）又娶㆓内色許男命之女、伊迦賀色許売命㆒、生御子、比古布都押之信命。（中略）又娶㆓木国造之祖、宇豆比古之妹、山下影日売㆒、生子、建内宿禰。此建内宿禰之子、并九〈男七、女二〉。（後略）

これによれば、孝元天皇が内色許男命の女の伊迦賀色許売命を娶って生まれた皇子が比古布都押之信命であり、そしてこの皇子が「木国造」の祖宇豆比古の妹である山下影日売を娶って生まれた子が建内宿禰であるという。「木国造」の「木」とは紀伊の古い用字であり、本記事においては、「木国造」すなわち紀伊国造が、建内宿禰（武内宿禰）

の母方の出身氏族であるとされている。

これに対して『日本書紀』では、孝元天皇七年二月丁卯条に彦太忍信命は武内宿禰の祖父であるとみえ、(7)さらにつぎのような伝承が記されている。

『日本書紀』景行天皇三年二月庚寅朔条

卜下幸二于紀伊国一、将上レ祭二祀群神祇一、而不レ吉。乃車駕止之。遣二屋主忍男武雄心命一〈一云、武猪心〉令レ祭。爰屋主忍男武雄心命、詣之居二于阿備柏原一、而祭二祀神祇一。仍住九年。則娶二紀直遠祖菟道彦之女影媛一、生二武内宿禰一。

すなわち景行天皇は紀伊国へ行幸して神々を祭祀しようとするが、そのことを占ったところ「不レ吉」とされたため行幸を取り止め、代わりに屋主忍男武雄心命を遣わしたという。また、屋主忍男武雄心命は阿備の柏原に赴いて神祇を祭祀し、そしてそこに九年住み、紀直氏の遠祖である菟道彦の女の影媛を娶って武内宿禰が生まれたとされている。阿備の柏原とは、現在の和歌山市に柏原の地名がみえることから該地周辺に比定される。

このように武内宿禰の母方の出身について、『古事記』孝元天皇段では「木国造」であるとされ、一方で『日本書紀』景行天皇三年二月庚寅朔条では紀直氏であるとされている。また前者は影日売を宇豆比古の妹、後者は影媛を菟道彦の女であるとしており、武内宿禰の父祖については両者の間で一世代異なっているのである。このことに関しては伝承の形成過程やその伝承者の相違が考えられるが、両史料は、孝元天皇の子孫が紀伊国造である紀直氏の子女を娶り、武内宿禰がその系譜を引くとする点において一致しており、(8)紀伊国造と王権との婚姻関係を通じた結びつきが示されていることは重要である。

『古事記』『日本書紀』において紀伊国造がふたたびみえるのは、つぎの二つの系譜記事である。

『古事記』崇神天皇段

此天皇、娶二木国造、名荒河刀弁之女〈刀弁二字以レ音〉、遠津年魚目目微比売一、生御子、豊木入日子命、次豊鉏入日売命〈二柱〉。（後略）

『日本書紀』崇神天皇元年二月丙寅条

（前略）又妃紀伊国荒河戸畔女遠津年魚眼眼妙媛、（中略）生二豊城入彦命・豊鍬入姫命一。（後略）

前者によると、崇神天皇は「木国造」荒河刀弁の女の遠津年魚目目微比売を娶り、豊木入日子命と豊鉏入日売命をもうけたとされる。これに対して後者には、豊城入彦命・豊鍬入姫命の母は紀伊国の荒河戸畔の女の遠津年魚眼眼妙媛であると記されている。ここに「紀伊国造」の語はみえないが、「荒河戸畔」は字音から推すと、前者の「荒河刀弁」と同一人物であるとみられ、皇子・皇女の母が紀伊出身の女性であるとする点において両者に相違はない。すなわちこれらにおいても紀伊国造は婚姻を通じて王権と結びついていることが述べられているのである。紀伊国造が歴史的事実として王権と婚姻関係を有していたかは不明であるが、武内宿禰の例と考え合わせると、王権は古くから紀伊地域と結びつき、『古事記』『日本書紀』の編纂時点において、紀伊国造である紀直氏は王権へ子女を出す氏族として認知されていたといえる。大化以前の紀伊国造は王権と近しい関係であったと考えられるのである。それでは紀伊国造と王権との親近性は、いかなる要件によって築かれたのであろうか。

紀伊国造である紀直氏と王権の関係を語る史料は、系譜記事を除くと、『日本書紀』神功皇后摂政元年二月条および応神天皇九年四月条があげられる。

前者は神功皇后の忍熊王征討の伝承である。ここでは、新羅からの凱旋の帰途、麛坂・忍熊二王の謀反を聞いた神功皇后は、武内宿禰に命じて皇子（のちの応神天皇）を託し、南海から「紀伊水門」へと向かわせて停泊させ、そして自らは難波を目指したとある。その後、皇后は紀伊国に来て、忍熊王を攻めるため小竹宮へ遷ったところ、この時に昼が夜のような暗さとなったといい、皇后からその原因を問われた人物が紀直氏の祖の豊耳であったと記されている。当該史料は伝説的要素を多く含むとされ、史料批判をする際に慎重を期す必要はあるが、神功皇后が紀伊地域の情報を紀直氏に問うたという伝承からは、大化以前から紀直氏が同地域を把握して、かつ王権と通じていたことがうかがえる。

一方、『日本書紀』応神天皇九年四月条の内容は、武内宿禰とその弟の甘美内宿禰との争いを描いた伝承である。すなわち武内宿禰が百姓監察のため筑紫へ遣わされた際に、甘美内宿禰は兄を除こうとして応神天皇に讒言をしたため、武内宿禰は密かに筑紫を出て船で南海を回って「紀水門」に泊まり、その後、朝廷にたどり着いて、応神天皇に罪の無いことを弁明したというものである。そして天皇は武内宿禰と甘美内宿禰に探湯をさせたところ、これに勝利した武内宿禰が横刀をとって甘美内宿禰を殴り殺そうとしたので、天皇は勅して甘美内宿禰を赦し「紀直等」の祖に授けたとある。ここにおいても紀直氏と王権との結びつきが強調されている。先述したようにあくまで系譜上であるものの、紀直氏は武内宿禰の母方の出身氏族として婚姻を通じて王権と結びついていることをふまえると、王権との親近性については、実在の人物であるか否かは措くとしても武内宿禰に焦点をあてて考察すべきであるといえる。

従前の研究において、紀直氏と武内宿禰の接点については、紀朝臣氏との関係から論じられることが多い。(9) 紀朝臣氏は『新撰姓氏録』左京皇別上に「石川朝臣同祖、建内宿禰男、紀角宿禰之後也。」とみえる氏族である。また、先にふれた『古事記』孝元天皇段の系譜には、武内宿禰に七男二女の子がいたことが付記されている。そのうちの一人の木角宿禰は「木臣」(紀臣)の祖であるとされており、紀朝臣氏は武内宿禰の後裔氏族であるとみられる。(10) よって、先述したように武内宿禰の母方の出自を紀直氏とする伝承が存在することから、紀直氏は系譜の上において紀朝臣氏とつながりを有していたと位置づけられる。(11) しかしながら木角宿禰の後裔としては紀朝臣氏のみならず都奴臣(角臣)氏・坂本臣氏が存しており、また武内宿禰の後裔についても蘇我氏・葛城氏・平群氏などその他の氏族もあげられるため、紀伊国造である紀直氏と王権の親近性は、紀朝臣氏を介したものであると一概にはいえない。むしろ紀朝臣氏が武内宿禰の後裔氏族と位置づけられた歴史的背景が紀路・紀ノ川の交通にもとづくという指摘を念頭におくと、(12) 紀直氏と王権との結びつきについても同様の視点から考察する必要がある。

紀路は、大和の下ツ道の延長路から重阪峠と真土山を越えて紀伊に入る古道で、途中からは紀ノ川沿いを進む大和・紀伊間の幹線道路であった。また紀ノ川は、奈良県では吉野川とよばれ、和歌山県に入ってその北部を西流して和歌山市で紀伊水道に流入する河川で、(13) 古くより大和と紀伊を結ぶ河川交通としての役割を担っていた。とくにその河口部には多くの港津が築かれ、それらをあわせた河口デルタ一帯の総称が、『日本書紀』神功皇后摂政元年二月条にみえる「紀伊水門」であり、『日本書紀』応神天皇九年四月条の「紀水門」はこれと同一であるとみなされている。(14) 両史料に記された武内宿禰の航路を鑑みると、「紀伊水門」（「紀水門」）は、筑紫から瀬戸内海を経て、さらに難波と紀伊とを結ぶ海上交通における要地であったようである。すなわち紀伊は紀路・紀ノ川を通して大和と結ばれ、また紀ノ川河口から出て紀伊水道を通じて、瀬戸内海や大阪湾とつながる地域であったことが確認される。このことから紀直氏は、『日本書紀』神功皇后摂政元年二月条にみるように、早くから紀伊地域を把握するとともに、紀路と紀ノ川および紀伊水道の交通を利用して、王権とのつながりを構築していったものと考えられるのである。

ところでこれまでの研究では、紀朝臣氏とその同族は「紀伊水門」を拠点として造船技術や航海技術をもって水上交通や水軍を担っていたとつとに論じられ、紀伊国造である紀直氏も王権の対外交渉において大きな役割を果たしたと推測されてきた。(15) 紀朝臣氏については、『日本書紀』欽明天皇二年（五四一）七月条に紀臣奈率弥麻沙という百済官人の名がみえ、ここには「紀臣奈率者、蓋是紀臣娶㆓韓婦㆒所㆑生、因留㆓百済㆒、為㆓奈率㆒者也。」という分註が記されていることから、欽明期以前より王権の半島政策に関わっており、その子孫は百済に定着していたようである。(16) ただし紀伊国造による対外交渉への関与を示す史料は、つぎの記事が唯一である点に留意する必要がある。

『日本書紀』敏達天皇十二年（五八三）七月丁酉朔条・同年十月条

（前略）是以、朕当奉レ助二神謀一、復二興任那一。今在二百済一火葦北国造阿利斯登子達率日羅、賢而有レ勇。故朕欲下与二其人一相計上。乃遣三紀国造押勝与二吉備海部直羽嶋一、喚二於百済一。（中略）紀国造押勝等、還レ自二百済一。復二命於朝一曰、百済国主、奉二惜日羅一、不レ肯二聴上一。

本条は百済官人の日羅の招聘をめぐる記事である。敏達天皇が「任那」復興について日羅と諮ろうと望んだため、紀国造押勝は吉備海部直羽嶋とともに百済へ遣わされたが、百済国主（国王）は日羅の出国を許さなかったので、その目的を果たせず帰還したとされており、ここからは押勝が王権のためにその対外交渉の使者として百済へ渡ったことが読み取れる。しかしながら本条以前の史料では、紀伊国造および紀直氏は「祖」と付記されているのに対して、押勝は史料上に「紀（伊）国造」と明示された最初の人物であることは重要である。

当該時期における国造の存在は、『日本書紀』より確認できる。先の敏達天皇十二年（五八三）七月丁酉朔条には「火葦北国造阿利斯登子達率日羅」とあり、また同年是歳条には「於二檜隈宮御寓天皇之世一、我君大伴金村大連、奉二為国家一、使二於海表一、火葦北国造刑部靫部阿利斯登之子、臣達率日羅。」と記されており、日羅は自らを宣化期（五三七～五三九）に半島へ遣わされた「火葦北国造刑部靫部阿利斯登之子」であると述べたとされるのである。さらに『日本書紀』欽明天皇十五年（五五四）十二月条や同二十三年（五六二）七月是月条には、「筑紫国造」や「倭国造」が百済の救援のため半島に派遣されたという記述がある。これらの史料を鑑みると、この時期の国造はいずれも王権の対外交渉に携わっていたことが読み取れ、それは紀伊国造のみの役割ではなかったと位置づけられる。六世紀前半には、筑紫や葦北の西日本のほかに、畿内においても国造がすでに存在しており、紀伊国造もまた同様であったと考えられる。[17] 紀直氏は、国造制が成立した六世紀前半以降に紀伊国造として王権の対外交渉に関わるようになったといえるのである。紀伊国造と明示された人物がはじめて史料上にあらわれるのは、敏達天皇十二年（五八三）であったことはすでに確認した。

以上、本節では、大化以前における紀直氏と王権との関係について考察し、紀伊国造の歴史的位置を論じた。紀直氏は紀路と紀ノ川および紀伊水道の交通を利用して王権とのつながりを構築し、そして紀伊国造に任ぜられたが、王権の対外交渉に関わるのは、その任命以後であったと考えられるのである。

ところで紀伊国造について、大化以後から律令制下にいたるまでの動向を記した史料は、系図類を除きみつかっていない。そこで次節以降では、まず律令制下の紀伊国造に関わる史料を通覧して、この時期の紀伊国造が王権といかなる関係を築いていたのかを考察する。そのうえで、紀伊国造は大化以後どのように活動を展開したのか、その過程を跡づけるとともに大化以後における紀伊国造の歴史的位置を検討する。

二　律令制下の紀伊国造について

律令制下における紀伊国造の初出史料は、聖武天皇が紀伊国へ行幸した際に紀直摩祖が任命された、つぎの記事である。

『続日本紀』神亀元年（七二四）十月壬寅（十六日）条
賜㆓造離宮司及紀伊国々郡司、并行宮側近高年七十已上禄㆒各有㆑差。百姓今年調庸、名草・海部二郡田租咸免之。又赦㆓罪人死罪已下㆒。名草郡大領外従八位上紀直摩祖為㆓国造㆒、進㆓位三階㆒。少領正八位下大伴櫟津連子人・海部直士形二階。自余五十二人各兼一階。（後略）

この年の二月四日に即位した聖武天皇は、三月の吉野行幸につづけて、十月に当該の紀伊行幸をおこなっている。[18]

その行程は、『続日本紀』によれば、十月五日に都を出発して、七日に那賀郡の玉垣勾頓宮、八日に海部郡の玉津嶋頓宮に到り、ここに「十有余日」滞在したという。そして滞在中の十月十六日には、上記の史料のように、造離宮司と紀伊国の国郡司および行宮側近の七十歳以上の者への賜禄や、百姓の今年の調庸と名草・海部二郡の田租の免除、死罪以下の赦免がなされたとある。くわえて名草郡大領であった紀直摩祖は国造に任ぜられ、少領の大伴櫟津連子人・海部直士形らとともに位階を昇叙されたことが知られる。

紀伊国名草郡は、特定の神社および祭祀氏族と強く結びついた神郡という特殊な郡であった(19)。律令制下において一郡の郡司に同姓の氏族が就くことは原則として認められていなかったが、神郡は例外的にその併任が許され、特定の神社の祭祀を掌る氏族が郡の政務を担っていた。当該の史料には紀伊国造と明記されていないが、つぎのように、摩祖と同じ紀直姓を有し、一族とみられる紀直豊嶋と紀直五百友の紀伊国造への任命記事があることから、摩祖が任ぜられた「国造」とは紀伊国造であったと推定できる。

『続日本紀』天平元年（七二九）三月丁巳（二十七日）条
以㆓正八位上紀直豊嶋㆒為㆓紀伊国造㆒。
『続日本紀』延暦九年（七九〇）五月癸酉（八日）条
以㆓外従八位上紀直五百友㆒為㆓紀伊国造㆒。

紀伊国造である紀直氏は、神郡の名草郡を基盤として名草郡司を務めて政治的にその地位を保ちつづけたと考えられる。

ついで紀伊国造が確認できるのは、称徳天皇の紀伊行幸の記事である。

『続日本紀』天平神護元年（七六五）十月庚辰（二十二日）条

（前略）詔、紀伊国今年調庸、皆従二原免一。其名草・海部二郡者、調・庸・田租並免。又行宮側近高年七十以上者、賜レ物、犯二死罪以下一皆赦除。但十悪及盗、不レ在二赦限一。又国司・国造・郡領及供奉人等、賜二爵并物一有レ差。授二守従五位上小野朝臣小贄正五位下、掾正六位上佐伯宿禰国守・散位正六位上大伴宿禰人成並従五位下、騎兵出雲大目正六位上坂上忌寸子老外従五位下一、名草郡大領正七位上紀直国栖等五人、賜レ爵人四級。自余五十三人各有レ差。（後略）

この称徳天皇の紀伊行幸は、十月十三日に都を発し、紀伊国伊都郡および那賀郡鎌垣行宮を経て、十八日に玉津島に到ったことがうかがえる。[20] 翌十九日には、天皇が南の浜の海を望む楼に御して、雅楽や雑伎が奏された。[21] その後、同月癸未（二十五日）条に「還到二海部郡岸村行宮一。」とみえることから、これより以前に都への帰路についていたことが分かる。この間の二十二日の記事が先の史料である。ここでは、紀伊国の当年の調庸や名草・海部二郡の調庸田租の免除、行宮近辺の年七十以上の高齢者への賜物、死罪以下の赦免とともに、国司・国造・郡領および供奉人への叙爵と賜物があったことが記録されている。先の聖武天皇の事例を念頭におくと、この「国造」もまた紀伊国造であるとみなされ、その任命が継続しておこなわれていたことがうかがえる。

紀伊国造の存在はまた、つぎの桓武天皇の紀伊行幸の記事においてもみられる。

『日本後紀』延暦二十三年（八〇四）十月癸丑（十二日）条

上、御レ船遊覧。賀楽内親王及参議従三位紀朝臣勝長・国造紀直豊成等奉献。詔曰、天皇詔旨良万止勅命乎、紀伊国司・郡司・公民・陪従司司人等諸聞食止宣、此月波閑時尓之弖、国風御覧須時止奈毛、常母聞所行須、今御坐所乎御覧尓、礒島毛奇麗久、海瀲毛清晏尓之弖、御意母於多比尓御坐坐、故是以御坐坐世留名草・海部二郡乃百姓尓、今年田租免賜比、又国司・国造・二郡司良尓、冠位上賜比治賜布、目已下及郡司乃正六位上乃人尓波、男一人尓位一階賜布、又御座所尓近岐高年八十已上人等尓、大物賜波久止詔布勅命乎、衆聞食止宣。（後略）

当該の紀伊行幸は、和泉国への行幸につづけてなされたものである。[22] 桓武天皇は十月三日に都を立ち、難破行宮や日根行宮に在して所々で遊獵をし、その際に中央官人および摂津国司などから奉献を受けている。十月十一日の記事には「幸二紀伊国玉出嶋一。」とあることから、桓武天皇は聖武・称徳天皇と同様に紀伊国の玉津島（玉出嶋）へ御幸したことが知られる。そして翌十二日には、国造紀直豊成が賀楽内親王（桓武天皇皇女）や参議紀朝臣勝長とともに奉献をおこなっているのである。紀直豊成による奉献は、当該の大規模な和泉・紀伊行幸における行事の一つであり、桓武天皇と紀朝臣氏との血縁的結びつきにもとづいた私的関係によりおこなわれたものとみられている。[23] しかしながら前節でふれたように、紀直氏と紀朝臣氏がもとより族制的に近い関係にあったかどうかは明確でなく、むしろ紀直豊成による奉献は、すべての紀伊行幸に供奉する紀伊国造としての歴史的な位置づけに基因するものであったと考えられる。

玉津嶋において桓武天皇が発した詔は、「国風」を御覧するために行幸したところ、礒島も奇麗で、海瀲も清晏であるので心も穏やかになったとして、名草・海部二郡の百姓の今年の田租を免除し、国司・国造・郡司への賜位や御座所近辺の高齢者への賜物を命じたものである。田租の免除や賜物は称徳天皇の行幸時の詔とほぼ同様であり、このような国讃め的な詔は、奈良時代の天皇行幸においてつとに出されたものであると推定されている。[24]『日本後紀』延暦二十三年十月辛亥（十日）条には、和泉行幸における詔がみられ、その内容は玉津島で発せられたものとほぼ一致している。ただしそこでの賜位の対象は、「勤仕奉国郡司及一二能人等」とのみあり、「国造」については記されていない。和泉国にもとより国造が不在であったか、それともこの時に国造は供奉していなかった、あるいは供奉していても賜位にあずかれなかったかは明確でないが、これに対して紀伊行幸には必ず紀伊国造が供奉していたということは留意しておく必要がある。

紀伊国造は、また嘉祥二年（八四九）のつぎの記事にもみえる。

『続日本後紀』嘉祥二年閏十二月庚午（二十一日）条

（前略）先レ是、紀伊守従五位下伴宿禰龍男、与二国造紀宿禰高継一不レ悏。於レ是、不レ忍二怒意一、輙発レ兵捕二高継并党与人等一、仍可二勘申一状、官符下知已畢。（中略）又龍男所レ進之国符稱、国造紀宿禰高継犯罪之替、擬二補紀宿禰福雄一者。勅、国造者、非二国司解却之色一。而輙解二却之一、推二量意況一、稍渉二不臣一。宜下停二釐務一、任レ法勘奏上。（後略）

本記事は、紀伊守伴宿禰龍男による国造紀宿禰高継の解任事件を録したものであり、紀宿禰姓を有した国造の初出である。[25] この史料によると、龍男と高継の間に諍いが生じ、龍男が兵を発して高継とその与党を捕えたというものであり、さらに龍男は高継を解任して、その替わりに紀宿禰福雄なる人物を擬補しようと国符を発給したという。ところが結果は、龍男の意に反して、「国造者、非二国司解却之色一」として国造を国司が解くことは不臣の行為であるという勅裁が下り、龍男の所務は停止させられたことが述べられている。[26] このように紀伊国造は、平安時代以降も引きつづき任命されていたことがうかがえる。なお紀伊国造の任命に関しては、『類聚符宣抄』に天暦七年（九五三）の太政官符が収載されており、[27] また先述したように、『儀式』（『貞観儀式』）に朝廷での紀伊国造任命の儀式次第が載録されていることから、太政官によりなされていたことが裏づけられる。

以上、紀伊国造の任命は、八世紀前半から十世紀中頃までの律令制下を通して継続しておこなわれていたことが確認できる。

さて律令制下の紀伊国造に関する史料を通覧して気づくことは、その史料の大半が紀伊行幸にともなうものであるという点である。これに関しては、奈良時代の畿外への行幸そのものが稀有であったため、紀伊行幸の記事が漏らすことなく録されたとする見解がある。[28]確かに畿外である紀伊国への行幸は特記されうることであったといえるが、紀伊国造の存在について注目するならば、そのすべてに供奉していることは重視される。とくに神亀元年の聖武天皇の紀伊行幸において、紀直摩祖が紀伊国造に任命されていることは興味深い。これについては、篠川賢が指摘するように、[29]この時にたまたま前任者が死去ないし解任されるなどして国造の交替時期にあたっていたという偶然を想定するべきでなく、むしろ聖武天皇の紀伊行幸の供奉にともなう必然的な任命であったとみられる。

紀伊国造は、律令制下におけるすべての紀伊行幸にその存在が確認できることから、それに欠かせない重要な役割をもっていたといえるのではないだろうか。そこで次節では、律令制下の紀伊国造の役割を考察し、なぜ紀伊国造は代々継続して任命されたのか、その展開過程を跡づけて、大化以後における紀伊国造の歴史的位置を考察する。

三　紀伊国造と日前神宮・国懸神宮の祭祀

「はじめに」で述べたように、紀伊国造の由緒は、日前神宮と国懸神宮の祭祀にもとづいていた。日前神宮と国懸神宮は、現在同一境内にならんで祀られている神社である。両社は、中世以降には「両宮」や「日前宮」と総称されることがあり、古代の史料においても「日前国懸大神社」のように一括して記された例がある。[30]けれども『延喜式』神名帳の紀伊国名草郡の筆頭には「日前神社〈名神大、月次、相嘗、新嘗〉」、「国懸神社〈名神大、月次、相嘗、新嘗〉」（〈 〉内は細字双行）と分けて録されていることから、両社はそれぞれ奉幣にあずかる別個の名神大社であった。『新抄格勅符抄』巻第十・神事諸家封戸の「大同元年牒」によれば、「日前神」には本封五十六戸（新封五戸）、「国懸神」には本封六十戸（新封五戸）と別々に封戸が設けられており、両社は経済基盤を異にしていたことが知られる。

両社の祭神とその神体については、文化三年（一八〇六）に紀州藩が編纂した『紀伊続風土記』巻之十三・名草郡

第八・日前国懸両大神上に、つぎのように記されている。(31)

『紀伊続風土記』巻之十三・名草郡第八・日前国懸両大神上

当宮は伊勢　皇大御神と御同体にて天の下に類なき大御神にして、（中略）謹みて両大神宮の御霊実を考ふるに、天照大神天ノ石窟に幽居坐し、時、諸神思兼ノ神の議に従ひ、石凝姥ノ神をして天照大神の御象を図造らる。初度先日像之鏡及日矛の鏡を鋳る。（中略）其鏡少意に合はす。次度に又日像之鏡を鋳る。其鏡形美麗し。是所謂八咫ノ鏡にて伊勢皇大神宮の御霊実なり。初度に鋳たる日像之鏡は即日前大神宮の御霊実、日矛の鏡は即国懸大神宮の御霊実なり。天孫天降り給ひし時、天神三鏡及種々の神宝を授け給ふ。皇孫尊日向国高千穂ノ峰に天降り坐し、日前国懸の両御霊を斎鏡斎矛として八咫鏡と共に床を同しくし殿を共にして斎き祠らしめ給ふ。

この言説は、天岩戸神話（後掲）をもとにしたものである。すなわち日前神宮と国懸神宮は伊勢神宮に祀られる皇祖神アマテラスと「同体」であり、アマテラスが「天ノ石窟」に籠った時に、オモヒカネの議に従ってイシコリドメがアマテラスの像を図造したといい、そしてはじめに鋳た「日像之鏡」が日前神宮の霊実、「日矛の鏡」が国懸神宮の霊実となり、つぎに鋳た美麗な鏡が伊勢神宮の霊実である八咫鏡となったと述べられている。(32)

これまでの研究においては、紀伊国造が代々祭祀してきた日前神宮と国懸神宮は、古代において神階授与がなく、アマテラスを祀る伊勢神宮についで「准皇祖神」というべき特別な位置づけが王権によりなされた神社であり、その祭祀と紀伊国造の発展とは軌を一にしたと考えられてきた。(33)ゆえに日前神宮・国懸神宮の祭祀を考察することは、紀伊国造の変遷を跡づけることに通じる。しかしながらそもそもなぜ紀伊国造が日前神宮と国懸神宮を祭祀するのか、また、それにはどのような背景があったのかについては、いまだ判然としていない。本節では、紀伊国造の役割と歴史的位置を考えるにあたって、紀伊国造による祭祀と王権との関係を考察する。

まず日前神宮の祭祀について検討する。日前神宮は『日本書紀』神代上・第七段（宝鏡開始章）の天岩戸神話に、その起源伝承が記されている。『日本書紀』神代上・第七段には、本文とともに一書という異伝が三種収載されており、日前神宮の祭神に関しては一書第一につぎのようにある。

『日本書紀』神代上・第七段一書第一

（前略）故天照大神謂二素戔鳴尊一曰、汝猶有二黒心一。不レ欲二与レ汝相見一、乃入二于天石窟一、而閉二著磐戸一焉。於レ是、天下恒闇、無二復昼夜之殊一。故会二八十万神於天高市一而問之。時有二高皇産霊之息思兼神者一。有二思慮之智一。乃思而白曰、宜下図二造彼神之象一、而奉中招禱上也。故即以二石凝姥一為二治工一、採二天香山之金一、以作二日矛一。又全二剥真名鹿之皮一、以作二天羽鞴一。用レ此奉レ造之神、是即紀伊国所坐日前神也。（後略）

ここでは、乱暴を働いたスサノヲと対面することを嫌ったアマテラスが、天石窟に入り磐戸を閉じたため、天の下は常に闇となり、昼夜の別がなくなってしまったとある。そこで八十万神が天高市において会議したところ、タカミムスヒの子のオモヒカネが「図二造彼神之象一」して招きだすことを発案した。それに従ってイシコリドメを治工とし、天香山の金を採って「日矛」を、また真名鹿の皮を剥いで「天羽鞴」を作らせた。そしてこれらを用いて創造された神が、紀伊国に座す日前神であると記されている。すなわち一書第一では、日前神はアマテラスの形象をうつして創造された神であると伝えられている。

これに対して『古事記』神代や『日本書紀』神代上・第七段本文およびその他の一書には、紀伊と関連する神名はみられない。『古事記』ではイシコリドメは鏡を作るものとしてみえ、その鏡は天香山の真賢木に懸けられた八咫鏡であったことが語られている。『日本書紀』神代上・第七段の本文ではそもそもイシコリドメは登場せず、八咫鏡のことのみが記されている。一書第二では、天香山の真坂樹に懸けられた鏡は鏡作部の遠祖アメノヌカトが鋳造したものであり、「於レ是、日神方開二磐戸一而出焉。是時、以レ鏡入二其石窟一者、觸レ戸小瑕。其瑕於レ今猶存。此即伊勢崇秘之大神也。」としている。すなわち岩戸を開いて日神を出すために鏡を石窟のなかに入れた際に、戸に触れて小さな瑕が生じたとあり、この瑕のある鏡が伊勢に祀られる神であるということが述べられている。一書第三では、鏡作の遠祖アメノヌカトの児のイシコリトベが八咫鏡を作ったと記されている。このように一書第一以外の諸伝では、天皇のレガリアである八咫鏡が伝承の軸であり、イシコリドメ（イシコリトベ）はそれを造るものとして登場しているのである。

他の記述と比べると、一書第一は、日前神宮の祭神の起源を語っている点が特徴的である。[34]『日本書紀』神代の一書とは、もとよりその異伝として採録されたものであるにすぎず、近年の研究では一書は先行する記事と重なる伝承を省略したとみられている。[35]このことを踏まえると、『日本書紀』の天岩戸神話においては日前神がアマテラスと関わる神であると確かめることができるが、『紀伊続風土記』が言及するような「日像之鏡」を神体とし、アマテラスと「同体」であるとまでは示されていないのである。

ところが、平安時代初期に成立した『古語拾遺』は、天岩戸神話をつぎのように記している。

『古語拾遺』

（前略）仍、令下石凝姥神〈天糠戸命之子、作鏡遠祖也〉、取二天香山銅一、以鋳中日像之鏡上。（中略）於レ是、従二思兼神議一、令三石凝姥神、鋳二日像之鏡一。初度所レ鋳、少不レ合レ意〈是、紀伊国日前神也〉。次度所レ鋳、其状美麗〈是、伊勢大神也〉。（後略）

すなわち、アマテラスの岩戸隠れに際して、オモヒカネの議に従ってイシコリドメに「日像之鏡」を鋳造させたところ、最初に鋳た鏡はいささか意に合わず、これは紀伊国の日前神となり、つぎに鋳造した鏡は美麗で伊勢大神となったと述べられている。ここでは、日前神の神体は伊勢大神と同様にアマテラスを形象した鏡であったとされているのである。

　この言説は『日本書紀』神代上・第七段にみえる一書第一と一書第二の所伝をつなぎあわせて改作したものであることがすでに指摘されている。[36]つまり『古語拾遺』に収載された言説は忌部氏が語り伝えてきたものであるとされるが、[37]忌部氏による『日本書紀』の神話の再解釈にもとづいた新たな天岩戸神話であるといえる。[38]おそらく『古語拾遺』においては、「天照大神者、惟祖惟宗、尊無二。因、自余諸神者、乃子乃臣、孰能敢抗。」というアマテラスを唯一の皇祖神とする考えのもとで、『日本書紀』神代上・第七段本文と三種の一書を整合的に解釈するために、日前神もまた鏡を神体とするという言説を創出したものと考えられる。そして時代が下ると、『釈日本紀』巻第七・述義三に引用される「私記」の問答に「又問、奉レ称二日前神一、其義如何。答、師説云、前度所レ鋳日像之鏡也。故有二日前宮之号一耳。」とみえるように、[39]「日像之鏡」という意匠を介することで日前神はアマテラスと「同体」であるという言説が派生したと考えられる。すなわち『古語拾遺』の言説は『日本書紀』の神話より発展的であり、それは『日本書紀』の編纂より遡るとはみなせない。日前神は『日本書紀』の天岩戸神話においてアマテラスと関わる神であり、権威ある神として早くから祀られていたとみられるが、アマテラスと「同体」であるという位置づけがなされたのは『古語拾遺』以降であり、ゆえに同神は『日本書紀』の編纂段階から「准皇祖神」であったとは考えにくいのである。[40]

　ところでいまみてきたように、日前神宮の起源については『日本書紀』神代上に記されるが、国懸神宮については明確でない。国懸神宮はつぎの記事が国史上の初見である。

　『日本書紀』天武天皇朱鳥元年（六八六）七月癸卯（五日）条

　奉下幣於居二紀伊国一々懸神・飛鳥四社・住吉大神上。

ここでは、飛鳥四社と住吉大神とともに「居二紀伊国一々懸神」に奉幣したことが記されている。当該月には、天武天皇の病気平癒を祈願するために僧に悔過を修させ、諸国で大解除をおこなわせており、この奉幣も一連の所為であると位置づけられる。七世紀末頃には国懸神宮に対する王権の崇敬が高まっていたことが分かる。

ところがこれ以降の奉幣について、『日本書紀』持統天皇六年（六九二）五月庚寅（二十六日）条には、「遣二使者一、奉二幣于四所、伊勢・大倭・住吉・紀伊大神一。告以二新宮一。」と記されている。ここでは、「国懸神」ではなく「紀伊大神」という神名が伊勢・大倭・住吉とならんでみえ、これらに「新宮」（藤原宮）の造営の報告がなされたことが知られる。さらに、『日本書紀』持統天皇六年十二月甲申（二十四日）条には「遣二大夫等一、奉二新羅調於五社、伊勢・住吉・紀伊・大倭・菟名足一。」とあり、伊勢・住吉・紀伊・大倭・菟名足の五社に新羅の貢進物が奉られたことが述べられている。これらの記事はともに王権の大事に関わる内容であり、奉幣は「紀伊大神」が王権を支えることを期待しておこなわれたものと考えられる。

この「紀伊大神」が何を指すのかさまざまな解釈が呈されているが、その比定については、後の史料ではあるが、天徳四年（九六〇）の内裏焼亡事件の記事が参考になる。つぎの史料には、その大火の際に「恐所」（内侍所）から三面の鏡が発見され、当時それらは「伊勢太神」および「紀伊国日前・国懸」の神体であるとみなす言説があったことが記されている。

『小右記』寛弘二年（一〇〇五）十一月十七日条所引「故殿御日記[41]」

（前略）故殿御日記云、恐所雖レ在二火灰燼之中一、曾不二焼損一云々〈鏡三面申二伊勢太神・紀伊国日前・国懸一云々〉、如レ件説似二三面一。

またつぎの『日本紀略』によると、それらの鏡は「賢所（威所）三所」とも称されていたようで、猛火にあっても無傷であった鏡は「伊勢御神」の神体であり、対して損傷した鏡は「紀伊国御神」の神体であるとみなされていたことが分かる。[42]

『日本紀略』天徳四年十月三日条
縫殿大允藤文紀参申云。去月廿四日、依二宣旨一御二坐内裏一賢所三所、奉レ遷二縫殿寮一之間、内記奉レ納威所三所。一所鏡、件鏡雖レ在二猛火上一而不二涌損一。即云、伊勢御神云々。一所真形、無二破損一、長六寸許。一所鏡、已涌乱破損。紀伊国御神云々。（後略）

すなわち両史料を照らし合わせるならば、「紀伊国日前・国懸」神と「紀伊国御神」とは同じものを指していると解釈できる。このことを念頭におくと、『日本書紀』の「紀伊大神」についても、紀伊という地域名を冠していることから、それは日前神宮ないし国懸神宮のいずれか一社を表わしたものではなく、両社を総じた名称であったと位置づけることができる。先述したように、日前神宮と国懸神宮はそれぞれ奉幣にあずかる紀伊国の名神大社であった。日前神宮・国懸神宮への奉幣に関しては、つぎの史料があげられる。

『日本文徳天皇実録』嘉祥三年（八五〇）十月甲子（二十日）条
遣二左馬助従五位下紀朝臣貞守一、向二紀伊国日前国懸大神社一。策命曰、天皇我詔旨止、掛畏大神等乃広前尓申給倍止申久、先先尓神財奉レ進牟止祈申賜比支。故是以、種種乃神財乎潔備天令二捧持一天奉出須。此状乎聞食天、天皇朝庭乎常磐尓堅磐尓護幸奉賜比、天下平安尓矜賜比助賜倍止、恐見恐見毛申給波久止申。（後略）

ここに「天皇朝庭乎常磐尓堅磐尓護幸奉賜比、天下平安尓矜賜比助賜倍止」とあるように、両社は王権を支える神として深い崇敬をうけていたことが分かる。『日本書紀』天武天皇五年（六七六）十月丁酉（三日）条に「祭二幣帛於相新嘗諸神祇一。」という相嘗祭の初見記事があることから、両社はこの頃にすでに成立していたと考えられる。[43]

以上のように、天武期から国懸神宮への崇敬が高まり、持統期には、「紀伊大神」すなわち日前神宮と国懸神宮が伊勢や大倭、住吉とならんで王権を支える神として認められたといえる。紀伊国造が日前神宮を祭祀するようになった経緯については諸説あるが、国懸神の初見である朱鳥元年（六八六）と、「紀伊大神」の名を記す持統天皇六年（六九二）との狭間である持統天皇四年に天皇が紀伊へ行幸していることは注目される。[44]『日本書紀』の編纂時期を考慮するならば、この頃に日前神は天岩戸神話においてアマテラスと関わる神とされたと考えられる。そして国懸神とともに「紀伊大神」と総称され、さらには紀伊国造によって祭祀されるようになったとみなされる。

おわりに―中世への展開―

本稿では紀伊国造の歴史的位置について考察してその展開過程を跡づけ、紀伊国造と古代王権の関わりを論じた。大化以前より紀伊地域の支配を担っていた紀伊国造である紀直氏は、王権を支える日前神宮・国懸神宮を祭祀することによって王権とのつながりを強め、両社が座す神郡の名草郡を基盤として名草郡司を務めて政治的にその地位を保ちつづけたのである。[45]

紀伊国造は、平安時代以降、出雲国造や安房国造とともに禰宜・祝・神主と同じ神職として扱われて存続したことが知られている。[46]森公章は、全国の国造は平安時代初期に神事に仕えるようになったと推察している。[47]紀直氏に関していうならば、この頃から郡司よりも国造に軸足を置くようになり、日前神宮・国懸神宮の祭祀にのみあずかるようになったと考えられる。

菅原孝標女の日記『更級日記』には、長元五年～九年（一〇三二～一〇三六）頃のこととして「物はかなき心にも、つねに、「天照御神を念じ申せ」といふ人あり。「いづこにおはします神、仏にかは」など、さはいへど、やう〳〵思ひわかれて、人にとへば、「神におはします。伊勢におはします。紀伊の国に、紀の国造と申すは、この御神也。さては内侍所に、すくう神となむおはします。」といふ。」と記されている(48)。これによれば、アマテラスが伊勢とともに紀伊にも鎮座していると伝えられていたことが知られるが、これは、本稿でみてきた『古語拾遺』や「賢所」（内侍所）の鏡の言説が流布したものであろう。注目すべきは、紀伊国造がその「御神」を祀っているという言い伝えにみえるように、平安時代中期には紀伊国造はまさに神職として認知されていたことである。

日前神宮と国懸神宮は、平安時代中後期に隆盛をみる一代一度の大神宝使において、伊勢神宮や宇佐神宮などとならんで特別の奉幣にあずかる神社であると位置づけられ(49)、そして紀伊国の一宮という中世的な姿へと展開した(50)。一方、中世以降、紀伊国造はその地位を「国造職」という形で継承し、「惣官」ともよばれて日前神宮・国懸神宮全体を管理統括する立場へと移行していったのである(51)。

注

（1）「国造本紀」序文においても「以㆓天道根命㆒為㆓紀伊国造㆒。」と記されている。なお本稿では、史料の引用を除き、神名を片仮名で表記する。史料の引用に用いた典拠の刊本は、『古事記』『日本書紀』は日本古典文学大系、『続日本紀』は新日本古典文学大系、『日本後紀』『続日本後紀』『日本文徳天皇実録』『日本紀略』『令集解』『新抄格勅符抄』『類聚符宣抄』は新訂増補国史大系、『先代旧事本紀』『新撰姓氏録』『釈日本紀』『北山抄』は神道大系である。以外はそれぞれ注に記した。

（2）貞観十六年（八七四）成立。翻刻と書誌は、寺西貞弘「「紀伊国造次第」について」（『紀氏の研究―紀伊国造と古代国家の展開―』雄山閣、二〇一三年、初出二〇〇三年）による。本史料は紀伊国造家に伝来したもので、初代のアメノミチネから歴代の紀伊国造の名が記されている。史料的価値については、薗田香融「岩橋千塚と紀国造」（『日本古代の貴族と地方豪族』塙書房、一九九一年、初出一九六七年）、鈴木正信「紀伊国造の系譜とその諸本」（『日本古代氏族系譜の基礎的研究』東京堂出版、二〇一二年、初出二〇〇八年)、同「『紀伊国造次第』の成立とその背景」(『日本古代氏族系譜の基礎的研究』前掲、初出二〇一一年)を参照のこと。

(3) アメノミチネの名は、『先代旧事本紀』巻第三「天神本紀」に、天孫降臨に従った三十二神のうちの一神としてみえる。鈴木正信は、アメノミチネは紀伊国造のもとよりの始祖でなく、七世紀末頃から八世紀前半に日前神宮・国懸神宮の神威が高まったことにあわせて、紀伊国造の系譜に架上された神名であると論じている。鈴木正信「紀伊国造の成立と展開」(『日本古代氏族系譜の基礎的研究』前掲、初出二〇一一年)。なお紀直氏は、『新撰姓氏録』によると、カミムスヒの五世孫のアメノミチネ、ないしその子のミケモチを祖とする神別氏族である。

(4) 薗田注(2)前掲論文、同「古代海上交通と紀伊の水軍」(『日本古代の貴族と地方豪族』前掲、初出一九七〇年)。

(5)『儀式』(『貞観儀式』)巻第十「太政官曹司庁任二紀伊国造一儀」。

(6) 律令制下の国造についての研究史は、篠川賢「律令制下の国造」(『日本古代国造制の研究』吉川弘文館、一九九六年、初出一九八五年)、拙稿「国造制研究の現状と課題」(篠川賢・大川原竜一・鈴木正信編『国造制の研究—史料編・論考編—』八木書店、二〇一三年)を参照のこと。

(7)「妃伊香色謎命生二彦太忍信命一。(中略)彦太忍信命、是武内宿禰之祖父也。」

(8) 武内宿禰の伝承とその後裔氏族については、日野昭「後裔氏族の伝承」(『日本古代氏族伝承の研究』永田文昌堂、一九七一年、初出一九五九年)、直木孝次郎「武内宿禰伝説に関する一考察」(『飛鳥奈良時代の研究』塙書房、一九七五年、初出一九六四年)、岸俊男「たまきはる内の朝臣—建内宿禰伝承成立試論—」(『日本古代政治史研究』塙書房、一九六六年、初出一九六四年)などの研究がある。『日本書紀』『古事記』における武内宿禰の母方の出自について、岡田精司は潤色以前の古い形を留めているとみなしており、また塚口義信は、紀直氏によって伝えられた古くから存在した伝承であると指摘している。岡田精司「河内大王家の成立」(『古代王権の祭祀と神話』塙書房、一九七〇年、初出一九六八年)、塚口義信「武内宿禰伝説の形成—伝承荷担者の問題を中心として—」(『神功皇后伝説の研究—日本古代氏族伝承研究序説—』創元社、一九八〇年、初出一九七一・一九七九年)。これらに対して和田萃は、その伝承が果たして古いものであったか疑問を呈している。和田萃「紀路と曽我川—建内宿祢後裔同族系譜の成立基盤—」(亀田隆之編『古代の地方

史　第3巻　畿内編』朝倉書房、一九七九年）。

（9）大化以前の紀朝臣氏に関する研究は、岸俊男「大和朝廷の外征と紀氏同族」（歴史教育研究会編『歴史教育』一〇－四、日本書院、一九六二年）、同「紀氏に関する一試考」（『日本古代政治史研究』前掲、初出一九六二年）、戸田秀典「平群氏と紀氏」（橿原考古学研究所編『橿原考古学研究所論集』第七、吉川弘文館、一九八四年）、栄原永遠男a「紀朝臣と紀伊国」（『紀伊古代史研究』思文閣出版、二〇〇四年、初出一九八五年）、同b「紀氏再考」（『紀伊古代史研究』前掲、初出一九八八年）、同c「紀氏と倭王権」（『紀伊古代史研究』前掲）、中村修也「紀氏の性格に関する一考察―朝鮮出兵伝承の保有をめぐって―」（『地方史研究』三七－六（二一〇）、地方史研究協議会、一九八七年）、柏原茂樹「紀臣氏の出自と性格―国内伝承・記載を中心として―」（『龍谷史壇』九三・九四、龍谷大学史学会、一九八九年）、越原良忠「二つの紀氏―紀臣と紀直―」（『和歌山地方史研究』二七、和歌山地方史研究会、一九九四年）、寺西貞弘「畿内政権と紀伊国造―紀直氏と紀朝臣氏―」（『紀氏の研究―紀伊国造と古代国家の展開―』前掲、初出二〇一一年）などがある。

（10）紀朝臣氏のカバネはもともと「臣」であり、『日本書紀』天武天皇十三年（六八四）十一月戊申朔条に朝臣姓を賜ったという記事がある。

（11）ただし紀直氏と紀朝臣氏の直接的なつながりを記した史料は見受けられず、両氏がもとより族制的に近い関係にあったかどうかは明確でない。大化以前の紀伊地域の在地勢力については、のちに中央に進出して紀朝臣氏となる紀ノ川下流部北岸から西岸にかけての勢力と、紀直氏になる下流部南岸の平野部の勢力、中流域の勢力および加太から海南市にかけての沿海部の勢力などが中心であり、五世紀以前にはそれらが一つの族的集団を形成していたとみる研究がある。栄原注（9）c前掲論文、同「岩橋千塚と紀直」（『和歌山地方史研究』六六、和歌山地方史研究会、二〇一四年）。この説に対して最近加藤謙吉は、集団内における主導権の問題について批判を呈している。加藤謙吉「古代対外交渉と紀ノ川の水運―紀路・紀ノ川周辺域の豪族層の交流とその活動形態」（加藤謙吉・佐藤信・倉本一宏編『日本古代の地域と交流』臨川書店、二〇一六年）。なお和泉南部の淡輪地域やその他の地域における紀氏勢力については、下記の論文による考察がある。藤間生大「古代豪族の一考察―和泉における紀氏・茅渟県主・大鳥氏の対立を例として―」（民主主義科学者協会歴史部会編『歴史評論』八六、至誠堂、一九五七年）、薗田注（2）前掲論文、中村注（9）前掲論文、栄原永遠

男「和泉南部地域と紀伊」(『紀伊古代史研究』前掲、初出二〇〇一年)。

(12) 和田注(8)前掲論文。

(13) 古代の紀ノ川の流路は、現代と異なって和歌山市のやや北よりを西流して、狐島付近で沿岸部の砂堆にはばまれて大きく弧を描いたのち南流し、和歌浦付近で紀伊水道に流れ出ていたとされる。日下雅義「紀ノ川下流域平野の開発に関する基礎的研究」(『人文地理』一六-四(八八)、人文地理学会、一九六四年)、同「紀ノ川の河道と海岸線の変化」(『歴史時代の地形環境』古今書院、一九八〇年)。

(14) 薗田注(2)前掲論文。

(15) 岸注(8)前掲論文、薗田注(2)前掲論文、栄原永遠男「鳴滝倉庫群と倭王権」(『紀伊古代史研究』前掲、初出一九九四年)、同注(9)c前掲論文。

(16) 『日本書紀』『古事記』における対外交渉の記事には、「紀宿禰」と称される人物や紀臣氏に関わる人物が多くみられる。栄原永遠男は、それらは紀朝臣氏の家伝が編纂の史料として利用されたためで、「紀氏集団」に関する記憶にもとづくものであると考察している。栄原注(9)b前掲論文。

(17) 国造制は六世紀前半に王権の全国的な地域支配の体制として成立した。拙稿「国造制の成立とその歴史的背景」(『駿台史学』一三七、駿台史学会、二〇〇九年)。大化以前において王権の支配がおよんだ地域にはミヤケが置かれ、国造はミヤケの経営を担い、それを通じて王権へ奉仕する仕組みであったと考えられる。ミヤケの設置を通じて地域の首長と王権との間に取収関係が形作られ、首長はミヤケの経営と王権への奉仕を命じられる代わりに地域の支配を王権から承認されることで、国造に任ぜられたといえる。紀伊地域のミヤケとしては、『日本書紀』安閑天皇二年(五三五)五月甲寅条に「経湍屯倉」と「河辺屯倉」の名がみえ、また『日本書紀』欽明天皇十七年(五五六)十月条には紀伊に「海部屯倉」を置いたと記されている。経湍ミヤケと河辺ミヤケは、紀伊—和泉間の交通路と紀ノ川という水陸交通の要衝に設定されたものとみなされている。紀伊においては、ミヤケの設定と国造の任命にともなって、紀路・紀ノ川の交通が王権に接収されたと想定できる。

(18) 『続日本紀』神亀元年十月辛卯(五日)条に「天皇幸二紀伊国一。」とある。還御については、『続日本紀』神亀元年十月己酉（二十三日）条に「車駕至レ自二紀伊国一。」と記されている。

（19）『令集解』巻第十六・選叙令・同司主典条所引令釈「釈云、養老七年十一月十六日太政官処分、伊勢国渡相郡・竹郡・安房国安房郡・出雲国意宇郡・筑前国宗形郡・常陸国鹿嶋郡・下総国香取郡・紀伊国名草郡、合八神郡、聴レ連二任三等以上親一也。」

（20）『続日本紀』天平神護元年十月辛未（十三日）条「行二幸紀伊国一。（中略）是日、到二大和国高市郡小治田宮一。」、同月丙子（十八日）条「進到二玉津嶋一。」

（21）『続日本紀』天平神護元年十月丁丑（十九日）条「御二南浜望レ海楼一。奏二雅楽及雑伎一。権置二市廛一、令三陪従及当国百姓等任為二交関一。」

（22）『日本後紀』延暦二十三年八月己酉（七日）条「定二和泉・摂津両国行宮地一、以将レ幸二和泉・紀伊二国一也。」、同月戊辰（二十六日）条「天皇以二来冬可レ幸二和泉国一。」

（23）目崎徳衛「平安時代初期における奉献―貴族文化成立論の一視角として―」（『平安文化史論』桜楓社、一九六八年、初出一九六五年）。

（24）鈴木景二「日本古代の行幸」（『ヒストリア』一二五、大阪歴史学会、一九八九年）。

（25）『続日本後紀』承和二年（八三五）三月癸丑（八日）条には、紀直継成等十三人が紀宿禰姓を賜ったという記事がみえることから、この頃より紀直氏の系譜を引く紀宿禰氏が紀伊国造に就いていたといえる。本事件についての考察は、亀田隆之「九世紀地方政治の一考察―伴竜男の考察を通して―」（井上薫教授退官記念会編『日本古代の国家と宗教』下巻、吉川弘文館、一九八〇年）に詳しい。

（26）この龍男と高継の事件をもとに、国造勢力の存在は国司の政治の貫徹をさまたげていたとみる説がある。薗田注（2）前掲論文。しかしながら龍男と高継の諍いの原因は明確でなく、また、龍男が同じ紀宿禰姓の人物を代替の国造に擬補しようとしたことを鑑みると、国造勢力と国司の間に摩擦があったとは考えにくい。史料に「国造者、非二国司解却之色一」と勅されたとあるように、むしろ国造は国司の政治に対して超然としていたものと考えられる。

（27）『類聚符宣抄』巻第一・諸神宮司補任事・天暦七年十二月二十八日太政官符

太政官符式部省

正六位上紀宿禰奉世

右、中納言従三位兼行民部卿藤原朝臣在衡宣。奉レ勅、件人宜レ補二紀伊国国造外従五位下紀宿禰有守依レ病辞退之替一者。

省宜二承知依レ宣行一レ之。符到奉行。

位右少弁　　　　左大史位

天暦七年十二月廿八日

なお『洞院家記』巻第十「補二諸社禰宜・祝等一事」に、「安房国造、出雲国造、紀伊国造、已上、三国造、依二奉勅官符一補。」と記す延長三年（九二五）十月九日の例が載せられている（『大日本史料』第一編之五、七五四頁）。

（28）寺西貞弘「奈良時代の国造」（『紀氏の研究―紀伊国造と古代国家の展開―』前掲、初出二〇一一年）。

（29）篠川賢「律令制下の紀伊国造」（『日本常民文化紀要』二一、成城大学大学院文学研究科、二〇〇〇年）。

（30）『日本文徳天皇実録』嘉祥三年（八五〇）十月甲子（二十日）条。

（31）二井田好古編『紀伊続風土記 一』（歴史図書社、一九七〇年）。

（32）『釈日本紀』巻第七・述義三所引「大倭本紀」に、「一書曰、天皇之始天降来之時、共副二護斎鏡三面、子鈴一合一也。注曰、一鏡者、天照大神之御霊、名天懸神也。一鏡者、天照大神之前御霊、名国懸大神。今紀伊国名草宮、崇敬解祭大神也。」とあり、中世になると、「国懸大神」はアマテラスの「前御霊」であるとする言説がみえるようになる。『釈日本紀』は十三世紀後半に卜部兼方が著した『日本書紀』を対象とした注釈書である。藤原孝範（保元三年〔一一五八〕～天福元年〔一二三三〕）が編んだ故事集『明文抄』一・帝道部上（『続群書類従』第三十輯下・雑部所収）に、「日本紀」（『日本書紀』のことか。しかし同書には該当する文章は存在しない。）よりの引用としてほぼ同一の文章が載せられていることから、「大倭本紀」の言説は鎌倉時代初期までには成立していたとみられる。

（33）日前神宮・国懸神宮の祭神の原初的な神格については、農耕神や太陽神、樹木神、航海神などというさまざまな説が提示されている。薗田注（2）前掲論文、真弓常忠「日前・國懸神宮と紀国造」（きのくに古代史研究会編『覆刻・日前神宮國懸神宮本紀大畧　別冊「ひのくま」』日前・國懸両神宮社務所、一九八四年）、中村修也「大宝二年紀伊国伊太祁曾神社分遷記事について」（井上辰雄編『古代中世の政治と地域社会―筑波大学創立十周年記念日本史論集―』雄山閣出版、一九八六年）、松前健「日前・国懸神宮の祭神と古代宮廷」（『松前健著作集　第3巻　神話とその伝承』おうふう、一九九七年、初出一九八九年）、鈴木正信「紀伊国造と日前宮鎮座伝承」（『日本古代氏族系譜の基礎的研究』前掲、初出二〇〇七年）、寺西貞弘「古代日前宮の祭祀」（『紀氏の研究―紀伊国造と古代国家の展開―』前掲）。なお薗田は、日前神宮と国懸神宮の号について、もとは「日前に坐す国懸神社」とよばれる一社二座であり、その後、「准皇祖神」としての神格を付与され二社各一座に変化したときに「日前」の地名と「国懸」の神号に分割され、それぞれの号として継承されたものとみなしたが、しかしそれを明らかにする史料はない。また中村修也は、『先代旧事本紀』巻第四「地祇本紀」に「次五十猛神〈亦云二大屋彦神一〉、次大屋姫神、次抓津姫神、已上三柱、並坐二紀伊国一。則紀伊国造齋祠神也。」とみえることから、紀伊国造の祭祀する神は本来、五十猛神を中心とする伊太祁曾三神であったが、のちに「日前神」にかわったと考えた。しかしながら紀伊国造は天神の後裔であり、それとは系統を異にする地祇の五十猛神が本来の祭祀神であったとは考えにくい。五十猛神の位置づけについては、天神の後裔である出雲国造が、王権のために地祇のオホナムチを祭祀する例も参照しつつ再検討する必要がある。

（34）薗田注（2）前掲論文や井上辰雄「忌部の研究」（『古代王権と宗教的部民』柏書房、一九八〇年）は、この伝承が記載された背景に、紀伊の忌部の関与を想定している。川上順子「初代斎王豊鉏入日売命」（『古事記と女性祭祀伝承』高科書店、一九九五年）は、中央の紀氏が紀伊国造の有する伝承を反映させたものとみなしている。

（35）三宅和朗「天岩戸神話」（『記紀神話の成立』吉川弘文館、一九八四年、初出一九七九年）。

（36）津田左右吉「古語拾遺の研究」（『津田左右吉全集　第二集　日本古典の研究　下』岩波書店、一九六三年、初出一九一九年）。

（37）『古語拾遺』は、大同二年（八〇七）に斎部（忌部）氏の斎部広成が平城天皇の召問に対して上聞する形で記した書であり、宮廷祭祀を担う斎部氏の職掌について、国史から漏れたその由来を拾い集めて書き留めたという体裁になっている。本史料の引用は、沖森卓也・佐藤信・矢嶋泉編著『古代氏文集　住吉大社神代記・古語拾遺・新撰亀相記・高橋氏文・秦氏本系帳』（山川出版社、二〇一二年）による。

(38) 神野志隆光は、『古語拾遺』は『日本書紀』を「再神話化」したものであり、さらに十世紀初めに成立した『先代旧事本紀』はそれらの全面的な作り直しであると評価している。神野志隆光「古代天皇神話の完成」(東京大学国語国文学会編『国語と国文学』七三-一一(八七五)、至文堂、一九九六年)。

(39) 『釈日本紀』に引用されている「私記」については、延喜四年~六年(九〇四~九〇六)の日本紀講書に尚復として参加した矢田部公望が、父の矢田部名実(元慶の日本紀講書の尚復)の残した「元慶私記」に自説をくわえたものであり、また、そこに引かれる「師説」は、元慶二年~五年(八七八~八八一)の日本紀講書の博士・善淵愛成の説であるとみられている。太田晶二郎「上代に於ける日本書紀講究」(『太田晶二郎著作集 第三冊』吉川弘文館、一九九二年、初出一九三九年)、神野志隆光「『釈日本紀』の「私記」」(『変奏される日本書紀』東京大学出版会、二〇〇九年、初出二〇〇六年)、鈴木豊「延喜『公望私記』の構造―引用形式と表記を中心に―」(『論集』三、アクセント史資料研究会、二〇〇七年)。

(40) 日前神宮と伊勢神宮が鏡を神体とする言説は『先代旧事本紀』など後世の史料にもみえ、『紀伊続風土記』の内容もその延長線上に位置づけられる。また『紀伊続風土記』などには、皇祖神の霊実とされる鏡が豊鍬入姫命によって奉ぜられて、広く各地を遷幸したのちに伊勢に鎮祭されたという言説がみられる。これは、薗田香融が説くように、後世になって発展・付加されたものであるといえる。薗田香融「神社とその祭祀」(和歌山県史編さん委員会編『和歌山県史 原始・古代』和歌山県、一九九四年)。紀伊の名草浜宮に遷幸したとする伝承についても、鎌倉時代に成立した『倭姫命世記』や、『釈日本紀』巻第七・述義三所引「大同元年太神宮本紀」などの中世以降の史料のみにみえることから、後世の産物であり、それら以前には遡りえないと考えられる。

(41) 史料の引用は、東京大学史料編纂所編『大日本古記録 小右記』二(岩波書店、一九六一年)による。「故殿御日記」は小野宮流の祖藤原実頼(昌泰三年〔九〇〇〕~天禄元年〔九七〇〕)の日記『清慎公記』(『水心記』)のこと。梅村恵子「清慎公記」(山中裕編『古記録と日記』上巻、思文閣出版、一九九三年)参照。

(42) 松前注(33)前掲論文、斎藤英喜「わが念じ申す天照御神―『更級日記』のスピリチュアリティ」(斎藤英喜編『アマテラス神話の変身譜』森話社、一九九六年)、同「アマテラスをめぐる「祭祀」と「祈り」」(水口幹記編『古代東アジアの「祈り」―宗教・習俗・占術』森話社、二〇一四年)。

(43) 相嘗祭は、神祇官によって執りおこなわれた四時祭の一つで、新嘗祭に先立って、十一月の上卯の日に、畿内および紀伊の特定の神社が幣帛を奉ぜられる祭儀である。『令集解』巻第七・神祇令仲冬条によると、大宝令の注釈書である古記が成立した八世紀中頃の段階において、相嘗祭での紀伊国の奉幣社としては日前・国懸・伊太祁曾・鳴の名があげられている。相嘗祭の性格については、菊地照夫「律令国家と相嘗祭―幣物の性格をてがかりに―」(虎尾俊哉編『律令国家の政務と儀礼』吉川弘文館、一九九五年)を参照。

(44) 『日本書紀』持統天皇四年(六九〇)九月乙酉(十一日)条に「詔曰、朕将レ巡二行紀伊一之。故勿レ収二今年京師田租口賦一。」、また同月丁亥(十三日)条に「天皇幸二紀伊一。」とある。還御については同月戊戌(二十四日)条に「天皇、至レ自二紀伊一。」とある。

(45) 神郡の存在は持統天皇六年(六九二)にすでにうかがえる。『日本書紀』持統天皇六年三月壬午(十七日)条「賜二所レ過神郡、及伊賀・伊勢・志摩国造等冠位一。」、同年閏五月丁未(十三日)条「伊勢大神奏二天皇一曰、免二伊勢国今年調役一。然応レ輸二其二神郡一、赤引絲参拾伍斤、於二来年一、当レ折二其代一。」

(46) 林陸朗「上代神職制度の一考察」(『神道学』二九、神道学会、一九六一年)。『北山抄』巻第七・都省雑例・申大中納言雑事に「補二諸社禰宜・祝一事〈続二前任符案・傍例一。(中略)安房・出雲・紀伊国造、奉レ勅〉。」とある。また、神事を担う紀伊国造がみえる史料としては、寛平六年(八九四)六月一日太政官符がある(『類聚三代格』巻第八・調庸事)。ここでは、紀伊国では神戸に比して官戸の課丁が少ないので、神戸・官戸の区別なく同率で課税したいが、禰宜や祝とともに国造が神祇にかこつけて応じないため改められないことを紀伊国司が朝廷へ訴えている。

(47) 森公章「律令制下の国造に関する初歩的考察―律令国家の国造対策を中心として―」(『古代郡司制度の研究』吉川弘文館、二〇〇〇年、初出一九八七年)。

(48) 『更級日記』の引用は、長谷川政春ほか校注『新日本古典文学大系　土佐日記　蜻蛉日記　紫式部日記　更級日記』(岩波書店、一九八九年)による。なお本文では紀伊国造が「御神」であるかのようになっているが、その注釈(吉岡曠校注)で説かれるように、ここでは「紀の国造と申すが祀るはこの御神也」の意に解す。

(49) 一代一度大神宝使の内容については、井後政晏「一代一度大神宝使の研究」(皇學館大學神道研究所編『続大嘗祭の研究』皇學館大學出版部、一九八九年)に詳しい。
(50) 海津一朗「紀伊国」(中世諸国一宮制研究会編『中世諸国一宮制の基礎的研究』岩田書院、二〇〇〇年)。
(51) 高井昭「中世における日前・国懸神宮の神事—その相違点を中心にして—」(『神道及び神道史』五二、國學院大學神道史学会、一九九四年)、北本みずき「日前神宮・国懸神宮の神職の研究」(『皇學館論叢』四六-一、皇學館大學人文學會、二〇一三年)など。なお中世の紀伊国造については寺西貞弘が概略を述べている。寺西貞弘「中世の紀伊国造」(『木の国』三二、木国文化財協会、二〇〇七年)。

東国における「吉士」考

中村　友一

一　はじめに

「吉士」[1]とは、古来の注釈から「帰化渡来系氏族」の称した姓（カバネ・以下同じ）として認識されてきた。姓氏研究の泰斗太田亮[2]が、ほとんどの事例を挙げて、新羅の十四番目に当たる官位にも存在すると指摘することから、おおよそ承認されてきている。

その中でも、早くに三浦圭一[3]による基礎的な検討が、吉士研究のベースとなっている。そこで対外交渉において活動する五世紀から六世紀にかかる時期にはすでに難波日鷹吉士が創出されたとする。その後、難波日鷹吉士に代わって官司制的集団とした草香部吉士・難波吉士が吉士集団の中心として設定され、蝦夷征伐と白村江の戦いの後にその性格を変える。その後は、遣唐使での活動や吉士舞として名残を留めるものだとする。

三浦の見解に対して、大橋信弥[4]は『日本書紀』雄略十四年四月甲午朔条（以下雄略紀などと略称）の記事の信憑性に疑義を呈するなど、多少の批判を加えた。結果、「吉士集団」は古代国家形成期に活躍し、律令国家成立に伴い、その使命を終えるとした。

吉士の研究はいくつかの論点[5]を派生させ、説話の素材としても俎上に挙げられるようになるが、氏族やカバネに対しての理解は大枠において変化していない。

三浦の検討の後に取り上げるべきは、加藤謙吉[6]の著作によって吉士が改めて詳細に検討されたことであろう。可能性のある人名に限らず、地名までにも検討を及ぼして「吉士」姓氏族を網羅し尽くしたと言っても過言ではない。

吉士は族長・首長を表す古代朝鮮のキシに由来する説を支持し、対外交渉にも参画するが、主に屯倉経営に携わり、主なものは難波吉士に再編成されるという。また、概してフミヒト（史）に比べると小規模な組織で、活動が特定の氏族に限られること、古い豪族支配の体制を完全には脱却できていない所に特徴があるとする。

筆者も、およそ右の理解の驥尾に付しながら検討を進める。推古十五年（六〇七）七月・翌年九月の遣隋使副使難波吉士雄成（乎那利）が見える。また、白雉四年（六五三）遣唐使大使吉士長丹・副使吉士駒が、天智四年（六六五）及び天智六年の送唐客使に吉士岐彌・吉士針間の吉士系統の人々が見える。

また、朝鮮諸国に使したり将などに任免された事例も、例えば欽明十七年正月紀の吉士・難波吉士・小黒吉士などの吉士関連氏族が見えることなどから、おおよその性格が首肯できるからである。

ただし本稿では東国、とりわけ武蔵地域に律令制下に散見する吉士系の氏族とその実態について掘り下げることを目的とする。先行研究は、東国地域への言及が比較的に少ないこと、律令制下は氏姓制も変質を遂げつつあるという二点において、そしてその実態について、今一踏歩踏み込んで検討するべきだと考えられるからである。

二　東国の「吉士」

濃厚に存在が想定できる河内・摂津地域に比べ、東国における「吉士」称の事例を検索してみるとそれ程多くなく、前述の三浦圭一の論考でも事例が掲出されていない。

東国、とりわけ現在の関東地方に該当する坂東地域では、後述する武蔵国の事例以外には見られない。加藤は、上野国の多胡郡は多呉吉士に由来しており、同氏族の移住の可能性も指摘するが、現在の所確証は得られていない。(7)

さらに広義での東国に目を向けると、秋田県横手市の手取清水遺跡出土の墨書土器に、二点ほど「吉志」と釈読できそうな事例が見られるが、断定できる事例ではないので措くことにする。

そこで、後掲の武蔵国管見氏姓表[8]（表1）を参照していただくと、武蔵国域には複数の吉士の事例が知られる。氏姓の抽出史料としては信憑性にやや劣る『日本霊異記』の事例を除くと、いずれもカバネとして用いられており、氏名としての用例はない。

まずは奈良時代に該当する史料を掲示しよう。

【史料1】『続日本紀』神護景雲二年（七六八）六月癸巳条

武蔵国献二白雉一。勅、朕以二虚薄一、謬奉二洪基一、君二臨四方一、子二育万類一。善政未レ洽、毎競二情於負重一。淳風或虧、常駭二念於馭奔一。於レ是、武蔵国橘樹郡人飛鳥部吉志五百国、於二同国久良郡一、獲二白雉一献焉。即下二群卿一議之。奏云、雉者斯群臣一心忠貞之応、白色乃聖朝重光照臨之符。国号二武蔵一、既呈二戢レ武崇レ文之祥一。郡称二久良一、是明二宝暦延長之表一。姓是吉志、則標二兆民子来之心一。名五百国、固彰二五方朝貢之験一。朕対二越嘉貺一、還愧二寡徳一。昔者、隆周刑措、越裳乃致、豊碕升平、長門亦献。永言二休徴一、固可レ施レ恵。宜下自二武蔵国天平神護二年一已往正税未納皆赦除上。又免二久良郡今年田租三分之一一。又国司及久良郡司各叙二位一級一。其献レ雉人五百国、宜下授二従八位下一、賜中絁十疋・綿廿屯・布卌端・正税一千束上。

祥瑞である白雉が献られた記事であるが、武蔵国橘樹郡の人飛鳥部吉志五百国が、久良郡において獲たということである。これにより五百国は従八位下に叙位されている。興味深いのは、国司とともに久良郡司も昇叙され、久良郡の人々が三分の一の田租を免除されているということであり、五百国の本貫橘樹郡ではなく、隣郡の白雉を獲た久良郡が重要視されている点である。大雑把に言えば、横浜市・川崎市の中部あたりから、横浜市南部へと出向いての捕獲、というほどの距離感である。

それはさておき、ここに見える飛鳥部吉士が事例の一つである。

「部」ではなく、「飛鳥戸」については岸俊男[9]の基礎的な検討があり、おおむね首肯できる結論である。つまり帰化渡来系氏族に属するということであるが、「部」と「戸」の編成の時期差については、また再検討も必要だと考える。だが、岸の見解を準用して、さらには飛鳥部吉士氏に関しても太田亮により事例の網羅の上での言及があり、帰化渡来系氏族だと見なすことに首肯できるだろう。

この飛鳥部吉士氏については、造のカバネは多くの存在事例を拾えるが、それ以外にはとりわけ吉士のカバネを有する事例はこの武蔵の二つの事例のみである。本条については、原島礼二[10]は橘樹郡だけでなく、久良郡に存在した屯倉も管掌したことを想定する。これを援用して加藤は、神奈川県茅ヶ崎市の居村Ｂ遺跡出土木簡に飛鳥部と見なせる習書の存在も加味した上で、「安閑紀」のいわゆる「武蔵国造の乱」後に献上された四処屯倉を中心に、広範に吉士を配置したと推測する。

同様に、武蔵国に関する著述の多い森田悌[11]の言及がある。飛鳥部や吉士そのものに関しては目新しい見解を示すわけではないが、表1にも挙げた正倉院宝物の調庸布帛墨書銘に見える飛鳥部虫麻呂の事例と合わせて、「武蔵国造の乱」の後に四つの屯倉を献上した際に入部したと想定している。さらに大枠だと断りながらも、「安閑紀」の編年や記事内容を認められるものとしている。

『日本書紀』そのもの、さらには安閑から欽明期の編年など、「武蔵国造の乱」の様々な論点について、各個に百家争鳴の議論があり、本稿で私見を開示する余裕はないが、いずれにしても武蔵における飛鳥部吉士氏の問題はまだ定見が無いと言って良い。

ここで先学は使われていないが、系譜史料を参看しておきたい。

それは「東国諸国造」系図[12]であるが、当然その使用は禁欲的にならなければならない。また、史料批判をしっかりしなければならないが、本稿では紙幅などの都合もあり、紹介程度に参照しておくことにしたい。

同系図には意美足努命―天穂日命から始まる系が記されるが、多くの系統が派生する。関係する箇所で言えば、

「国造本紀」などに見える兄多毛比命へつながり、その子が四系統に、その内の五十狭茅宿禰が別祖と見なせ、さらにその子が四人記される。

その内の一人が彦狭知直であり、以下、阿米―比良弖―櫛足―玉緒麻呂―野麻呂とあり、野麻呂の尻付に「飛鳥部吉士祖」と見える。また、野麻呂の兄弟に牛甘がおり、その尻付には「安閑天皇二年九月、掌山背国屯倉之税」とあり、その子に山主と葛麻呂があり、葛麻呂の尻付には「壬生吉志」とある。一方、山主の子に入石が記され、尻付には「小錦中。三宅吉士」と見える。入石は天武天皇四年七月紀に、副使として新羅に遣わされたと見えるが、そこでは小錦下の位であり、尻付は極位を記したものか単なる誤りかは未詳である。

三宅吉士の本居を、加藤は難波の西成郡の三宅の地に推定するが、同系図は一つの材料になるだろう。

だが、漢風諡号の記述や東国国造のあり方などから見て、「国造本紀」成立以後の時期が編集時期の上限と言える。本稿に関係する、飛鳥部吉士氏についても、検討素材が一つ増えただけと言えるのかもしれない。

ただし、国府から離れた橘樹郡において、白い雉がただ珍しいと見るだけでなく、捕獲して献上しているところには意義が見出せるのではなかろうか。おそらく祥瑞となると知っているからこそ捕獲したのであり、無位であってもその知識が備わっている、そのような氏族の置かれた環境を想定できるからである。

以上、東国の吉士、とりわけ武蔵国の飛鳥部吉士氏について検討してみたが、その実態やカバネについてまで照射する成果は得られなかったと言わざるをえない。

では節を改めて、別の事例を検討してみたい。

三　壬生吉士の事例

さて次の事例からは平安時代に入るが、いずれも同じ壬生吉士の事例である。ここも史料を先に掲示しておこう。

【史料2】『類聚三代格』巻八調庸事（改行は／で任意に詰める）

太政官符／応レ総二収百姓二人身分調庸一事
壬生吉志継成、年十九／調庸料布卌端二丈一尺／中男作物紙八十張
壬生吉志真成、年十三／調庸料布卌端二丈一尺／中男作物紙百六十張
並男衾郡榎津郷戸主外従八位上壬生吉志福正之男
右得二武蔵国解一偁、男衾郡司解偁、福正解状偁、己身雖レ免二課役一、而位蔭不レ得レ伝レ子。方今年齢衰老、命臨二冥途一。今有二二男一皆無二一才一。定知調庸之民不レ免二負担一。為レ父之道不レ能レ無レ慈。望請、件継成等各身調庸、始レ自二中男一至二于不課一、計レ年総進免二将来賦一者。郡司覆勘所レ申有レ道。仍申送者、国検二郡解一、雖レ云レ無レ例於レ公有レ益。謹請二官裁一者。右大臣宣、依レ請。但傜依レ例行レ之。／承和八年五月七日

【史料3】『続日本後紀』承和十二年（八四五）三月己巳条

武蔵国言、国分寺七層塔一基、以二去承和二年一為二神火所レ焼。于レ今未二構立一也。前男衾郡大領外従八位上壬生吉志福正申云、奉二為聖朝一欲レ造二彼塔一。望請言上、殊蒙二処分一者。依レ請許レ之。

武蔵国の壬生吉士氏については、関説される言及は多いが、氏族としての見解が述べられるものはそれ程多くない。その中では、先述もした森田悌の見解が取り上げられよう。

森田は、推古十五年（六〇七）紀に見える壬生部設置と時を同じくして壬生吉士が武蔵に入部したとする。一つは武蔵国造家と推定する物部直家の本拠と見なした埼玉郡に、もう一方は男衾郡に入部したとする。また、鹿島古墳群（深谷市の南部）を壬生吉士氏の墳墓と想定する見解を支持してもおり、さらには寺内廃寺（花寺）を氏寺と推定し、定額寺化に努めたと推測(13)している。

これに対して加藤は、壬生部設定に先立って屯倉管掌のために配置されていた帰化渡来人が、設定にともなって管掌者となった一部の者が壬生吉士を称したことも考えられるとしている。

また、荒井秀規は史料3の記事から壬生吉士氏が郡司を世襲してきたと想定した。さらに、国分寺塔に加え、氏寺と推定される寺内廃寺の再建もこの壬生吉士福正の時期として、北武蔵に大きな勢力を持っていたとする。(14)

また、早くに太田亮が、『扶桑略記』などに記される天台宗僧の円澄（七七二～八三七）が武蔵国埼玉郡の壬生氏の出自であることを拾い上げているが、その後、この壬生氏は壬生吉士氏ではないかという推測がなされている。(15)

ここで再び系譜史料に目を向けてみたい。

前述の「東国諸国造」系図にも見えるが、ここで取り上げるのは「壬生吉志」系図である。(16)

孝元天皇後裔を称する阿倍氏の系統、大彦命の子波多武日子が別祖となって系が分かれる。そこから四代目白猪子に『日本書紀』に各吉士として見える日香蚊・赤目子・日鷹がおり、日鷹の子仲子の子が先に名の挙がった雄成である。仲子の兄弟の萬里、その子山麻呂―鳥養と経て、その子の稲取―顋足と経て三宅吉士入石となる。山麻呂の尻付には、前掲「東国諸国造」系図の牛甘の尻付に類似する「安閑二年九月丙午、詔難波吉士等主掌屯倉之税」と見える。

稲取の兄弟に葛麻呂がおり、その尻付は「推古十五年二月庚辰朔、為壬生部、負壬生吉志姓。」とある。この葛麻呂から、子の諸手―富足―老―鷲麻呂―糟麻呂―松蔭―福正―継成・真成兄弟と、史料2・3に見える人物までつながる。

途中に名を挙げた諸手の尻付には「務大肆。持統天皇四年二月、新羅人投下武蔵国居住、使諸手寧領之焉」とあり、鷲麻呂には「正六上。男衾郡大領」とあるなど、葛麻呂以後の内容にはかなり信が置けるものと考えられる。

ただし、入石や葛麻呂の係累が「東国諸国造」系図と「壬生吉士」系図では異なることなどから、山麻呂の前後くらいから枝分かれした伝承をそれぞれ基にしており、飛鳥時代頃の記述も錯簡は想定しなければならない。後者の系図も、編者の鈴木真年が書写したと思われる原本の所蔵先などの情報が記されないので、詳細は未詳とせざるをえない。また、記述内容からは、難波吉士氏が阿倍氏同族として擬制的関係を結んだ以後の成立であることなどから、平安時代を遡る伝承ではない。

しかしながら私見では、尻付などは国史などからだけでは知り得ない情報が多分に含まれており、これらを創作するというよりは、有力氏族の本系レベルではないにしても、やはりある程度基となる史料が各氏族の手元にあったと考えている。

おそらくは、「壬生吉士」系図では山麻呂の父に萬里を創作したか、その系を変改したかによって難波吉士氏系統の系図に接合したと見なせるが、同じ吉士系氏族という親縁性もあって同族意識は古くからあったと想定できなくもない。そのこともあって「東国諸国造」系図の一部のように、吉士系氏族がまとめて記されることにもつながっているものと考えが及ぼせるのではなかろうか。

四　東国の壬生系氏族の存在形態

本節では、前節で見た壬生吉士をさらに穿つために吉士以外の壬生について概観していく。まずはじめに壬生部設定の記事を見てみよう。

【史料4】『日本書紀』仁徳天皇四年八月丁丑条

為二大兄去来穂別皇子一定二壬生部一。亦為二皇后一定二葛城部一。

史料4の他に、『古事記』にも仁徳七年段に壬生部設定の記事が見える。この他、『日本書紀』推古天皇十五年

（六〇七）二月庚辰朔条にも「定二壬生部一。」という短い記事が見える。

さらに、『日本書紀』皇極天皇元年（六四二）十二月是歳条では蘇我氏の専横を伝える記事に見える。記事には潤色と誇張が見られるが、蘇我蝦夷が祖廟を葛城高宮に作ったり、八佾の舞をしたり、大陵・小陵の双墓を国民や百八十部曲に作らせたりしている。

のみならず、「上宮乳部之民〈乳部、此云二美父一。〉」を尽く集めて塋所にて役使しており憤りを買っている。この上宮王家の乳部の存在は著名であるが、これが東国に存在したことは翌年の記事により知られる。

【史料5】『日本書紀』皇極天皇二年（六四三）十一月丙子朔条

蘇我臣入鹿、遣二小徳巨勢徳太臣・大仁土師娑婆連一、掩二山背大兄王等於斑鳩一。（中略）由レ是、山背大兄王等、四五日間淹二留於山一、不レ得二喫飲一。三輪文屋君進而勧曰、請、移二向於深草屯倉一、従レ茲乗レ馬、詣二東国一、以二乳部一為レ本、興レ師還戦。其勝必矣。（後略）

しかしながら、壬生部が設定されたからといって、後述するようにその管掌者は一様ではない。たとえ壬生を冠していてもそれぞれの設定・名称付与[17]には違いがあると見なさなければなるまい。仁徳紀の記事はただちに史実と見なせないことは言うまでもないが、『日本書紀』編纂当時の歴史認識として、古い時期に設定された壬生部があったということが反映されていると見なせる。よって、複数の設定とその時期差は存在するのである。

分布とカバネについて概観してみよう。東国において、下野では後に円仁を輩出する母体となる公姓の壬生氏が、さらに『常陸国風土記』にはしばしば言及される郡領層の壬生連や壬生直、さらには鹿の子C遺跡出土漆紙文書などで壬生部自体の存在が知られる。

また、相模では平安時代に降るが広範な壬生直氏の存在が知られ、同様に甲斐や駿河にも直姓が知られる。その他、出土文字史料や金石文から下総・上野や更埴条里遺跡出土木簡の壬生部が見える信濃などにも知られる他、東国に限らず各地に壬生氏や壬生部の存在を析出することができるのである。

ざっと挙げただけでも壬生を氏称に持つ氏族のカバネが、連・公・直そして武蔵の吉士といった多様性に富むことが看取できよう。壬生部の分布と併せて見ても、壬生部と中間管掌者である壬生氏の存在形態の多様性が指摘できる。

少々蛇足だが、武蔵国埼玉郡の壬生氏出自の天台宗僧円澄について、カバネが吉士の一族から輩出されたかどうかについては、右に述べたような多様性を鑑みると、なお早計に断じられる事柄ではない点を指摘しておきたい。

ではここで、帰化渡来系と見なせる吉士のカバネを持つ武蔵国男衾郡の壬生吉士氏に引きつけて考え直してみたい。まずは帰化渡来系氏族の在地での存在形態についてだが、すでに検討したことがある[18]。考古学的、文化的な面では数世代もすればほぼ在来の倭人と同化すると見なせるが、氏姓や出自の面では通時代的に意識・管理されているのである。

東国に帰化渡来人らが移住されることはよく知られることだろう。例えば、『日本書紀』天武四年（六七五）十月条に筑紫国から貢された唐人三〇人を遠江国に安置、天武十三年（六八四）五月条では帰化してきた百済の僧尼や俗人の男女二三人を武蔵国に安置している。

さらに『続日本紀』霊亀二年（七一六）五月辛卯条では駿河・甲斐・相摸・上総・下総・常陸・下野七国の高句麗人一七九九人を武蔵国に移して高麗郡を建て、天平宝字二年（七五八）八月癸亥条では、帰化した新羅僧三二人・尼二人・男一九人・女二一人を武蔵国の閑地に移して新羅郡を建ててもいる。

このように、地域的な帰化渡来人の集住化による管理と、氏姓が変化してもなお諸蕃として継続的に管掌されていることからすれば、壬生吉士・飛鳥部吉士氏の「吉士」については重視しなければなるまい。とりわけ壬生に関しては本節で概観したように、時期的にも、成立としても屯倉と切り離して考えることができるのである。

ここで参看したいのが後掲の表2である。

およそ新興の豪族層が、その財力により位階を得るという傾向が看取できるものである。郡領などにすでに任じられている人も散見するが、奈良時代中期頃までの事例以外は古い段階からの豪族で、そのまま郡領層になっていったと考えられる可能性は低い。

なぜなら、奈良時代後半から平安時代にかけての事例は、それ以前の在地での活動が想定しにくいこと、また無カバネや八色の姓の新姓を賜っていない氏姓であることが挙げられるからである。

壬生吉士福正もこの傾向に該当しよう。旧来の吉士のカバネのままであり、改賜氏姓をするに至っていないからである。もちろん変えてもらう必要がないと考えていた可能性も残るが、一般論的に考えて、美称や有力氏族に因む氏名や、八色の姓に見える高位のカバネを申請したがるものである。

また、国分寺塔再建の肩代わりや子息の課役前納などは、やはり新興氏族の経済力伸張が想定できる。この時期は、郡司の三親等以内の連任が禁じられていること[19]から複数の郡司を輩出する郡領層氏族が必要となっていること、墾田の制などが新興豪族層を養成する下地となったと考えられるが、北武蔵の地の開発も推測できるのではなかろうか。

壬生（部）という設定された氏称のままであることも一顧すべきであるし、前述のようにそれらが各地各個に設定されていること、帰化渡来系の人々が移住することが多いことなどを総合的に解釈する必要があろう。

五　おわりに

最後に、武蔵国の壬生吉士氏の存在形態の私見をまとめて東国の吉士論の一つの結論とさせていただきたい。

いわゆる「武蔵国造の乱」後に屯倉が設定された際に吉士集団が入植したという可能性は残るが、それに関わらずに五ないし六世紀代に移住させられた帰化渡来系の集団に吉士という名称が付されたのではないか。であるので、屯倉の管掌者というほどのレベルではなく、民衆層に近い人々だったと思われる。

その後、この民衆層の吉士集団から職掌を担って編成されるに及んで、飛鳥部吉士や壬生吉士となり、吉士がカバネと同じ扱いになる。おそらく、壬生部の管掌者の中でも、連や直の姓を持つものよりも新しく任命されており、有勢の程度も低いのではないかと考えられる。後掲表2に生部連広成と壬生部直広主・壬生部直黒成が見えているのも、同様な流れが想定されよう。

四節で述べたように、新興氏族が有勢となってくる時期において、壬生吉士氏も経済的に豊になって史料2・3のような活動が史料に残るような氏族となったと見なせる。ただし、寺内廃寺の造営の中心に壬生吉士氏が位置付けられることが確実となったならば、その経済的な有力化は飛鳥時代後半頃にまで遡る可能性は残るだろう。

これらのことは、三節で瞥見した「壬生吉士」系図の記述とも整合性があるものと考えられる。難波吉士氏との系図の結節点近辺で「東国諸国造」系図との違いが多く見られ、壬生部を負う葛麻呂前後の信憑性が低く、系譜を伝えるほど有力な氏族では無かった可能性が高いからである。

さらには、難波吉士氏が皇別阿倍氏と擬制的同祖同族関係を結んだ以降に、難波吉士氏後裔を称すことになったと見なせることから、系譜の原形を作成することになったのも時期が降ることを示唆していよう。阿倍氏が大彦命に教唆されるように元々東国とも関係が深い氏族ではあるが、難波吉士氏を介しての系譜結合であるので、壬生吉士氏はやはり系譜を仮冒していると見なすべきである。

ここで余談となるが、「吉士」そのものを振り返ってみると、長といった意味合いよりも、東国におけるそれは帰化渡来系の人々を集団的に編成して吉士を付与していると見なせるのではなかろうか。「王」や「軍君」の訓が「コニキシ」となり、「昆岐」なども類似の称と考えられ、語幹の「キシ」にはやはり集団の長の意義が認められる。

だが、少なくても壬生吉士氏の存在形態を推測すると、早い時期に外交関係に活躍する難波吉士氏などと同列には見なせない、帰化渡来人集団の呼称としての「吉士」が用いられたことが想定できるのである。

おわりにで述べたことは、ほぼ憶測となるので今後の史料の発見などを待って改めて検討する機会があることを期したいが、本稿に対する諸賢の御批正を賜ることもまたお願いすることにしてひとまず閣筆することにしたい。

注

（1）「吉士」は吉師や吉志などとも記されるが、本稿では史料の引用以外はすべて「吉士」とする。また、「帰化渡来人・帰化渡来系氏族」といった造語を用いる。帰化の用字に関してなど、近年論点とされるところで、一般的に帰化人もしくは渡来人が用いられるが、それぞれ一長一短が指摘される。よって、実質的には帰化や大和王権の求めに応じて、もしくは単なる渡来の場合など様々な事由があるが、それらの理由を問わず中国・朝鮮から来て定住した人・氏族とその出自をもつ氏族を指すこととする。以下の論考を参照。

荒井秀規「古代相模の「渡来人」」『三浦古文化』四八、一九九〇年。田中史生『日本古代国家の民族支配と渡来人』校倉書房、一九九七年。田中史生『倭国と渡来人―交錯する「内」と「外」―』吉川弘文館、二〇〇五年。中村友一「『新撰姓氏録』における帰化渡来系氏族」『大学院文学研究論集』一七、二〇〇〇年。中村友一『日本古代の氏姓制』八木書店、二〇〇九年。中村友一「地方豪族の姓と仕奉形態」加藤謙吉編『日本古代の王権と地方』大和書房、二〇一五年。

（2）太田亮『姓氏家系大辞典』角川書店、一九六三年、初出一九三四年。以下、太田の所論はすべて同書による。

（3）三浦圭一「吉士について―古代における海外交渉―」『中世民衆生活史の研究』思文閣出版、一九八一年、初出一九五七年。

（4）大橋信弥「難波吉士について」『日本古代の王権と氏族』吉川弘文館、一九九六年、初出一九七八年。

（5）論点を絞るために触れないが、以下の「吉士」関係の論考なども参照。

請田正幸「吉士集団の性格」『続日本紀研究』二二七、一九八三年。奥田尚「摂津国島下郡安威の古代環境―難波日鷹吉士・穂積氏・中臣藍氏など―」『（追手門大学）東洋文化学科年報』九、一九九四年。小妻裕子「日下部吉士の伝承―押木珠縵をめぐって―」『同志社国文学』十二、一九七八年。狩野直敏「難波吉士と外交」『大阪の歴史』増刊号、一九九八年。狩野直敏「吉士と淀川水系」薗田香融編『日本古代社会の史的展開』塙書房、一九九九年。本位田菊士「吉士と「任那の調」―敏達朝から推古朝前後にかけての日羅交渉―」『日本古代国家形成過程の研究』名著出版、一九七八年、初出一九七六年。
（6）加藤謙吉『吉士と西漢氏―渡来氏族の実像―』白水社、二〇〇一年。加藤謙吉『渡来氏族の謎』祥伝社、二〇一七年。以下、加藤の見解については基本的に前書を参照。
（7）『秋田県文化財調査報告書190　手取清水遺跡―東北横断自動車道秋田線発掘調査報告書5』秋田県教育委員会、一九九〇年。
（8）表は仮に作成してから修訂しておらず、高麗氏・入間氏・武蔵氏などの豪族層を省略した。その他脱漏があるやもしれないが、およそ傾向が掴めるかと思量する。その他、出典の略称については類推可能なものと考え省略する。
（9）岸俊男「日本における「戸」の源流」『日本古代籍帳の研究』塙書房、一九七三年、初出一九六四年。
（10）原島礼二『日本古代王権の形成』校倉書房、一九七七年。
（11）森田悌『古代の武蔵』吉川弘文館、一九八八年。森田悌『古代東国と大和政権』新人物往来社、一九九二年。森田悌『武蔵の古代史　国造・郡司と渡来人・祭祀と宗教』さきたま出版会、二〇一三年。以上の三書など、所説はほぼ同じである。
（12）『諸系譜』巻一所収。雄松堂出版マイクロフィルム版参照。同系図には「伊勢津彦之裔」のサブタイトルがついている。中田憲信（一八三五～一九一〇）の編と見なされるが、たしかに鈴木真年とは筆跡が異なる。
しかしながら、彦狭知直から延ばされる「系線」は、他の系統を縫うように記され、結局同じ丁に収まらずに、次の丁に少々はみ出して記されている。これらの系図が、書写元の祖本は知られないが、書写の際に大幅な変改を加えたり、全くの創作を行なったとは考えがたい。書写姿勢や体裁などから、完全な創作ではなく、誠実かつ虚心坦懐に原本を書き写していると見なせるからである。中村友一「系譜学の古代史援用における一試考」『日本歴史』八一四、二〇一六年。
（13）森田悌「花寺と壬生吉志」柳田敏司・森田悌編『渡来人と仏教信仰―武蔵国寺内廃寺をめぐって―』雄山閣出版、一九九四年。
（14）荒井秀規『古代の東国3　覚醒する〈関東〉平安時代』吉川弘文館、二〇一七年。
（15）金井塚良一『古代東国史の研究』埼玉新聞社、一九八〇年、初出一九七九年。森田前掲注（11）の各書など。
（16）「壬生吉志」系図は鈴木真年編『百家系図稿』巻八所収。静嘉堂文庫所蔵。

(17) 中村友一「人・部制の成立と展開」『駿台史学』一四八、二〇一三年。

(18) 中村友一「対外交渉と倭国内の帰化渡来系氏族」加藤謙吉・佐藤信・倉本一宏編『日本古代の地域と交流』臨川書店、二〇一六年。

(19)『続日本紀』文武天皇二年（六九八）三月己巳条

詔、筑前国宗形・出雲国意宇二郡司、並聴レ連二任三等已上親一。

「延喜式部式上」

凡郡司者、一郡不レ得併二用同姓一。若他姓中無レ人レ可レ用者、雖二同姓一除二同門一外聴レ任。神郡・陸奥縁辺郡・大隅馭謨・熊毛等郡者、不レ在二制限一。〈謂、伊勢国飯野・度会・多気・安房国安房・下総国香取・常陸国鹿島・出雲国意宇・紀伊国名草・筑前国宗形等郡為二神郡一。〉

表1　武蔵国管見氏姓表

氏姓	年代・所出	地域関係備考	内容備考	出典
大伴	皀樹原檜下遺跡	児玉郡神川町		墨土
上麻呂・麻呂	新開遺跡	入間郡三芳町		墨土
大マ広道	小谷遺跡	比企郡鳩山町	窯跡	墨土
武蔵国児玉郡草戸郷戸主大田マ身麻呂	南大通り線内遺跡	本庄市	近隣遺跡に「大田」多数見られる	墨土
倉人	武蔵国府関連遺跡（府中東芝ビル地区）	府中市方町		墨土
大伴	御殿前遺跡	北区西ヶ原		墨土
刑部古□□（乙正ヵ）	多賀城出土	幡羅郡	部領使	木簡
丈ヵ直山継	下巻・第七縁	武蔵国多磨郡小河郷住人	正七位上・別写本では「丈部」とも	霊異記
吉志火〔大〕麻呂	中巻・第三縁	武蔵国多麻郡鴨里人	聖武代のこと	霊異記
大伴赤麻呂	中巻・第九縁	武蔵国多磨郡	大領	霊異記
宇遅マ・宮麻呂	武蔵国分寺		戸主とも	文瓦
矢集国□	武蔵国分寺		戸主	文瓦
飛鳥部虫麻呂	天平六年（七三四）十一月	男衾郡鵼倉郷笠原里	調布一端	正倉院
大伴直中（牛ヵ）麻呂・荒当	天平勝宝五年（七五三）十一月	武蔵国加美郡武川郷	戸主・戸口庸布一段	正倉院宝物
宍人直石前	同上	加美郡司	少領下従八位上	同上
飛鳥部吉志五百国	神護景雲二年（七六八）六月癸巳《廿一》	武蔵国橘樹郡人	久良郡にて。獲白雉献焉→従八位上他	続紀
檜前部名代女・大伴国足	宝亀二年（七七一）十月二日	本庄市山崎上ノ南遺跡出土木簡	寺稲肆拾束を上る。税帳	木研20
矢田部黒麻呂	宝亀三年（七七二）十二月壬子《六》	武蔵国入間郡人	事父母至孝て、免其戸徭となる。	続紀

大伴部直赤男	宝亀八年（七七七）六月乙酉《五》	武蔵国入間郡人	神景三年に献西大寺の功で追贈外従五位下。	続紀
檜前舎人石前	四四一三・巻二十	那珂郡	上丁	万葉
大伴部真足女	同上	同上	妻	万葉
大伴部少歳	四四一四・巻二十	秩父郡	助丁	万葉
物部歳徳	四四一五・巻二十	荏原郡	主帳	万葉
椋橋部刀自売	四四一六・巻二十	同上	妻	万葉
服部於田	四四二一・巻二十	都築郡	上丁	万葉
服部呰女	四四二二・巻二十	同上	妻	万葉
藤原部等母麿	四四二三・巻二十	埼玉郡	上丁	万葉
物部刀自売	四四二四・巻二十	同上	妻	万葉
小子宿禰身成	弘仁二年（八一一）三月癸卯	武蔵国人	正六位下。貫左京。	後紀
椋橋部氏（壽遠）	承和五年（八三八）十二月辛亥《廿七》	武蔵国人	大安寺僧傳燈大法師位。卒伝・六十八歳。	続後
桧前舎人直由加麻呂男女十人	承和七年（八四〇）十二月己巳《廿七》	武蔵国加美郡人。土師氏同祖。	散位正七位上勲七等。貫附左京六條。	続後
壬生吉志・福正・継成・真成	承和八年（八四一）五月《七》	男衾郡百姓	息子二人の税先納を許される	類三
壬生吉志福正	承和十二年（八四五）三月己巳《廿三》	男衾郡	前男衾郡大領外従八位上	続後
刑部直道繼・眞刀自・刑部廣主妻	承和十三年（八四六）五月壬寅《二》	多磨郡狛江郷戸主	其操行、特授位二階終身免同戸田租。	続後
巨勢朝臣屎子	貞観十四年（八七二）十一月己丑《廿三》	武蔵国橘樹郡人	叙位二階。免戸内租。婦。	三実
知々夫大伴部		上祖。三宅連意由		高橋氏文
壬生氏		埼玉郡人	比叡山延暦寺二代座主円澄	元亨釈書

表2　東国の貢献・調庸代輸表

氏姓個人名	年	地域	備考
宇治部直荒山	養老七（七二三）	常陸国那賀郡	大領。外正七位上→外従五位下　陸奥鎮所に軍粮を貢献
石上部君諸弟	天平勝宝元（七四九）	上野国碓氷郡	外従七位上→外従五位下　国分寺に貢献
上毛野朝臣足人	同右	上野国勢多郡	少領。位階とも同右
新治直子公	神護景雲元（七六七）	常陸国新治郡	大領。外従六位上→外正五位下　銭・商布貢献
大伴部直赤男	神護景雲三（七六九）	武蔵国入間郡	商布・稲などを西大寺に貢献　宝亀八年・追贈・外従五位下
丈部牛養	天応元（七八一）	下総国印旛郡	大領。外正六位上→外従五位下　軍粮を貢献
宇治部全成	同右	常陸国那賀郡	大領。外正七位下→外従五位下　軍粮を貢献
若麻績部牛養	延暦元（七八二）	下野国安蘇郡	主帳。外正六位下→外従五位下　軍粮を貢献
物部志太連大成	延暦五（七八六）	常陸国志太郡	大領。外正六位上→外従五位下　百姓救済
武蔵宿禰弟総	延暦七（七八八）	武蔵国足立郡	外従六位下→外従五位下　貢献
多米連福雄	同右	武蔵国	外正八位上→外従五位下　貢献
物部志太連大成	延暦九（七九〇）	常陸国志太郡	大領。外従五位下→外従五位上　百姓救済
新治直大直	同右	常陸国新治郡	大領。外正六位上→外従五位下　百姓救済
孔王部山麻呂同	右下	総国猿島郡	主帳。正八位上→外正六位上　百姓救済
生部連広成	延暦二四（八〇五）	常陸国	→従八位下　屡々貧民救済
壬生部直広主	承和七（八四〇）	相模国高座郡	大領。外従六位下→外従五位下　調庸代輸
壬生部直黒成	承和八（八四一）	相模国大住郡	大領。外従七位上→外従五位下　調庸代輸・貧民救済
他田日奉直春丘	仁和元（八八五）	下総国海上郡	大領。外正六位上→借外従五位下　調庸代輸

県・県主小考―三嶋竹村屯倉設置説話の事例から―

堀川　徹

はじめに

県・県主は、『古事記』や『日本書紀』などの史料にみられ、とりわけ大化以前の記載にみえることが多い。一方で八世紀以降にも、六御県の存在やカモ県主に代表されるような県主を冠する氏族の存在が確認でき、氏族研究や地域支配制度研究など様々な立場から研究の俎上にあげられてきた。中でも先行研究では県・県主と地域支配制度との関連をみる向きが強く、県・県主制という一つの制度として捉えられてきた。そして地域支配制度という視角から検討される以上、国家形成史とも深く関連させて検討されてきた。しかし国家形成史とも関連する重要なテーマでありながら、近年では県・県主を対象とした研究はほとんど進展がないことも事実である。それは県・県主に関する史料数の少なさに起因することは想像に難くない。一方で、近年では国造制・部民制・ミヤケ制などの大化以前の地域支配制度について研究が進展しつつある。すなわち、近年の地域支配制度に関する研究成果を取り入れていくことによって、県・県主についても再検討の余地があると考えられる。そこで本稿では近年の地域支配制度に関する研究成果を踏まえて県・県主に関して検討することとし、まずは県・県主に関する大まかな研究状況を振り返り、本稿の課題を確認する。

一　先行研究の整理と課題の確認

県・県主の研究において出発点となったのは、井上光貞・上田正昭による国県制論争であろう。[1]それまでも県・県主の研究は行われていたものの、井上・上田によって地域支配制度として国家形成史に位置づけられることで県・県主研究は大きく進展し、以後の研究に大きな影響を与えたといえよう。そこで、この論争の流れを整理・確認しておきたい。

井上は、県を国の下級組織であるとする中田薫の説に依拠して、[2]「七世紀初めには国を上級組織とし、県を下級組織とする、かなり整然とした地方制度が成立していた」と推測し、これを国県制と名づけた。そして国の下級組織である県の首長を県主とし、その姓を稲置として理解し、遅くとも七世紀初頭には国—県—邑の地方行政組織が国家権力によって行政的区分として作りだされたとした。[3]

井上の見解に対して、上田は県制の施行時期について、県・県主に関する記事が継体朝以前に集中していることから、六、七世紀には「本来の面目を変貌」しており、七世紀初め頃には実態として存在しないであろうとした。そして県制が五世紀以前の倭政権において重要な役割を持ち、三世紀後半より五世紀にかけての時点で展開したとし、県制を国造制に先行するものとして位置づけた。県の性格は、畿内と辺境地域で異なり、畿内の県は系譜・伝承からみれば直接ヤマト朝廷に統属し、早い段階から権力支配を受けたもので、それを一次的な県とすると辺境地域のものは二次的な県であるとし、共同体内部の階級分化の進行に伴う首長たちの動揺や「在地首長の相互間の矛盾、対立の具体化」によって二次的な県の成立へと歴史的な展開をみせたとした。つまり実態は国造制の下部組織ではなく、初期倭政権の地方支配の具現化だったことを指摘した。

井上・上田は、県を地域支配のために設置された組織と捉え、県主をその組織における首長と捉える点で共通する。また、地方の有力首長が王権に隷属し、支配を認められつつ王権に奉仕し、大王の祭祀のための供御料の貢納、内廷への直結などの点を県主の性格として捉える点においてもおおよそ共通する。[4]これらの研究は、地域支配制度との関連を通じて、県・県主を国家形成史に位置付けることで以後の研究に大きな影響を与えた。しかしその後、石母田正による「統治の内容の議論を欠いた場所で、国・県制という「難問」が将来見事に解かれたとしても、それは国家の成立史にとって、どのような意味を持ち得るだろうか」という問題提起にあらわれているように、県・県主に関する議論は在地首長制論に包括され、制度的枠組みというよりも在地首長制論の枠組みで議論されていくことになる。[5]そして結果的に国県制という枠組みよりも、県・県主に焦点を当てた研究が増加することになる。

県について八木充は上田説を妥当とし、県を「初期大和国家によって統属された諸地域の、ことに畿内、西日本地方の部族的人的団体をめぐって定立された政治的統一体」と捉え、[6]新野直吉は県主について、職掌の特徴として首長権の神権的性格は国造よりも強いが、その支配領域は国造よりも狭く、独立小国家君主としての綜合力が国造より弱いという点を併せ考えると、基本的に祭祀的性格を持つといえ、祭祀的性格以外については国造の職務に類似しているものであろうとした。[7]吉田晶は「一定の政治的意図をもって設定された支配と隷属のための制度」と捉え、その隷属内容は井上・上田によって指摘された県・県主の性格にみることができるとする。そしてそれらの点は、部民制的隷属内容と共通し、質的には同様で時期的には並行関係にあると論じた。[8]加藤謙吉は、県・県主の呼称は「大和政権の地方支配の一形態として制度的に付与された」点を前提として検討した。県主の職掌は主として畿内のものであって、なおかつこの奉仕形態は県制以前から原始的な形で存在していたのではないかと指摘し、それが県制施行により恒常化し、相対的に県主の自立性が失われ、直轄領と考えられてしまったのではないかとした。[9]小野里了一は、邪馬台国段階でプリミティブな官制とおぼしきものが存在していることを踏まえて、その後に出現した大和王権にも地域首長に対して把握のための何らかの組織・制度があったはずだということから、その何らかの組織・制度こそが県・県主制であるとした。[10]

国県制論争を経て、県・県主の研究は上田説を基礎として進展してきた。県・県主が設置された時期については細かい点では異なる部分もあるものの、上田のいうように時間軸上では国造制より相対的に遡るとする見解が継承され、おおよそ共通認識が得られているといえよう。県主の職掌・性格については、井上・上田によって示された、地方の有力首長が王権に隷属し、支配を認められつつ王権に奉仕し、内廷と直結し、供御料を貢納し、家政に必要な物資を提供するということがほとんど共通認識としてその後も継承されてきた。また、県は国造制以前の地域支配にかかる地域社会の単位とし、県主を在地首長あるいは地方官であるとする制度的位置づけが国県制論争以降自明の前提とされてきたことからも共通認識を得られているものといえよう。おおよそ論点とされてきたのは、地域社会の内部構造あるいは首長制の発展の様子と県・県主がどのようにリンクするのかという点になる。すなわち社会の発展段階のどこに県・県主を位置づけるかという点に主眼が置かれているようである。

県・県主が設置された時期については、相対的に国造制成立以前に位置づけるという点で、筆者も先行研究で導き出された理解に従いたい。そして県主の職掌・性格については、井上・上田によって示されたうちの、内廷と直結し、供御料を貢納し、家政に必要な物資を提供するという部分においては首肯すべきと考える。しかし県・県主研究の初期から前提とされてきた、県は国造制以前の地域支配にかかる地域社会の単位で県主は在地首長あるいは地方官であるという県・県主の制度的位置づけは、実は積極的に証明されたわけではない[11]。とりわけ県主の理解は県の上記理解からの論理的要請によるところが大きい。その意味で次にあげる舘野和己の指摘は重要である。舘野は、石母田がいう国造法（裁判・刑罰権、祭祀権、徴税権などの支配権）について、「これらの権限の保有者は必ずしも国造に限らない。共同体の秩序を体現する共同体首長であるなら、当然に有していた権限」と指摘する[12]。舘野の指摘は国造制研究に対する指摘ではあるが、県主の先行研究に対しても有効な指摘であろう。すなわち国造はもちろん県主に対しても首長的側面と制度的側面をみるべきであって、その両側面を混同することは、かえって国造や県主に対する理解を曖昧なものにしてしまうだろう。吉田は県主の県支配を、「代表的有力首長としての権威、権力によって行われ」るものとして捉え、大王家はそれを前提として、かつ立ち入ることはなく、諸物、労働力を求めるのみで、それ以上深入りしなかったということができるとする。[13]すなわち、吉田は県主の県支配を首長的性格によるものであると理解した。しかし先の舘野の指摘を踏まえれば、それは共同体首長であれば当然に行われていた支配といえる。県主をより理解するためには、王権から捉えた際に県・県主が制度的にどのように位置づけられていたのかという点もさらに検討されるべきであろう。この点が明らかにされない限り県・県主の本質を導き出すことはできない。

このような研究の流れの背景には在地首長制論の存在がある。石母田による『日本の古代国家』（岩波書店、一九七一）以降、在地首長制論が学界に大きな影響を与え、国造や県主もその枠組みで検討されてきたことは先述したとおりである。在地首長制論という仮説・概念は地域社会の内部構造をその射程とし、内部構造の発展とそれを覆う地域支配制度を関連付ける（＝地域支配制度を通じて実体化させる）ことでその証明を目指した。しかしその一方で、国造や県主の地域支配は首長的性格によるものなのか、県主の性格によるものなのかが判然とせず、明確に証明されないまま制度的位置づけを見失っていることもまた事実であろう。在地首長制論と結びつき、学界の大きなうねりとなったことで、余計にその証明の必要性が忘れ去られてきたともいえる。その意味で国県制論争や在地首長制論に引きずられる形で県・県主を地域支配制度としてきた前提は問い直される必要がある。そのため県・県主の位置づけを導き出すためには、在地首長制論と切り離したかたちで検討する必要があろう。厳密にいえば在地首長としての存在と県主としての存在は区別されるべきであって、混同されるべきではない。このような理解は、表面的には井上・上田の国県制論争以前の研究まで立ち返ってしまうことになるが、在地首長制論との協業が一定の成果をあげ、それを踏まえたうえで改めて制度史的視点に立ち返ることは決して研究それ自体を立ち返らせるものではないだろう。

そこで本稿では制度史的視点から県・県主の位置づけを再検討し、新たな位置づけを確認することを課題とする。とりわけこれまで県・県主は地域支配制度という前提のうえに研究がなされてきたが、その前提について再検討を行うことで課題にこたえたい。そのためには、県・県主について検討すると同時に、県・県主と地域支配制度である国造制とを比較検討することでより明らかになるだろう。また、国造制と比較検討することで、大化以前という時代背景の中で県主の位置づけを導き出すことが可能になる。本稿では史料上県・県主の名称のみが現れるものではなく、県・県主に関する説話を素材として検討する。八世紀以降の県主を冠する氏族の性格から遡及的に検討する方法もあるが、八世紀以降の県・県主の場合、大化以前のものから変質している可能性が捨てきれない。そのため本稿ではその手法を取ることはしないことを記しておく。

二　三嶋竹村屯倉設置説話の解釈

県主に関する検討の素材として三嶋竹村屯倉設置説話を取り上げる。ここには県主飯粒が登場し、県主の位置づけを析出するためには重要な史料となる。この説話は『日本書紀』安閑天皇元年秋七月辛巳条と閏十二月壬午条に確認できる。本節ではまず該当部分とその要約を掲げ、その解釈について検討する。

史料一『日本書紀』安閑天皇元年秋七月辛巳条

秋七月辛巳朔、詔曰、皇后雖三体同二天子一、而内外之名殊隔。①亦可下以充二屯倉之地一、式樹二椒庭一、後代遺上レ迹。廼差二勅使一、簡二擇良田一。勅使奉レ勅、宣二於大河内直味張一〈更名黒梭。〉曰、今汝宜レ奉二進膏腴雌雉田一。②味張忽然悋惜、欺二誑勅使一曰、此田者、天旱難レ漑、水潦易レ浸。費レ功極多、収穫甚少。勅使依レ言、服命無レ隠。

史料二『日本書紀』安閑天皇元年閏十二月壬午条

閏十二月己卯朔壬午、行二幸於三嶋一。大伴大連金村従焉。③天皇使二大伴大連一、問二良田於県主飯粒一。県主飯粒、慶悦無レ限。謹敬盡レ誠。仍奉二献上御野・下御野・上桑原・下桑原、并竹村之地、凡合肆拾町一。大伴大連、奉レ勅宣曰、（中略）④今汝味張、率土幽微百姓。忽爾奉レ惜二王地一、輕二背使乎宣旨一。味張自レ今以後、勿二預郡司一。於是、県主飯粒、喜懼交レ懐。廼以二其子鳥樹一献二大連一、爲二僮竪一焉。⑤於是、大河内直味張、恐畏求悔、伏レ地汗流。啓二大連一曰、愚蒙百姓、罪当二万死一。伏願、毎レ郡、以二钁丁春時五百丁、秋時五百丁一、奉二献天皇一、子孫不レ絶。藉レ此祈レ生、永爲二鑒戒一。別以二狭井田六町一、賂二大伴大連一。⑥盖三嶋竹村屯倉者、以二河内県部曲一爲二田部一之元、於是乎起。

ここで記されている内容をそのまま要約すれば次の通りである。①天皇が凡河内直味張[14]（以下味張）に屯倉設置のための良田（雌雉田）の献上を求める。②その要求に対して味張は虚偽の申告を行い、献上しなかった（ここまで史料一）。③その後県主飯粒（以下飯粒）に対して同様の要求を行い、飯粒は上御野・下御野・上桑原・下桑原、あわせて竹村の地の計四十町を献上した。④その後虚偽の申告を行った味張は郡司に任命しないとされ、飯粒が喜ぶ。⑤そして味張が郡ごとに钁丁を春と秋それぞれ五百丁出すことで許しを請う。⑥三嶋竹村屯倉で河内県の部曲を田部とするのはこれ（味張による春秋限定の钁丁の献上）に始まるとの記述が評言として加えられている（ここまで史料二）。

この一連の史料に記載されている説話はその解釈を巡って議論されてきた。とりわけ先行研究では「郡司」や「郡」の用語の問題、当時の地域社会構造に焦点があてられている。[15]そこでまずは史料上の用語の問題を検討したうえでこの説話の解釈を示す。

説話では味張が土地の献上を拒んだため、今後味張を「郡司」に任命しないという文脈で「郡司」の語が使用されている。この点については近年では中大輔が言及している。中は国造を郡司に書き換えている例がみえないこと、令制下において嶋上郡の郡領に三嶋県主が確認できることから、「郡司」は三嶋郡の郡領を指し、郡司の任用資格を失い三嶋郡の郡領職が三嶋県主に移ったことを示すとしている。[16]しかし三嶋県主が郡領氏族として確認できるのは『日本書紀』成立以降の史料によるため、郡領氏族の交代という事実が存在したか、また存在したとしても大宝令施行以降『日本書紀』編纂までの間か否かという点は見出すことができない。『日本書紀』全体を通しても郡領氏族の勢力交代を反映させたような記載は見当たらないことからもここでは従来の理解通り「国造」の書き換えとする理解で良いと思われる。[17]すなわち、土地の献上を拒んだことによって味張を国造に任命しないという判断がくだされたと解釈してよいと考える。しかし一連の説話には飯粒が国造に任命されたとも記載されておらず、二人がどのような結末を迎えたかは書かれていないことは注意される。味張が贖罪として春秋限定ではあるが钁丁を献上しており、それがのちの三嶋竹村屯倉の田部につながっている（後述するように田部徴発は国造によって行われる）こと、凡河内直を名乗っていること、あくまで「味張自レ今以後、勿二預郡司一」とあり、味張個人に対して懲罰が行われていることを踏まえると、この後味張の一族の者が凡河内国造に任命され、それが遡って味張にも凡河内直という氏姓が付されたと考えることが妥当であると考えられる。

続いて味張が钁丁を徴発する際に「毎レ郡」に行ったと記載されているが、どのように考えるべきであろうか。国造による田部徴発を伺わせる記載として、『日本書紀』安閑天皇元年十月甲子条には紗手媛に小墾田屯倉と「毎レ国田部」を、香々有媛には桜井屯倉と「毎レ国田部」を賜ったとする記載や、『播磨国風土記』飾磨郡条には飾磨屯倉について、意伎・出雲・伯耆・因幡・但馬の五国造にそれぞれ意伎田・出雲田・伯耆田・因幡田・但馬田を耕作させ、そこから稲を飾磨屯倉に納めさせるとする記載がある。こういった記載から、仁藤敦史が示すように、田部は国造などの人格的在地支配能力への依存によって広範囲から労働力が徴発されたと考えられる。[18] 味張の春秋限定の钁丁の献上という行為が三嶋竹村屯倉の田部につながっていることはまさにこのことと合致するのであり、「毎レ郡」の示すところは、「後の郡につながるような国より下位の地域社会ごとに」と理解できる。すなわちミヤケにおける労働力の徴発方法を踏まえれば、この説話における钁丁の徴発対象地域は味張が掌握していた地域の広範囲に及んでいたことは明らかで、『日本書紀』編纂者は味張を後の国造につながる存在として想定していたと考えられる。その内容が『日本書紀』編纂段階での知識によって造作されたものであろう。[19]

ミヤケ運営のための生産物を作るためには春秋に限定されない恒常的な労働力が必要であることを踏まえると、三嶋竹村屯倉設置当初は飯粒配下の人員が動員されていたが、[20] 後に凡河内直の徴発した部曲がそれに代わり、田部になり、恒常的な労働力となったとみることができる。いずれも労働力の徴発は王権の命令によるものではなく首長の支配能力に大きく依存したと考えることができよう。

上記を踏まえてこの説話の理解について補足を加えつつ簡単にまとめると、味張が三嶋竹村屯倉設置のための土地および三嶋竹村屯倉運営のための生産物の献上を求められたが拒絶し、飯粒がそれらを献上することになった。そのため味張は国造に任命されないことになった。しかし味張は贖罪として各地から徴発した春秋限定の钁丁の献上を行うことで、味張以外の凡河内直一族の者が国造に任命された。上記が三嶋竹村屯倉において河内県の部曲を田部とする始まりであるとの評言が加えられる、すなわち凡河内直が徴発していた春秋限定の労働力は恒常的な労働力へと変化していったということになる。次節ではこの解釈をもとに県主について検討する。

三　労働力の徴発からみる県・県主の位置づけ

本節では前節の理解をもとに県主の位置づけについて検討する。三嶋竹村屯倉設置説話の中で、飯粒は王権と直接的関係を結び、土地および生産物の貢納を求められる。ただ、王権は労働力については言及していないことからも王権主導による労働力の徴発は行われなかったとみられ、先述のとおり当初の三嶋竹村屯倉運営に伴う恒常的な労働力の徴発は飯粒に任されていたとみられる。すなわちこの場合の労働力の徴発は飯粒個人と配下の人間の関係によってなされるものであって、県主としての役割によるものではないと考えられる。この点は先にあげた『播磨国風土記』飾磨郡条の飾磨屯倉に関する説話や、『日本書紀』允恭天皇十一年三月丙午条に国造らが命じられて藤原部を定めたことなどにもみえるように、国造制成立以降は王権が国造を介して労働力を徴発していたことと対照的である。[21]

また、この説話においては、最終的に三嶋竹村屯倉の労働力として河内県の部曲が田部として徴発されていたことが記されている。部曲は部民の豪族私有民としての側面を示す表記とする鎌田元一の理解に従えば、[22] ここにいう田部の淵源は味張の私有民であると考えられる。味張は王権による命令ではなく自発的に私有民の献上を行ったことを踏まえれば、国造制成立以前は労働力の徴発が王権の主導ではなく首長に任せられていたことを推測させる。そしてこのことは飯粒の行為や県・県主が相対的に国造制成立以前の時期に設置されたものとする共通理解とも合致する。王権からの命令によって国造がミヤケ運営にかかる労働力の徴発や部民を設置する等の行為は、理論上王権によって国造配下の民衆が支配されているからこそ可能であるといえる。国造は当時の王権構造において民衆と大王を結ぶ結節点である一方で、県主は物的貢納や個人的な仕奉関係がみえるのみで、県主という役割を通じて、民衆の姿をみることはできない。そのため県主は王権構造において国造とは異なる位置づけにあるといえる。味張も当初は飯粒と同様の要求を受けているが、これは凡河内直が国造に任じられる前の説話であることから、国造の例には入れられず、むしろ国造制成立以前の各地の首長層との関係をみるうえで、飯粒の性格を補強するものになり得る。すなわちこの説話からみえる労働力の徴発について、第一段階として王権から干渉されない飯粒・味張の自発的な徴発があり、第二段階として王権の命令によって国造が部曲（＝田部）を徴発するという段階差をみることができる。

このことは他の県主に関する記載からも確認することができる（表1）。県主に関する記載は少ないうえに系譜記事やその名称の記載にとどまるものも多いが、表1の№15、№16などは土地（およびそこでの生産物）を献上した記載であるし、№19や№20は王権との個人的関係を推測させるものであろう。とりわけ№19は、茅渟県主が「負嚢者」を雄略から与えられる説話である。「負嚢者」については、以前拙稿で雄略に対して仕奉関係を結んでいないことを示した。[23]すなわち、「人」の付されるいわゆる人制の場合は王権と関係を結び、一定期間の上番および職務への従事が求められているのに対し、「者」が付される場合はその限りではない。そのためここで茅渟県主に「負嚢者」が与えられた段階で「負嚢」という職務こそあるものの、王権による支配からは離れ、茅渟県主の配下に入ることを示す。この点においても県主は役割のうえでは王権と関係を結ぶものの、王権と配下の民衆の結節点としての役割を持たなかったと考えられる。

王権はこの説話において三嶋竹村屯倉設置のための土地および運営にかかる生産物の貢納を求めていたのであり、労働力の徴発は現地の首長に、首長的性格を背景に任されていた、すなわち県主としての権力、または制度的根拠に

表1　『日本書紀』にみえる県主一覧

No.	天皇	年	月日	県主の名称	内　容
1	神武	二	二月乙巳	猛田県主	猛田邑を給わる。菟田主水部遠祖。元の名は弟猾。
2	神武	二	二月乙巳	磯城県主	元の名は弟磯城（黒速）。
3	神武	二	二月乙巳	葛野主殿県主部	頭八咫烏の子孫。
4	綏靖	二	正月己卯	磯城県主	五十鈴依媛を皇后とするが、一書には磯城県主女川派媛とする。
5	綏靖	二	正月己卯	春日県主大日諸	五十鈴依媛を皇后とするが、一書には春日県主大日諸女糸織媛とする。
6	安寧	三	正月壬午	磯城県主葉江	渟名底仲媛命を皇后とするが、一書には磯城県主葉江女川津媛とする。
7	懿徳	二	二月癸丑	磯城県主葉江	天豊津媛命を皇后とするが、一云として磯城県主葉江男弟猪手女泉媛とする。
8	懿徳	二	二月癸丑	磯城県主太眞稚彦	天豊津媛命を皇后とするが、一云として磯城県主太眞稚彦女飯日媛とする。
9	孝昭	二十九	正月丙午	磯城県主葉江	世襲足媛を皇后とするが、一云として磯城県主葉江女渟名城津媛とする。
10	孝安	二十六	二月壬寅	磯城県主葉江	押媛を皇后とするが、一云として磯城県主葉江女長媛とする。
11	孝安	二十六	二月壬寅	十市県主五十坂彦	押媛を皇后とするが、一云として十市県主五十坂彦女五十坂媛とする。
12	孝霊	二	二月丙寅	十市県主等祖	細媛命を皇后とするが、一云として十市県主等祖女眞舌媛とする。
13	孝元	即位前紀		磯城県主大目	孝元の母細媛命の父で、細媛命を磯城県主大目之女とする。
14	景行	十八	七月丁酉	水沼県主猿大海	女神が山中にいることを景行に伝えた。
15	仲哀	八	正月壬午	岡県主祖熊鰐	行幸を迎え、魚塩地を献上。また、塩地の境を定めた。
16	仲哀	八	正月壬午	伊覩県主祖五十迹手	行幸を迎え、引嶋を献上。
17	神功	元	十二月辛亥	沙麼県主祖内避高国避高松屋種	仲哀天皇が筑紫にいた時に神がかりし、仲哀天皇へアドバイスをする。
18	雄略	十	九月戊子	嶺県主泥麻呂	別本の伝承として、呉から献上された二羽の鵞鳥が嶺県主の犬に食い殺される。
19	雄略	十四	四月甲午朔	茅渟県主	根使主の子孫の一部を負嚢者として与えられる。
20	清寧	即位前紀		河内三野県主小根	星川皇子に仕えていた。大伴室屋と草香部吉士漢彦に田地を献上した。
21	顕宗	三	二月丁巳朔	壱岐県主先祖押見宿禰	月神が人にのりうつり、土地の献上を求めた。そこで祀りに奉仕した。
22	安閑	元	閏十二月壬子	県主飯粒	ミヤケ設置のための土地を献上した。
23	天武	元	七月壬子	高市郡大領高市県主許梅	神がかりし、天武天皇へアドバイスをする。
24	天武	十二	十月己未	高市県主	連姓を賜る。
25	天武	十二	十月己未	磯城県主	連姓を賜る。
26	天武	十三	正月庚子	三野県主	連姓を賜る。

表二（参考）『古事記』にみえる県主一覧

No.	天皇	県主の名称	内容
1	神代	高市県主	祖先を天津日子根命とする。
2	綏靖	師木県主	祖先を河俣毘売とする。
3	安寧	（師木？）県主波延	河俣毘売の兄の県主波延の娘の阿久斗比売を安寧天皇が娶る。
4	懿徳	師木県主之祖賦登麻和訶比売	懿徳天皇が娶った人物。亦名を飯日比売とする。
5	孝霊	十市県主祖大目	大目の娘の細比売を孝霊天皇が娶る。
6	開化	旦波大県主名由碁理	由碁理の娘の竹野比売を開化天皇が娶る。
7	景行	県主	景行の御子の七十七王が遣わされた。
8	成務	県主	大県・小県に県主が定められた。
9	雄略	志幾之大県主	家に堅魚をあげていることをとがめられるが、許しを請う。

基づくとはいえないと考えられる。県主は王権と直接的個人的関係を持ち、物的貢納を求められる存在で、県主を通じて配下の人間を支配するということは行われていなかったといえる。

ここまで検討してきた国造と県主の質的差異は人制と部民制の質的差異と同様である可能性が考えられる。先に著した拙稿では人制について、地域社会の中からその職務に長けた人物が上番し、共同体から切り離された上番先で集団に編成され、王権に仕奉するという構造を持ち、部民制は一般民衆層までを対象として部民として設定し、伴造を結節点として民衆層までを王民として捉える構造を持つとした。(24) 先行研究では、県・県主は部民制的隷属内容と共通するとする吉田の見解もだされたが、(25) これについては否定的に捉えざるをえない。県主は王権との関係を持ちつつもその配下の人間については王権の埒外にあったという点で人制と共通する。人制の場合は「人」が付された人物が上番して仕奉することで王権運営に関わるが、県主の場合は上番することが恒常的に行われなかったとしても、物的貢納などの側面で王権運営に関わっていたとみられる。この点は先行研究でも明らかにされているように、内廷と直結し、供御料を貢納し、家政に必要な物資を提供するという役割と矛盾しない。おそらくは人制によって王権運営にかかる労働力を徴発し、県主によって王権運営にかかる物的貢納などがなされていたと考えることができる。

先行研究では県を国造制以前の地域支配にかかる地域社会の単位であるという理解からの論理的要請によって、県主を県を支配する在地首長あるいは地方官として位置づけてきた。そのため積極的に県主の位置づけの検討は行われてこなかった。そこで本節では前節の三嶋竹村屯倉設置説話の解釈をもとに労働力徴発方法に焦点をあてて県主の検討を行い、また国造制と比較することでその位置づけの析出を試みた。そこではこれまでいわれていたような、王権が県主を通じて民衆を支配するという点は見出すことができず、県主が民衆に対して持っていた性格は首長的性格によるものであって、県主固有の役割ではないことを示した。そのため国造とは異なり、王権は県主を通じて民衆を支配する意識はなかったと考えられる。

県主をこのように考えた場合、そして王権から県を捉えた場合、当然県は国造制以前の地域支配にかかる地域社会の単位としての性格を持たないことになる。このことは次にあげる史料からも明らかであろう。

史料三『日本書紀』仁徳天皇十二年十月条

掘二大溝於山背栗隈県一以潤レ田。是以、其百姓毎年豊之。

史料四『日本書紀』推古天皇三十二年十月癸卯朔条

大臣遣二阿曇連、〈闕レ名。〉阿倍臣摩侶、二臣一、令レ奏二于天皇一曰、葛城県者、元臣之本居也。故因二其県一爲二姓名一。是以冀之、常得二其県一、以欲レ爲二臣之封県一。

いずれの史料も、県を土地として捉えていることは明らかであろう。[26] 史料三の栗隈県は土地開発の対象として、史料四の葛城県は「本居」として記されている。しかし県主が王権による地域支配のための在地首長ではなく、王権運営にかかる物資の貢納などを主たる役割とし、地域支配については求められなかったとする本稿の理解に基づけば、県はそれらを生み出す土地に他ならない。

ただし、先述したようにミヤケにおいて労働力の徴発が国造によって行われていることを踏まえれば、三嶋竹村屯倉設置説話において河内県は国造の国の内部にあったと考えてよいだろう。その場合、河内県は三野・志紀・紺口などの河内の諸県を意味するとした場合と、[27]河内県が固有名詞で、単一の県を指す場合が考えられるが、いずれの場合においても国造の国と県が同時期において存在していたことは明らかであろう。国造の国内部に県がある場合、どのように位置づけられるだろうか。

本稿であげた史料以外からも、国造制成立以降も県が存在していたことは周知のとおりである。そのことをもって井上は国と県を上下関係に捉えることになる。しかし本稿では県は国造制以前の地域支配にかかる地域社会の単位としての性格を持たないとする立場に立つ。すなわち国と県は次元を異にして併存していると考えられる。そのため、上下関係どころか、上田のように因果関係をもつ前後関係に位置づけることもできないことになる。むしろ次元を異にしているからこそ、併存できると考えられる。国造は支配の及ぶ範囲に対して首長的性格によって支配をしていたと考えられるが、それは県に居住する民衆も例外ではない。だからこそ河内県の民衆も凡河内直によって支配され、田部として徴発されたと考えられる。しかし史料四の葛城県にみられるように、その土地及び生産物については天皇のものであり、手をつけることはできなかったのだろう。このような性格を持つ以上、古くは県が直轄地として理解されてきたのはある意味当然であったし、そのような理解が正しいと考えられる。一方でそこにある労働力については王権の埒外となり、王権は県主の首長的性格に依存せざるをえなくなる。そして後に国造制の成立によって、県内部の民衆に対しても支配の手が及ぶことが可能になるといえる。

おわりに

本稿では、県・県主について検討を行った。これまでの県・県主に関する研究は、国県制論争に始まり、在地首長制論と結びつくかたちで行われてきた。しかしそれはかえって県・県主の理解を曖昧にするものであった。また、国県制論争から在地首長制論を経るなかで、地域支配制度という捉え方が改めて検討されずに自明の前提として考えられてきた。これまでは検証が不十分なまま理解されてきた県の理解からの論理的要請によって県主が位置づけられており、積極的な検証がなされてこなかった。そこで本稿では先行研究の視点を転換し、県主の検討を通じて県の性格を検討し、改めて制度としての県・県主の性格を問い直したものである。

本稿ではとりわけまとまった説話が残っている三嶋竹村屯倉設置説話の労働力の徴発の様子を素材として検討を加えてきた。そのなかで、王権は県主配下の民衆を徴発していない点、王権が国造を経由してミヤケの労働力の徴発を行っている点から、県主配下の民衆は王権にとって埒外の存在であること、国造制が成立して以降、王権による民衆に対する支配が可能になったことを推測した。これまでは県主と在地首長制論が結びつくことで地域支配制度としての位置づけがなされてきたが、県主は首長としての性格によって支配、労働力の徴発を可能としていたと考えられ、それを踏まえて制度史的視点にたって県主を捉えた場合、その土地及び生産物を貢納することによって王権運営に関わっていた存在と位置づけられる。このようなシステムは、王権がその人物を通じて配下の民衆を支配していないという点において人制と類似していると考えられる。すなわち六世紀前半において国造制や部民制が成立する以前は、王権運営にかかる労働力や物的貢納を求めるにとどまっていた王権の脆弱性を推測させる。

このような形で県主を理解すれば、当然県についても再検討が求められる。県はこれまで、国造制以前の地域支配にかかる地域社会の単位と理解されてきた。本稿では県主を上記のように位置づけた以上、そのように捉えることは不可能で、王権の直轄地として捉えてよいと考えた。県・県主は地域支配制度という捉え方は誤りであって、あくまで王権運営にかかる存在であったと考えられる。そしてそれゆえに県・県主は国造制成立以降も次元を異にして併存しえたと考えられる。この点は県・県主が相対的に国造制以前に存在していたこと、県主が内廷と直結し、供御料を貢納し、家政に必要な物資を提供するという先行研究の理解とも合致する。制度としての県・県主はこのように位置づけられ、これをもって本稿での課題に対するこたえとしたい。

本稿ではこのように県・県主について検討してきたが、国造制以前のものにしか言及できなかった。県・県主は国造制成立以降変質するのか、あるいはそうであればその具体像を明らかにすることでさらなる理解を可能にする。そのためには稲置に着目する必要があろう。まだ検討を加えるべき部分は多岐にわたるが、これらの点は今後の課題として本稿を結びとしたい。

注

(1) 井上光貞「国造制の成立」(『井上光貞著作集　第三巻』岩波書店、一九八五、初出一九五一)、上田正昭「国県制の実態とその本質」(『上田正昭著作集　二』青木書店、一九九八、初出一九五九)。
(2) 中田薫「我古典の「部」及び「県」に就て」(『法制史論集』三、一九四三)。
(3) 後に井上は上田による批判を受けて、「国県制の存否について」(『日本古代国家の研究』岩波書店、一九六五、初出一九五九)にて、県は「アガタ」と「コホリ」に分類可能で、後者は稲置が設置され、こちらが国の下級機関としてたてられた制度である、と一部見解を修正しているが、国と県の二段階の地方組織があるという点はそのまま活かされている。
(4) 井上前掲注1論文、同前掲注3論文、同「カモ県主の研究」(『井上光貞著作集　第一巻』岩波書店、一九八五、初出一九六五)、上田前掲注1論文、同「アガタ及びアガタヌシの研究」(『國學院雑誌』五四－二、一九五三)。
(5) 石母田正『日本の古代国家』(岩波書店、一九七一)。
(6) 八木充『律令国家成立過程の研究』(塙書房、一九六八)。
(7) 新野直吉『国造と県主』(至文堂、一九六五)。
(8) 吉田晶「県及び県主」(『日本古代国家成立史論』東京大学出版会、一九七三)。
(9) 加藤謙吉「猪名県に関する二、三の問題」(『大和政権と古代氏族』吉川弘文館、一九九一)。
(10) 小野里了一「県制について」(『中央史学』二〇、一九九七)。

(11) このように捉える論拠は、『古事記』成務天皇段に「定二賜大国小国之国造一、亦定二賜国国之堺、及大県小県之県主一也。」とあり、『日本書紀』成務天皇四年二月丙寅朔条に「国郡立レ長、県邑置レ首」、同五年九月条に「以国郡立二造長一、県邑置二稲置一」とあること、同大化元年八月庚子条に国造・伴造と併記される形で県稲置が記載されていること、『隋書倭国伝』に「軍尼」と「伊尼翼」が上下関係にあると記載されていること、などにある。しかし稲置について記載されているものは、県主に関する記載ではないことや、『古事記』成務天皇段の記載は国造と併記されているものの、地域支配制度と理解しなくても問題ない。すなわちこれらをもって県・県主が地域支配制度のために設置されたものと捉えることは再検討を要する。

(12) 舘野和己「ヤマト王権の列島支配」（歴史学研究会、日本史研究会編『日本史講座』一、東京大学出版会、二〇〇四）。

(13) 吉田前掲注8論文。

(14) この説話では「大河内直」となっているが、凡河内直と同族と考えられるため、以下凡河内直とする。

(15) 吉田晶「凡河内直と国造制」（『日本古代国家形成史論』東京大学出版会、一九七三）、角林文雄「凡河内直と三島県主」（『論究日本古代史』学生社、一九七九）、中大輔「田部に関する基礎的考察」（『國學院雑誌』一〇九―一一、二〇〇八）などがこの史料に言及している。

(16) 天平勝宝八歳（七五六）の「東大寺領摂津職嶋上郡水無瀬荘図」（『東南院文書』二）に「擬少領三島県主」がみえる。なお、三嶋の地は摂津国嶋上郡、嶋下郡に相当すると考えられており、竹村屯倉が設置されたとみられる上御野・下御野・上桑原・下桑原の地は嶋上郡と考えられている。

(17) 吉田前掲注8論文、舘野和己「畿内のミヤケ・ミタ」（『新版　古代の日本　5　近畿Ⅰ』角川書店、一九九二）、森公章「長屋王家木簡と田庄の経営」（『長屋王家木簡の基礎的研究』吉川弘文館、二〇〇〇）など。

(18) 仁藤敦史「古代王権と「後期ミヤケ」」（『古代王権と支配構造』吉川弘文館、二〇一二、初出二〇〇九）

(19) ただし、このことは河内県が指すものについて、三野・志紀・紺口などの河内の諸県を意味するとする吉田前掲注8論文、舘野前掲注17論文の理解は首肯すべきということにはならないことは注意を要する。この文脈において河内県は複数の県を総称して河内県とすることも河内県を固有名詞として単一の県を指すとも両方意味は通る。この点については明確な回答は保留したまま検討を進めることとする。

(20) 舘野前掲注17論文。

(21) 他にも『日本書紀』応神天皇五年八月壬寅条に諸国に命じて海人と山守部を定めさせたこと、『日本書紀』安閑天皇二年八月朔条に詔によって国々に犬養部を設置したことなどがみえる。

(22) 鎌田元一「「部」についての基本的考察」(『律令公民制の研究』塙書房、二〇〇一、初出一九九三)。

(23) 拙稿「人制から部民制へ」(篠川賢ほか編『国造制・部民制の研究』八木書店、二〇一七)。

(24) 拙稿前掲注23論文。

(25) 吉田前掲注8論文、新野直吉『日本古代地方制度の研究』(吉川弘文館、一九七四)。

(26) 他にも県に関する史料は『古事記』『日本書紀』に多く見える。「某県」とみられる史料をみれば、人間集団と取れるものも多いが、ほとんどが土地と捉えても差し支えないと考えられる。

(27) 吉田前掲注8論文、舘野前掲注17論文。

古墳時代後期における三浦半島東岸地域と房総半島西岸地域の墓制からみえる共通性
―ヤマトタケル伝承を手掛かりに―

東　真江

はじめに

三浦半島観音崎や房総半島金谷の浦賀水道を見下ろす岬に立つと、対岸が眼下に迫りすぐ近くにあることを実感する（図1）。神奈川県の東部に位置する三浦半島南東岸部、すなわち現在の横須賀市から三浦市にかかる東京湾沿岸地域の古墳文化については、『古事記』、『日本書紀』に描かれるヤマトタケル伝承と「鎌倉之別」との関係が指摘されてきた。荒井秀規氏は御浦半島の古墳築造集団と「鎌倉之別」との関連を比定された[1]（荒井一九九七）。「鎌倉之別」など鎌倉の古代氏族について近年篠原幸久氏が詳細な文献の検討を加えられており[2]（篠原二〇〇一他）、また須藤智夫氏は考古学の立場からの研究を重ねられている[3]（須藤二〇一七）。

ヤマトタケル伝承では、ヤマトタケルが浦賀水道を渡り房総半島へ、さらに東北へと征討を進めるのであるが、実際の古墳築造集団

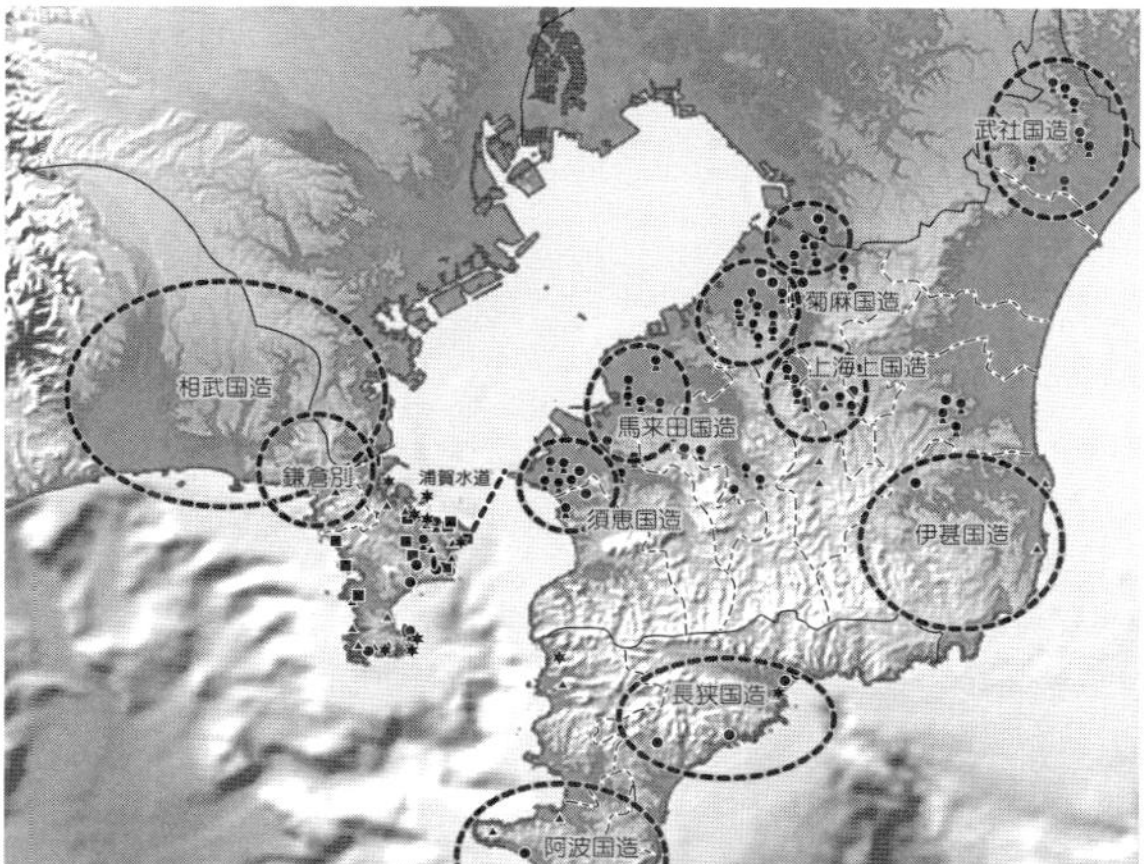

図１　三浦半島・房総半島の国造域と古墳等分布図

も三浦半島と房総半島の海を介した関係が想定されてきた。しかし、三浦半島の古墳文化と房総半島の古墳文化に関連性は認められるものなのだろうか。本稿では、古墳時代後期の古墳の主体部や副葬品を房総半島木更津から富津といった対岸部のそれと比較することで、三浦半島の後期古墳の被葬者像を検討し、三浦半島と房総半島の後期古墳の様相を比較し関係性を検討するものである。

また、近年海浜型古墳等、海洋民とその古墳文化が注目されている。三浦半島では、洞窟遺跡や竪穴式切石石室など特徴のある様相から海洋民との関係が注目されているが、海洋民という要素から、三浦半島と房総半島の後期古墳に共通性がみられるのだろうか。本稿では以上二点について検討を行い、三浦半島の古墳時代を解明する一助としたい。

一　ヤマトタケル伝承と三浦半島の古代氏族

初めに、『古事記』に描かれるヤマトタケル東征伝承のうち、相武国から甲斐国までの部分とヤマトタケルの子孫についての部分を掲げる。

【史料一】『古事記』中巻景行天皇段

故爾到二相武國一之時、其国造詐白「於二此野中一有二大沼一。住二是沼中一之神、甚道速振神也。於レ是看二行其神一、入二坐其野。爾其国造、火著二其野一、知レ見レ欺而、解二開其姨倭比賣命之所レ給嚢口一而見者、火打有二其裏一。於レ是、先以二其御刀一苅二撥草一、以二其火打一而打二出火一、著二向火一而燒退、還出、皆切二滅其国造等一、卽著レ火燒。
故、於レ今謂二燒津一也。
自レ其入幸、渡二走水海一之時、其渡神レ興浪、廻レ船不レ得二進渡一。爾其后・名弟橘比賣命白之、妾易二御子一而入二海中一。御子者、所レ遣之政遂應二覆奏一。將レ入レ海時、以二菅疊八重・皮疊八重・絁疊八重一、敷二于波上一而、下二坐其上一。於レ是其暴浪自伏、御船得進。爾其后歌曰、

佐泥佐斯　佐賀牟能袁怒邇　毛由流肥能　本那迦邇多知弖　斗比斯岐美波母

故、七日之後、其后御櫛、依二于海邊一。乃取二其櫛一、作二御陵一而治置也。自レ其入幸、悉言二向荒夫琉蝦夷等一、亦平二和山河荒神等一而、還上幸時、到二足柄之坂本一、於下食二御粮一處上、其坂神化二白鹿一而來立。爾卽以二其咋遺之蒜片端一、待打者、中二其目一乃打殺也。故、登二立其坂一、三歎詔二云阿豆麻波夜一。自阿下五字以音也。故、號二其國一謂二阿豆麻一也。

（中略）

此倭建命、娶二伊玖米天皇之女・布多遲能伊理毘賣命一、生御子、帶中津日子命。一柱。又娶二其入レ海弟橘比賣命一、生御子、若建王。一柱。又娶二近淡海之安国造之祖意富多牟和氣之女、布多遲比賣一、生御子、稻依別王。一柱。又娶二吉備臣建日子之妹、大吉備建比賣一、生御子、建貝兒王。一柱。又娶二山代之玖玖麻毛理比賣一、生御子、足鏡別王。一柱。又一妻之子、息長田別王。凡是倭建命之御子等、幷六柱。

故、帶中津日子命者、治二天下一也。次稻依別王者、犬上君、建部君等之祖。次建貝兒王者、讃岐綾君、伊勢之別、登袁之別、麻佐首、宮首之別等之祖。足鏡別王者、鎌倉之別、小津、石代之別、漁田之別之祖也。（以降略）

右掲のとおり、ヤマトタケルは父景行天皇の命により、東国から陸奥への遠征を命ぜられ、相武国を経て、東京湾を渡り蝦夷の地へと進み、帰路に再び相武を経て甲斐・科野、尾張を経てヤマトを目指す。相武国では相武国造に騙され火攻めに遭うが、草薙剣によって火勢を逆にし、相武国造を返り討ちにし、走水から上総に渡ろうとして海神の妨害に遭い愛妻オトタチバナヒメを失う。そして帰路には足柄峠で鹿に化けた坂の神と戦い、神を打ち負かした後、「あづまはや」と嘆き、その国を「あづま」と号づけたとする。物語後半には倭健命の出自と後裔系譜が載せられ、

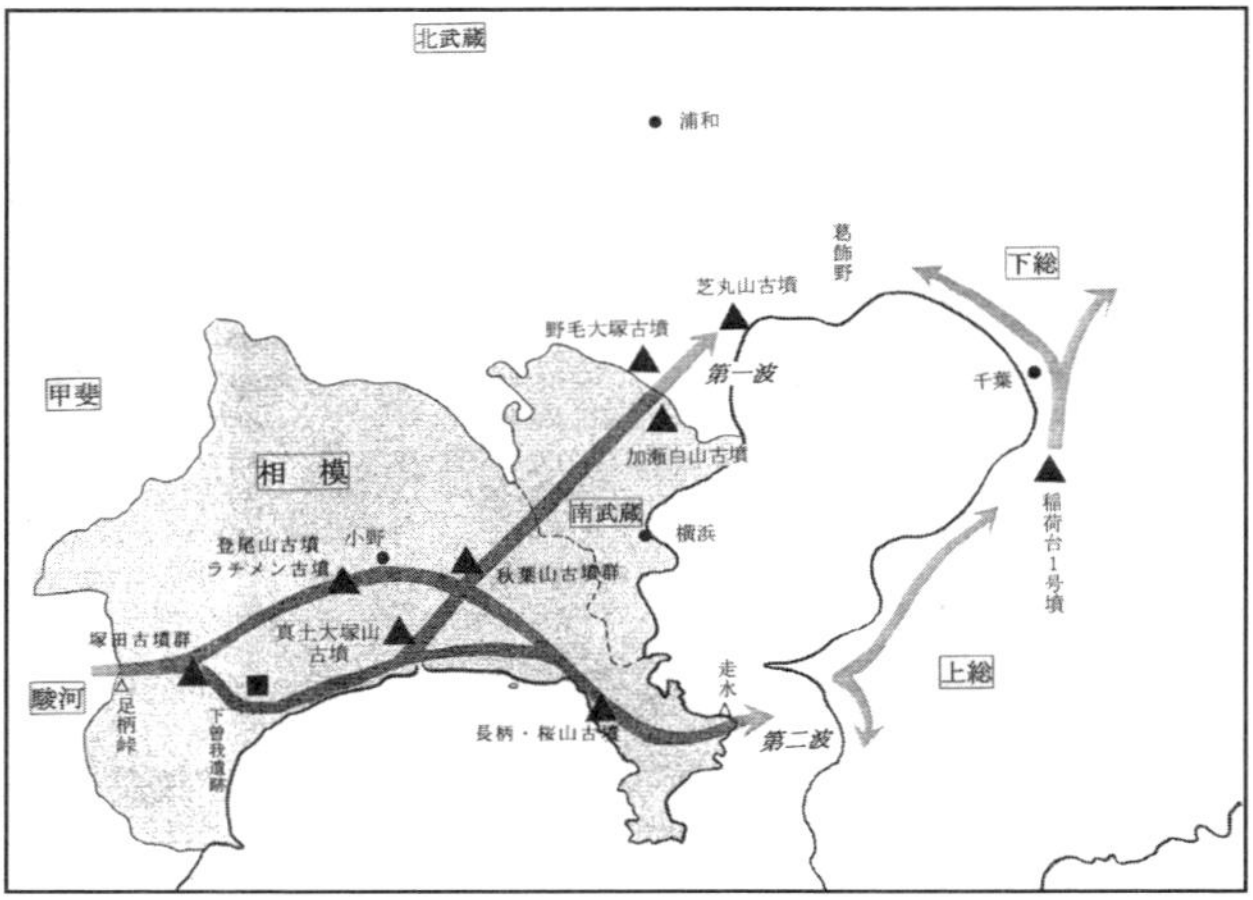

（第１波：３世紀～４世紀、第２波：４世紀後半～５世紀）

図２　ヤマト王権の東国進出（荒井 2001）

その中に山代之玖玖麻毛理を娶り生まれた足鏡別王は鎌倉之別、小津、石代之別、漁田之別の祖という。このことから、三浦半島と房総半島に古くから海を介した交通路が確立していたことと、「鎌倉之別」が相模国内に存在したと考えられてきた。

三浦半島の古代氏族については、先に挙げた『古事記』のほか、『日本書紀』、『駿河国正税帳』、木簡にみられ、荒井氏、篠原氏、須藤氏らの研究から古代氏族の分布状況を確認することとする。

荒井氏は、ヤマトタケル伝承を「四世紀から七世紀にわたるヤマト勢力（王権）の地方進出とそれに対する抵抗が、ヤマトタケルという架空人物に集約されることで成立した大和側の英雄伝説」とし、ヤマトタケルが走水から上総へ渡る際、海神が行く手を妨害する、この海神こそ三浦半島の豪族であり、鎌倉之別は、ヤマト王権に敗れた勢力に代わって、ヤマトから派遣された勢力が定着したか、または敗れた豪族が婚姻関係を伴ってヤマト王権に強く従属したと推測した（図２）。そしてこの鎌倉之別の墓こそが逗子市と葉山町にまたがり築造された二基の前方後円墳を含む長柄・桜山古墳群であるとした(4)（荒井二〇〇一）。

これに対し、鎌倉周辺の古代史について、詳細に検討する篠原氏は、『古事記』景行段「鎌倉之別」をヤマトタケルの子足鏡別王後裔とし、氏族関係を検討した上で、「後継する首長墓など半島南部から鎌倉地方に及ぶ一つの政治圏にまで推移させることはできない」とした荒井氏が相武・磯長に準ずる第三のクニを想定することには疑問を呈している。藤原氏は鎌倉郡に屯倉が存在したことは、鎌倉市今小路西遺跡出土天平五年木簡に「郷長丸子□□」で判明する丸子連・丸子は屯倉付属の屯田耕作に従事する貢納部の一種である丸子部を統率した伴造であり、屯倉を中核とする郡域そのものが屯倉に近い存在として、鎌倉之別は在地氏族として該当施設の直接維持・運営に当たっていた可能性が高いとし、その他鎌倉郡にみられる氏族として、大伴部（首）・上村主・他田臣・君子を挙げている。一方、三浦郡について篠原氏は、律令期、郡司代に大田部直圀成がみえ、やはり屯倉の存在が推定できるとし、横須賀市公郷町の宗元寺跡（推定郡寺遺構）付近に御浦郡衙を求め、かかる一帯が御浦郷＝屯倉の所在した狭義のミ（御）浦であると推察した上で、在地勢力の脆弱な同郡も、古東海道が通過し走水郷の渡海点を扼する地域的心臓部に—宝亀二（七七一）年以前には大住郡の相模国府（平塚市四之宮付近）から東へ伸びる古東海道駅路が鎌倉を通過、三浦半島を横断して走水から東京湾航路で上総国天羽郡にいたった—まさしく王権の支配の楔が打ち込まれていたとし、国造勢力が無い鎌倉・御浦郡は屯倉を通してそれぞれ大和政権の直接支配の力が及んだもの考えた[5]（篠原二〇〇六）。

須藤氏は一九九〇年代から神奈川県内の古墳文化と史料の比較を行っており[6]、「鎌倉之別」を三浦半島の横断ルートや走水から上総への海路の周辺で活躍した地域勢力の管掌者であるとしていたが、近年篠原氏の「鎌倉郷」域レベルでの支配を肯定しつつ、「鎌倉之別」は五世紀後半に初段階の勢力が出現し、六世紀初頭頃に一定の地域を管掌出来る首長に成長したと考えるが、国造制とは別の原理で国造制成立以前に成立した、もしくは国造制の導入されない地域に置かれた可能性を述べている。すなわち、一九九〇年代では、ヤマトタケル伝承と前期古墳群を結び付け、「鎌倉之別」は鎌倉を中心とした三浦半島全域に及ぶ勢力であると考えられていたが、二〇〇〇年代以降、「鎌倉之別」の勢力範囲を前期古墳ではなく、後期古墳群、横穴墓群の分布と副葬品、古代氏族の詳細な検討から、古代鎌倉郷程度の範囲のものであり、その主な埋葬地を現在の藤沢市域内の横穴墓群に求めており、三浦半島東京湾側の勢力とは異なるものと考えられている。

ヤマトタケル伝承にみられるように、三浦半島と房総半島は盛んに往来があったものと推測できるが、東京湾浦賀水道周辺の勢力はどのようなものか。以下、浦賀水道周辺の三浦半島側、房総半島側のそれぞれの古墳の分布、墳形、副葬品等を比較したうえで、改めて鎌倉之別の想定される勢力域を検討するものとする。

二　浦賀水道周辺の三浦半島の後・終末期の遺跡分布状況

改めて本稿で検討する対象地域と古墳時代後期から終末期の遺跡を概観しよう。東京湾は西側を三浦半島、東側を房総半島、北側を関東平野に囲まれた海域で、南側に幅の狭い湾口の浦賀水道を通じて太平洋にひらく内湾を形成している。このうち、房総半島富津岬と三浦半島観音崎を結ぶ以南の海域を浦賀水道と呼んでいる。三浦半島には、相模湾側に現在の藤沢市、逗子市、葉山町、東京湾側には横浜市が含まれるが、本稿では、この三浦半島観音崎と富津岬を結ぶ海上ルート周辺の古墳時代後期の様相を比較するため、ここで取り上げるのは、浦賀水道沿岸である三浦半島東京湾沿岸地域の先端部分である横須賀市、三浦市とし、当該地域の古代の集落の様相と主要な後期古墳・横穴墓の分布を概観する(7)(図3)。

古代律令制国家において、「相模国」は「鎌倉郡」「高座郡」「大住郡」「余綾郡」「愛甲郡」「足上郡」「足下郡」とともに「御浦郡」で構成されている。御浦郡は現在の逗子市、葉山町、横須賀市、三浦市を含む三浦半島全域である。十世紀に書かれた『倭名類聚抄』には御浦郡内には「田津」、「御崎」「氷蛭」「御埼」「安慰」の五郷が記される。これに加え、天平七(七三五)年の『相模国封戸租交易帳』に御浦郡走水郷が山形女王、氷蛭郷が檜前女王の食封としてみえることから、走水郷があったことがわかる。これらの郷の比定地は古墳時代後期には集落を形成し始めており、おおよそ郷の範囲と集団域が重なるものと考えられるので、三浦半島内の古墳時代後期の様相を古代の郷単位ごとに確認しよう。なお、各遺構の記載方法(〇〇穴や〇〇基、洞穴や洞窟など)は各報告書によるものである。

田津郷は横須賀市北東部に比定されており、古墳時代の遺跡の分布が比較的希薄な地域である。なたぎり遺跡は横

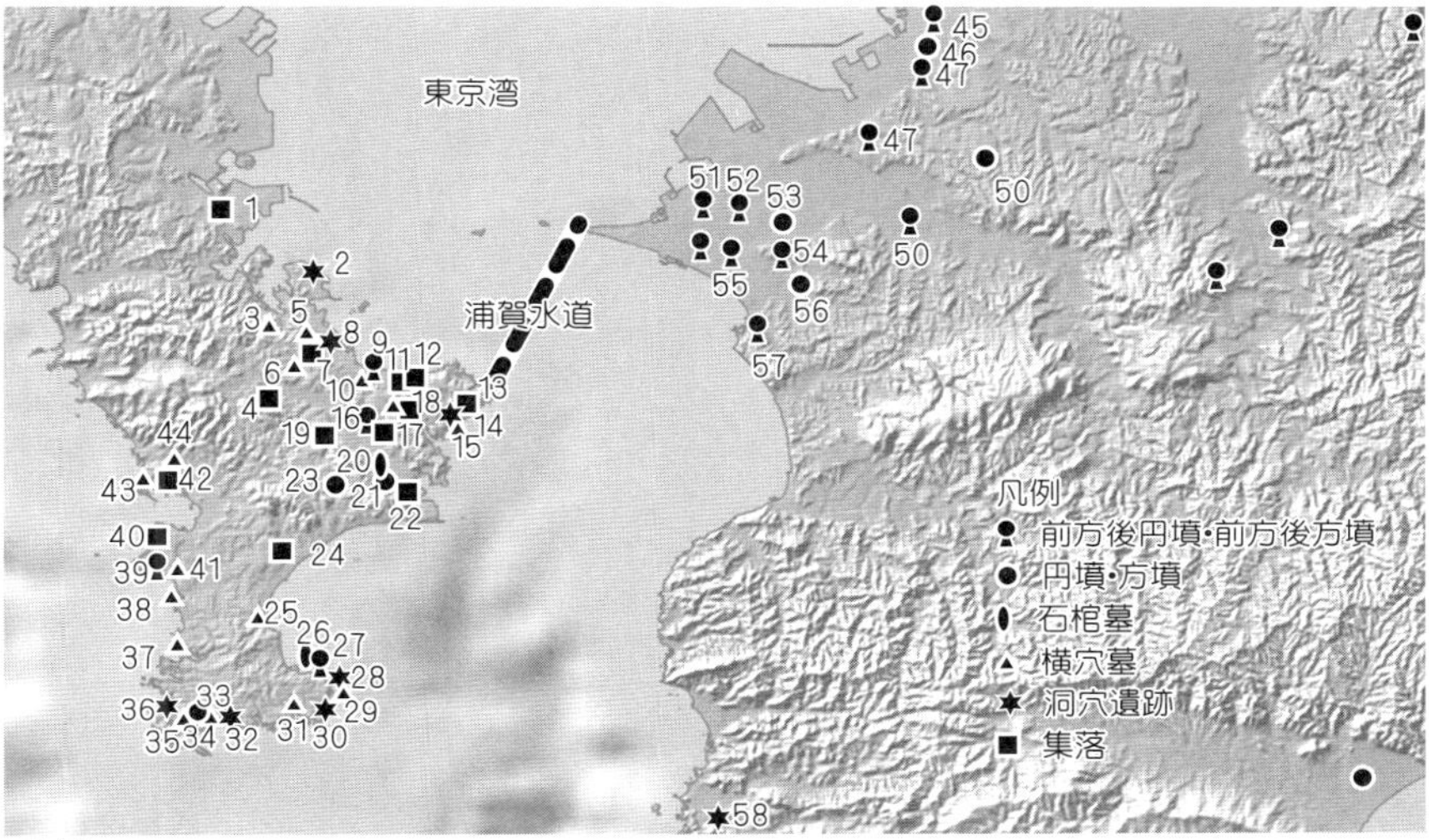

三浦半島
田津郷周辺　1なたぎり遺跡 2かもめ島洞穴 3坂本横穴墓群
御浦郷周辺 4石井遺跡 5高山横穴墓群 6佐野横穴墓群 7田戸遺跡 8山崎貝塚　9大津古墳群 10信楽寺横穴墓群
走水郷周辺 11矢ノ津遺跡 12中馬堀遺跡 13小荷谷遺跡・上ノ台遺跡 14鳥ヶ崎洞穴 15鳥ヶ崎横穴墓群
安慰郷周辺　16大塚古墳群 17大餅遺跡 18上吉井北遺跡・吉井横穴墓群　19佐原泉遺跡 20八幡神社遺跡 21蓼原古墳
22蓼原遺跡・神明谷戸遺跡 23かろうと山古墳 24大町谷東遺跡
氷蛭郷周辺　25白山神社境内横穴墓 26間口横穴墓群・間口洞穴遺跡 27雨崎古墳　28雨崎洞穴 29雨崎横穴墓群　30毘沙門洞穴
31江奈横穴墓群
御崎郷周辺　32向ヶ崎洞穴 33坂の下横穴墓群 34向ヶ崎古墳　35窪がり横穴墓群 36海外第一洞穴 37三戸海岸横穴墓群
38和田横穴墓群 39経塚古墳 40長井内遺跡 41長浜横穴墓群 42佐島深田遺跡 43深田横穴墓　44御浦崎横穴墓群

房総半島（上総一部）
馬来田国造周辺　45金鈴塚古墳 46松面・塚の越古墳 47稲荷森古墳 48手古塚古墳 49八幡神社古墳 50山伏作古墳群
須恵国造周辺　51八幡神社古墳 52内裏塚古墳 53割見塚古墳 54三条塚古墳 55九条塚古墳 56亀塚古墳 57弁天山古墳
安房国造周辺　58大寺山洞穴遺跡

図３　三浦半島・房総半島（一部）古墳時代後期遺跡分布状況

須賀市と横浜市の市境にある追浜平潟湾を北に臨む丘陵裾から砂堆上に立地する。焚き火跡と貝層から土師器類、須恵器破片、鉄鏃、骨角器、骨鏃、鹿角製ツノ釣針柄、弭、滑石製有孔円盤等が出土し、弥生時代末から古墳時代終末期にかけて祭祀場遺構が確認されている。また五世紀末葉から六世紀初頭ごろから北武蔵系の土師器坏が搬入されており、六世紀後葉から末葉には土師器比企型坏が爆発的に増加することから、北武蔵や上野地域集団が利用する津であると考えられている。横穴墓は坂本横穴墓群があり、東京湾内湾から内陸に入り込む谷戸丘陵斜面に二穴確認されている。家形玄室の構造から、六世紀後半から七世紀前半の構築と考えられている。洞穴遺跡は、かもめ島海蝕洞穴が東京湾に面して延びる島にあり、直刀、刀装具、刀子、土師器類、人骨、鳥骨、魚骨、貝殻類が出土し、古墳時代終末期から奈良時代初頭に埋葬施設として使用されたと考えられる。

御浦郷は横須賀市北西部に比定されている。横須賀市北部や西部の説も有るが、郡衙の所在を想定すると現在の横須賀市公郷町付近に比定する説が有力である。集落は海岸線より内陸の丘陵に分布している。田戸遺跡は東京湾内湾に面した丘陵上に位置する。石井遺跡は平作川上流に位置する鬼怒川山から延びる尾根上に位置し、七世紀後半から九世紀前半の集落である。三浦半島内で古墳が集中する地域である。東京湾内湾域では、東京湾に突出した尾根上に大津古墳群があり、全長二三メートルで、上野～北武蔵産の埴輪が出土した六世紀中葉の帆立貝型前方後円墳一基、六世紀末から七世紀にかけて築造された円墳二基（直径約二〇メートル、約一五メートル）の三基で構成されている。丘陵部には横穴墓が多く残っており、高山横穴墓群は東京湾に面した丘陵斜面に合計五七穴が見つかっており、切妻造妻入形、平入形、片袖形を呈する家形など多様な形態の横穴墓群で、副葬品には直刀、刀子、鉄鏃、玉類の他、骨製弣、組合ツノ釣針、土師器類、須恵器類が出土した。時期は六世紀末から八世紀にかけて使用された。信楽寺横穴墓群は東京湾に向かって伸びる尾根の西側斜面に位置し、二基の横穴墓が見つかっている。銅地銀張環、金銅製鞘飾具片、直刀片、鉄鏃片、土師器類が出土し、七世紀前半の築造と考えられる。その他、佐野横穴墓群、滝ヶ崎横穴墓群、山崎横穴墓群が挙げられる。その他に、山崎貝塚があり、六世紀後半から七世紀前半の北関東産の須恵器がまとまって出土している。

走水郷は横須賀市東部、走水付近に推定されている。『倭名類聚抄』に見えないのは、そのころまでに他郷に併合された可能性が考えられる。走水郷の比定地のなかで集落などが確認されているのは、古久里浜湾沿岸の上ノ台遺跡、馬堀海岸に面した矢ノ津遺跡、中馬堀遺跡がある。上ノ台遺跡では、古墳時代中期で集落が途断するが、中期末から後期にかけて再び住居址が現われる。矢ノ津遺跡では弥生時代の集落を中心に、古墳時代後期では一軒の住居址が確認されている。中馬堀遺跡では、古墳時代から古代にかけての溝状遺構と遺物包含層が確認されている。小荷谷遺跡は観音崎の南西にある鴨居港に面した沖積低地に営まれた弥生時代から古代にかけての集落遺跡である。古墳時代後期の明確な遺構は検出されていないが、須恵器や比企型坏、有段口縁坏といった上野・北武蔵などの土師器が大量に出土した。古墳時代末から奈良時代にかけて、掘立柱建物群が検出されている。須恵器は湖西産が主体となり、北武蔵産は客体的であるが、土師器は七世紀末葉以降はそれまでの「有段口縁坏」から北武蔵系坏が主体となっている。その他集落には上吉井北遺跡がある。また走水貝塚（瘤ノ木貝塚）からは七世紀中葉から八世紀に位置づけられる製塩土器が確認されている。(8) 当地域において古墳の分布は知られていない。横穴墓は馬掘横穴墓群、鳥ヶ崎横穴墓群があり、浦賀港と鴨居港の間に広がる丘陵先端部に位置する。大正時代に五四基確認され、一部が発掘調査されている。大きく南北二群に分けられ、鳥ヶ崎洞穴周辺である丘陵先端の東向き斜面の約三〇基が調査されている。調査が大正時代や昭和元年であり不明な部分もあるが、A号穴からH号穴の六穴の横穴墓は、玄室平面形態が、羽子板形、片袖台形、無花果形といずれも異なっている。副葬品は豊富で、銅碗、小型倣製鏡、鉄製鞘飾金具付直刀、直刀、鉄鏃、刀子、鉄製鐸片、銅製鈴、骨製弭、鹿角、貝輪、琥珀製棗玉等の玉類、ツノ釣針、ツノ釣骨製柄、ツノ釣未成品、鉄製棺飾状金具、土師器、須恵器類が出土している昭和四二年には南支群が調査され、上下二列六穴で構成される。いずれも天井ドーム形、玄室平面は一号穴が左片袖台形、二・三・五号穴は前壁が退化した羽子板形、六号穴は前壁のない長三角形を呈する。出土遺物は土師器類、須恵器類、銅釧であった。出土遺物などから六世紀末から八世紀前葉まで追葬が行われていたものと考えられ、また小型倣製鏡や銅碗など横穴墓の出土品としては特異なものや、土師器の中には北武蔵型や甲斐型の土師器もあり、ツノ釣具の出土と合わせ、被葬者の漁撈を通じた広い交流関係をうかがわせる。その他、満願寺横穴墓群、千代ヶ崎横穴墓群が知られている。また、洞穴遺跡として、横須賀市鴨居に鳥ヶ崎洞穴がある。浦賀湾から北東約一キロメートル、急峻な海蝕崖に横穴墓群と接して存在しており、開口部約五メートル、奥行約六メートル、高さ遺物包含層から天井部まで約一・三メートルを測る。弥生時代後期の土器とともに銛や貝類が出土していることから、弥生時代後期から漁撈活動の場として利用され、古墳時代後期には土師器や須恵器などの土器、鉄鏃、直径約四センチメートルの珠文鏡、滑石製勾玉などとともに約二〇体の人骨が検出されていることから、近接する鳥ヶ崎横穴墓群築造と重なる時期に葬送の場として利用されたと考えられている。

安慰（「あい」、又は「あえ」）郷は横須賀市南部から三浦市東部に比定されている。集落としては、大餅遺跡が平作川下流の丘陵斜面中腹に古墳時代後期・終末期から奈良平安時代、中世までの長期間存続していた。七世紀第３四半期から第４四半期の住居からは北武蔵系土師器坏が出土している。大町谷東遺跡は三浦半島南部金田湾に沿って広がる砂堆緩斜面にひろがる古墳時代終末期から平安時代を中心に、弥生時代から中世にかけての複合遺跡で、北武蔵系を主体とした土師器坏が出土している。佐原泉遺跡は三浦半島中央部、矢部川の舌状台地上に広がる縄文時代から続く集落で、北武蔵系、毛野系、比企系と在地ではない土師器坏が出土している。芦名川河口付近に浜遺跡、十二所神社遺跡、竪穴住居が四十軒見つかり、七世紀後半から北武蔵系土師器坏が主体となる。神明谷戸遺跡の集落は七棟の掘立柱建物群と十一軒の竪穴式住居群が検出された。古墳は東京湾外湾域では、大塚古墳群が久里浜湾奥で平作川中流に位置し、全長約三五メートルで木棺直葬の六世紀後葉から末ごろの築造、直刀、鉄鏃、須恵器、ガラス小玉が主体部から出土した前方後円墳である一号墳、全長一七メートル、主体部不明だが周溝から須恵器横瓶、土師器甕が出土した前方後円墳である二号墳、直径約一五メートルで主体部が不明だが周溝内から土師器坏、須恵器短頸壷、鉄鏃、刀子が出土した六世紀末頃築造の円墳である三号墳、全長一九メートルの前方後円墳で、木棺直葬主体部と土壙主体部から直刀、鉄鏃、ガラス等玉類、須恵器甕が出土した四号墳、直径約一五メートルの五号墳、直径一九メートルの六号墳は円墳が確認された。いずれの古墳においても主体部は不明であり、須恵器や直刀が出土している。かろうと山古墳は東京湾に面した野比側河口から約二キロメートル上流の丘陵斜面頂部に築造された直径約一五メートルの山寄せ式円墳で、主体部は砂質凝灰岩を用いた大形の切石組合せ箱式石棺である。副葬品は全国に四例しかない金銅装鑿状鉄製品、金銅製柄巻片、金銅製責金具片、金銅製蟹目釘、金銅製弓弭、銀装弭、須恵器類があり、これらの遺物等から七世紀第２四半期頃の三浦半島最後の古墳と考えられる。八幡神社遺跡は、平作川河口から約一キロメートル上流の砂淮上に広がる古代の入り江であり、弥生時代から続く墓域に築造された古墳時代中期から後期にかけての古墳群である。古墳周溝三基と土坑墓三基、石棺墓一基が発掘されている。四号墳周辺から栃木県生出塚埴輪製作遺跡産の埴輪が出土しており、一号石棺墓は墳丘を伴わない礫石で構築され石棺北端部に碇石が置かれ非常に屈強な体躯の壮年男性が埋葬されていた。一号土坑墓の掘り方は舟底形を呈しており一二歳前後の幼少者が埋葬されていた。同様の石棺墓は三浦半島海浜部で他に七か所ほど確認されている。古久里浜湾南岸砂淮上に位置する蓼原古墳は帆立貝型前方後円墳で全長二八メートル、主体部は不明であるが、群馬県産の家形、弾琴男子椅座、馬形などの形象埴輪、円筒埴輪が大量に出土した。こんぴら山古墳は久里浜湾入り口の海岸で東京湾に延びる丘陵先端頂上部に築造された全長三四メートルの前方後円墳であるが主体部や遺物が見つかっておらず時期は不明である。横穴墓については、吉井横穴墓群は平作川下流東岸に位置し、後背湿地を西側に臨む丘陵斜面に築造されている。いずれも家形天井で、貝殻交じりの礫床が確認され、土師器坏、須恵器類、鉄　鏃、青銅製品破片が出土していることから六世紀後半から七世紀中葉の頃に使われていたと考えられる。吉井城山横穴墓群は平作川に面する南西向き丘陵狭面に位置する。これまで三穴が調査されており、左横穴墓は平面前壁を有する胴張長方形ドーム形天井で、直刀片、鉄鏃、土師器類、須恵器類、貝殻が出土し、中横穴墓は平面左片袖胴張長方形、天井アーチ形を呈し、直刀、骨製弭、土師器類、須恵器類が出土した。右横穴墓は平面胴張長方形天井アーチ形を呈する、出土遺物は直刀、鉄製銀象嵌八窓鍔、鉄鏃、骨製鏃、骨製鳴鏑が出土している。これらの遺物などから、六世紀後葉から七世紀前葉にかけ築造され、土師器類の中には北武蔵や上野産と考えられるものがあり、また骨製鏃などの貝類・骨製品の副葬から、漁撈民の広い交流を窺わせるものである。その他の横穴墓としてはふくざく谷横穴墓群、せん田横穴墓群がある。

氷蛭郷は三浦市南東部と推定されている。洞穴遺跡が密集する地域である。集落は雨崎遺跡群に接する勝谷遺跡が弥生時代から古墳時代の集落址の可能性がある。古墳は少なく、雨崎古墳群(9)は金田湾に面した海岸段丘上に築造された全長三二メートルの前方後円墳である雨崎一号墳と、隣接して約一五メートルの円墳である雨崎二号墳から成る。

一号墳墳丘上で須恵器片が採集されたことから古墳時代後期の築造と考えられている。その他丘陵中腹に形成された海蝕洞穴である雨崎洞穴は、弥生時代中期から古墳時代前期まで生活の場として使われ、古墳時代前期以降墳墓として使用された。後期には木棺墓、石棺墓、火葬骨などが確認されており、古墳時代前期から後期に至るまで継続的に様々な形態の埋葬施設が営まれた。隣接する砂丘に所在する勝谷遺跡では、砂丘西端に石棺墓と目される石組が複数確認され、須恵器片が採集されている。[10] 金堀塚古墳からは浦賀水道に面する台地上で埴輪片が出土し、かつて古墳があったものと考えられる。横穴墓群は多く、江奈横穴墓群は江奈湾に面する崖面に七世紀後半から八世紀初頭にかけて三穴築造されたもので、二号穴からは土師器、須恵器、直刀、刀子、鉄鏃、弭、鉄製組合せ釣針、玉類等多くの遺物が出土している。剣崎横穴墓は相模湾に向かって開く谷の崖に一穴が確認されている。直刀、刀子が出土した。間口横穴墓群は間口湾に向かい開く谷の崖に八穴が確認されている。高抜横穴墓群は金田湾に向かい開く崖に七世紀から八世紀にかけて一七穴築造されている。その他白山神社境内横穴墓群、仲里横穴墓群が挙げられる。洞穴遺跡が多く存在し、先に述べた雨崎洞穴の他、大浦山洞穴は間口湾の北東側に弥生時代中期から生活の場として使用されており、古墳時代後期から平安時代にかけて積石墓が築造されている。間口A洞穴は間口湾に面し、弥生時代中期から生活の場として使用されたが古墳時代後期以降積石墓や土壙墓として使用されている。さぐら浜洞穴は間口湾に面し、古墳時代後期以降の岩塊積の舟形石槨が存在する。毘沙門洞穴群は毘沙門海岸に面した洞穴群で、A洞穴は古墳時代後期の石槨に人骨が埋葬され、直刀、刀子、鉄鏃、土器が副葬されていた。

御崎郷は三浦市付近と推定されている。集落は相模湾に面した砂丘上に浜諸磯遺跡がある。古墳時代後期から奈良・平安時代の集落址で住居跡と貝塚が存在する。アワビ、サザエなどの貝類やカツオなどの魚類、ウマ、ウシ、ニワトリといった家畜の骨が出土し、牛骨製の組合せ釣針柄と骨角器製作時の削り屑も出土した。同じく相模湾に面する小和田湾に向かって伸びる長井台地上の、縄文時代から奈良時代にかけて営まれた集落である長井内遺跡では、古墳時代後期から奈良時代まで二〇軒以上の竪穴住居や掘立柱建物が見つかっており、在地産の土師器類や東海系須恵器類が出土している。古墳は北條湾東側台地上に向ケ崎古墳が存在する。円墳で、埼玉県松山市桜山窯跡埴輪が出土し、時期は七世紀後半と考えられる。また相模湾に向かい伸びる長井台地の中央に築造された経塚古墳は、全長約二〇メートルの前方後円墳で遺物など詳細は不明であるが、六世紀末葉から七世紀初頭ごろの可能性がある。その他高山古墳群、光照寺裏古墳、唐ケ原古墳がある。横穴墓群は、坂の下横穴墓群が宮川湾の西側の崖に古墳時代後期前葉に築造された一一穴から成る群で、七号穴では火葬骨が厚く散在する様子が確認されている。須恵器類、直刀、刀子、鉄鏃。瑪瑙製勾玉等が出土している。窪がり横穴墓群は坂の下横穴墓群に続く二五穴の群で土師器類、須恵器類破片、直刀、鉄鏃、人骨が出土している、晴海町横穴墓群、晴海町第二横穴墓群は窪がり横穴墓群から続く三崎湾に面した群で、合わせて八穴確認されている。土師器坏、須恵器類、ガラス小玉等が出土しており、七世紀末から八世紀にかけて築造されたと考えられる。二町谷横穴墓群は二町谷海岸に面し六穴の横穴墓群があり、七世紀後半から八世紀のものと考えられる。長浜横穴墓群は、長浜海岸を見下ろす長井台地斜面中腹に築造され、これまでに四支群一四穴が調査されている。形態の特徴と築造時期は、三・六・八・一〇号穴は前壁が明確で古式の様相を呈し、一・四・B・C穴は前壁が痕跡化する七世紀中葉前後の横穴墓、七・A号穴は、終末期の半截筒形を呈し、三浦半島での横穴墓出現時期から終末期まで継続して築造されていた横穴墓群である。特徴的な副葬品としては、複数の装飾大刀の存在が想定される金銅製鳩目金具、金銅製責金具、金銅製柄飾金具片、金銅製鞘飾金具片、直刀片の他、鉄製馬具、鉄鏃、鉄弭、刀子片、漁撈具である三脚形銛状鉄製品、その他金銅製空玉、銅釧、土師器類、須恵器類が出土しており、豊富な副葬品から三浦半島西南部における中心的な横穴墓群であると考えられる。その他、相模湾側に御浦崎横穴墓群、日谷枝横穴墓群、和田横穴墓群、三戸海岸横穴墓群が存在する。洞穴遺跡は相模湾に面した海外第一洞穴がある。弥生時代中期から生活の場として使用されたが古墳時代後期以降積石墓や土壙墓として使用されている。洞穴入口では石槨状墓壙、積石状墓、土壙墓が造られており、十号墓には土師器坏、鹿角製組合せ釣針が副葬されていた。

以上、浦賀水道周辺の三浦半島後期から終末期にかけての遺跡分布状況を古代の郷単位で概観したが、古墳時代後期の埋葬施設については、相模国域内では円墳や横穴墓が主体であり、前方後円墳は限定的に築造される。しかし三浦半島では小規模ではあるものの、各古墳群の中心的前方後円墳が築造されることを確認できた。また、後の相模国域内での横穴式石室導入時期に当たる六世紀頃から、それまで生活の場として使用されていた三浦半島内の洞穴は、一斉に埋葬施設と性格を変貌することがわかる。また、これらの洞穴遺跡での埋葬に継続するように隣接地で横穴墓が築造されていることは、両被葬者に強い関連性を感じさせる。

三　上総・安房の古代氏族と後期古墳

房総半島は令制国の安房国、上総国、下総国の三国に跨る地域である。ここでは、浦賀水道周辺の勢力を古代氏族及び後期古墳・横穴墓の分布から概観する。対象地域は、令制国の安房、上総国の中でも東京湾岸沿岸地域とする。上総・安房国域内の古代氏族については、亀谷弘明氏による検討を参考にする。(11) 後期・終末期古墳の様相は、房総半島の古墳時代を網羅的に検討している小沢洋氏の『房総古墳文化の研究』(12)をもとに流域ごとに概観する。

房総半島安房、上総国地域では、河川流域単位の地域圏が分立し地域圏はそれぞれ『古事記』や『先代旧事本紀』（巻十「国造本紀」）に上総国、安房国合わせて七国造が対応する。

【史料二】『先代旧事本紀』巻十「国造本紀」（上総国、安房国該当部分）

須恵国造。志賀高穴穂朝。茨城国造祖建許侶命児大布日意弥命定賜二国造一。

馬來田国造。志賀高穴穂朝御世、茨城国造祖建許呂命兒深河意彌命定賜二国造一。

上海上国造。志賀高穴穂朝。天穂日命八世孫忍立化多比命定二国造一。

伊甚国造。志賀高穴穂朝御世。安房国造祖伊許保止命孫伊己侶止直定二国造一。

武社国造。志賀高穴穂朝。和邇臣祖彦意祁都命孫彦忍人命定二国造一。

菊麻国造。志賀高穴穂朝御代。无邪志国造祖兄多毛比命児大鹿國直定二国造一。

阿波国造。志賀高穴穂朝御世。天穂日命八世孫彌都侶岐孫大伴直大瀧定二国造一。

令制国の安房国と上総国は、藤原京出土木簡に「己亥（六九九）年十月上挟国阿波評松里」と記載がみられることと、養老二（七一八）年上総国平群、安房、浅夷。長狭四郡を割いて安房国を置くと『続日本紀』に記載があることから元は一つの国であったことが知られている。亀谷氏は八世紀の木簡や諸史料から安房と上総の氏族の分布や部民の設定について検証している（図４）。安房の氏族については、『和名類聚抄』郡郷名から分布が推測される氏族は、平群郡（平群部）、安房郡（阿波国造）、太田郷（大田部）、朝夷郡満禄郷（丸子部）、長狭郡（長狭国造）、壬生郷（壬生部）、日置郷（日置部）、伴部郷（大伴部）、加茂郷（鴨部）、丈部郷（丈部）があげられ、鰒の荷札木簡にみられるものとして以下の氏族がある。

ｉ　名代・子代　矢田部、刑部、（葛原部）、日下部、白髪部、私部、壬生部、額田部、丸子部

ⅱ　職業部　若麻績部、神麻部、服織部、矢作部、大田部、若田部、生田部、卜部

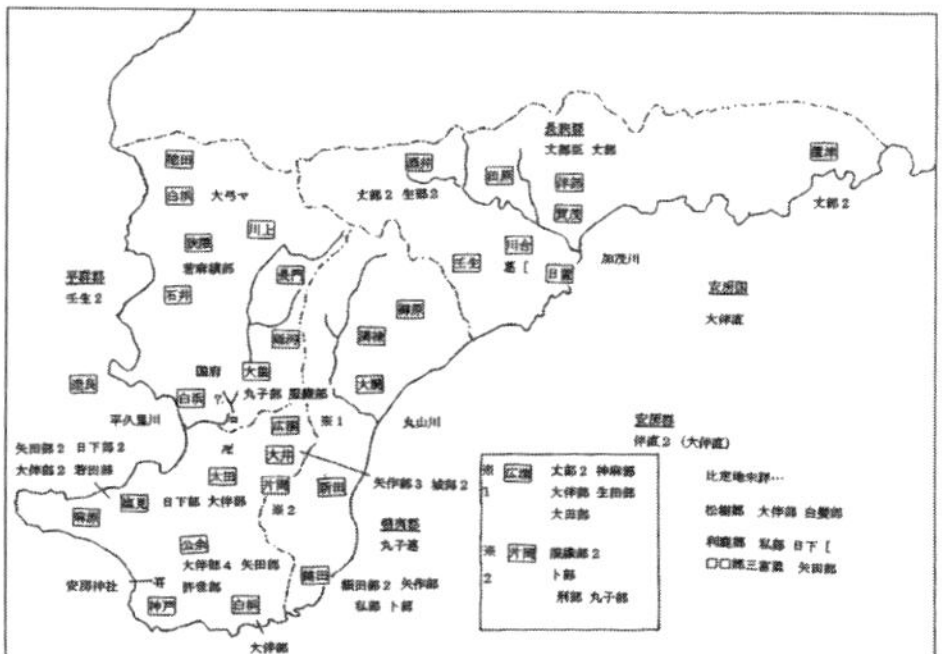

安房国の古代氏族分布状況

上総国の古代氏族分布状況

図４　房総半島氏族分布（亀谷 2010）

iii　中央豪族部民　丈部、大伴部、許世部、大弓部、城（木）部

亀谷氏は安房の氏族分布の特徴としては、全体的に見て大伴部が最も多く、名代・子代の分布とともに田部も散見され、ヤマト政権の直轄地的地域であったことが窺えるとしている。大伴部の分布については、『高橋氏文』によれば膳氏の食膳奉仕起源伝承の舞台が安房であることから、膳大伴部であった可能性が高いとする佐藤信氏の論[13]を引き、「国造本紀」に安房国造が大伴直であることと関連付け安房神社の祭祀と大伴直、大伴部の関係は大きかったとしている。服織部や若麻績部など布生産に関わる氏族については、神郡としての安房郡の安房神社の祭祀には大伴部とともに若麻績部なども関与していた可能性を指摘している。安房には平群氏と同族の額田首、壬生部の分布が明らかになっている。平群氏は推古朝に上宮王家との関係が密接であり、安房国平群郡も平群氏を介し上宮王家と関係が密となったと推測し、安房の対岸にあたる伊豆国賀茂郡には平群部が分布したことが木簡から確認されており、平群氏の安房への進出ルートが伊豆半島―三浦半島（あるいは伊豆諸島）―安房という海上ルートであったことを推測しているが、現在のところ三浦半島に平群部は確認されていない。

『和名類聚抄』から推測される上総の氏族としては、市原郡海部郷（海部）、菊間郷（菊間国造）、海上郡（上海上国造）、倉橋郡（椋椅部）、望陀郡（馬来田国造）、飯富郷（多氏）、周淮郡（須恵国造）、山家郷（山部との関係?）、山名郷（山部との関係?）、額田郷（額田部）、凡田郷（大田部）、湯坐郷（湯坐部）、藤部（葛原部）、勝部郷（勝部）、埴生郡小田郷（小田部）、長柄郡刑部郷（刑部）、車持郷（車持部）、谷部郷（長谷部）、山辺郡武射郷（武射国造）、加毛郷（鴨部）、夷隅郷（伊甚国造）、長狭郷（長狭国造?）、天羽郡宅部郷（宗我部?）、夷隅郡（伊甚国造）を挙げ、諸史料にみられる氏族として以下の氏族があげられる。

i　名代・子代　刑部、葛原部、日下部、石上部、春日部、檜前舎人直、他田（部）、桜井舎人、（丸子）。

ii　職業部　若麻績部、日奉部、玉作部、矢作部、若田部、子（小）田部、占部

iii　中央豪族部民　丈部、物部、久米部

亀谷氏は、上総の氏族分布の特徴として、安房と比較して資料が少なく、傾向の一端を知ることに止まるとしながら、全体に名代・子代が多く市原郡に刑部、周淮郡・畔蒜郡に日下部使主・日下部など、分布に地域的な偏りがあり、刑部直―刑部、丈部直―丈部など、「伴造―部」の関係が推測され、また安房に近い周淮郡、畔蒜郡では日下部、額田部、占部、若田部など共通する部民がみられる、という特徴があるとしている。天羽郡には『和名類聚抄』に屯倉郷があり、名代・子代の石上部、他田（部）が分布することから、時期は不明ながら屯倉が置かれたと推定している（亀谷二〇一〇）。

上総の古墳文化の特徴としては、前期以降大型前方後円墳の造営が認められ、終末期においても大型方墳や前方後円墳の築造がみとめられ、「国造」の配置にほぼ対応していると考えられている（図1）。

須恵国造が所在したと想定される小糸川流域（富津市・君津市西南部）では、主な古墳群として、内裏塚古墳群が挙げられる。五世紀中葉の全長一四四メートルの大型前方後円墳である内裏塚古墳の築造をもって、小糸川水系全域を席巻する首長権が確立したと考えられており、後期には沖積平野の砂丘列上に六世紀中葉以降、全長一〇〇メートルを越える前方後円墳が四基築造される。全長一〇五メートルの九条塚古墳は、主体部横穴式石室で、直刀、金銅装馬具、銀製耳環、銀製空玉、碧玉勾玉、瑪瑙勾玉等玉類、須恵器類、円筒埴輪が出土している。続く三条塚古墳は全長一二三メートルを測り、主体部は自然石乱積横穴式石室を有する。副葬品に乳文鏡、直刀、金銅装馬具、金銅製耳環、玉類、須恵器類である。稲荷塚古墳は全長一〇六メートルを測り、円筒、形象埴輪が確認されている。古塚古墳は全長八八メートルを測り、一〇〇メートル未満の前方後円墳で唯一円筒埴輪が出土した。青木亀塚古墳は全長一〇〇メートルを測る前方後円墳で、墳丘が極めて低平であり、また八世紀の須恵器破片が出土するなど、不明な部分が多い。六世紀後半以降、内裏塚古墳群では上記の大型前方後円墳の他に墳丘長五〇～七〇メートル級の前方後円墳、円墳が多数築造されている。六世紀後葉の西原古墳と武平塚古墳は九条塚古墳と、六世紀末頃の姫塚古墳は稲荷山古墳、蕨塚古墳は三条塚古墳とそれぞれ大小の古墳主軸がほぼ等しい。いずれも自然石乱積横穴式石室を主体部とし、長期にわたる追葬期間があったと考えられる。円墳は内裏塚古墳群周辺では横穴式石室を有し、丘陵部の後期古墳は木棺直葬系であると考えられる。内裏塚古墳群内の白姫塚古墳は飾大刀四振、挂甲を有し、他の円墳に比べ卓越した副葬品を持つ。丸塚古墳は一基、古山古墳は二基、石室内に箱式組合せ石棺を持ち、新割古墳は造出しの存在が確認されている。向原古墳と八丁塚古墳は石室内を板石で玄室の区画と砂岩切石が敷かれていたが、下谷古墳は切石は使用されていない。丸塚古墳、新割古墳、西谷古墳、向原古墳からは一〇体以上の追葬が確認され、長期間の追葬が想定される。内裏塚古墳群では七世紀前半から盟主層の墓制として方墳が採用され、墳丘一辺四〇メートルの割見塚古墳は房総半島内第三位の方墳の規模を測り、主体部は棺室・後室・全室・羨道で構成される複室構造をなし、側壁は大型切石を用いている。自然石乱石積の前庭部が敷設される。副葬品は直刀、鉄鏃金銅製弓弭、帯金具、鉄製馬具、銀製刀子金具、金銅製柄頭金具、須恵器類、土師器坏が出土している。亀塚古墳は墳丘一辺三三メートルを測り、主体部に大形切石を用いている。副葬品は銅碗、蜻蛉玉などの玉類、須恵器類が出土している。森山塚古墳は墳丘一辺約二七メートルを測り、玄室・羨道からなる単室石室だが羨道部分に大型切石が用いられる。副葬品は把手状鉄製品、鉄釘（棺釘）、須恵器類、土師器類が出土した。野々間古墳は墳丘一辺約一九メートルを測り、側壁は大型切石を用いる。副葬品は銀象嵌方頭大刀、刀子、鉄鏃、金銅製弓弭、金銅製耳環、鉄釘、銅製飾鋲、緑釉新羅焼有蓋台付壺が出土した。稲荷塚古墳は墳丘一辺約一八メートルと推測されている。内裏塚北方古墳は切石積横穴式石室と箱形石棺二基を別々に蔵したと推測されている。小糸川以南の地域には六世紀末から八世紀ころまで高塚古墳が少なく、横穴墓が隆盛した。線刻壁画が施されたものも複数あり、岩瀬川流域絹根形横穴群一号横穴において「大同元年」・「許世」、一〇号横穴で「木」の文字が確認され房総半島に関係の深い豪族巨勢氏・紀氏との関係が推測されるが、「大同元年」は西暦八〇六年に当たり造営年代との開きを考慮する必要がある。副葬品はいずれも須恵器類や土師器類を中心とするものである。

馬来田国造が所在したと想定される小櫃川流域（袖ヶ浦市・木更津市・君津市北部）の盟主的首長墓は一貫して下流

域の低地部に造営されたと考えられる。六世紀前半の大形古墳は確認されておらず、今のところ六世紀後半以降に大形墳の築造がされると考えられる。主な古墳群は下流南岸部の沖積砂丘上に分布する祇園長須賀古墳群が大形前方後円墳を含む古墳群であるが、発掘調査が古く現存するものが限られ、詳細が不明なものが多い。墳丘長一〇〇メートル級の大形前方後円墳であることが明らかなのは、稲荷森古墳と金鈴塚古墳のみである。稲荷森古墳は六世紀後半から末頃に築造され、推定全長一二〇メートル、銅鈴、双龍式環頭太刀、鏡、玉類が出土した。金鈴塚古墳は六世紀末から七世紀初頭と最終末期の築造に位置づけられる。全長九五メートル、無袖自然石乱積横穴式石室、長瀞産石材使用石棺を備え、金製鈴五個、六世紀末頃、馬具二セット、冑甲、金銅製装飾大刀五本、倣製鏡、刀子、鉄鏃、銅製台付盤、銅製合子、玉類、須恵器、人骨といった豊富な副葬品が出土した。六世紀半頃築造された酒盛塚古墳は金鈴塚古墳と稲荷森古墳の間に位置し、「石槨」と鏡、刀剣、甲冑類の出土が記録されるが不明な点が多く、航空写真の検討から小型の前方後円墳と考えられる。丸山古墳は全長約七十メートル前方後円墳である。砂岩切石を用いた横穴式石室を備え、金鈴塚古墳に従属的関係にある古墳と考えられる。円墳を挙げると、鶴巻塚古墳は大形円墳ないし帆立貝形古墳か前方後円墳の可能性がある。組合式箱式石棺を備え、出土遺物は四仏四獣鏡、銅椀残片、コハク製棗玉、獅噛環頭大刀（把頭）、圭頭大刀、円頭大刀、馬鐸、鏡板、鞍、土師器類、須恵器類があった。遺物等から六世紀後葉に築造されたと考えられる。松面古墳は一辺約四四メートルで周濠部を一辺八〇メートルの大型方墳で主体部に切石積の横穴式石室があったとされ、双龍式環頭大刀、金銅製双魚佩を伴う倭装大刀、頭椎大刀、馬具三組、須玉器等が副葬されており、七世紀初頭から前半の築造と推測される。また、台地・丘陵部の群集墳の中には、主体部が横穴式石室を有するものは少数で、他は箱形石棺、木棺直葬を有する。横穴式石室を有する山伏作古墳群は前期から連綿と小規模古墳群を築造し続けた請西古墳群の支群で、五号墳は一辺約一二メートルの方墳で切石積横穴式石室を有し、副葬品は須恵器類と土師器類で七世紀後葉から末頃の築造と考えられる。群内には木棺直葬の方墳四基が調査されており、いずれも五号墳より墳丘規模が小さい。同じく切石積石室を有する関田塚二号墳は一号墳とともに一辺約七メートルの方墳であり、出土した須恵器から七世紀末葉と考えられる。

小櫃川中流域では丘陵上に小規模な方墳が築造されており、主体部は木棺直葬である。また、七世紀末に「火葬方墳」や「火葬方形区画墓」と呼ばれる石櫃等の火葬蔵骨施設が検出されている。

安房国造が所在したと想定される安房地域は、房総半島南端の平久里川と館山市域に分けられる。主な古墳は、平久里川流域でトンボ玉が出土した前方後円墳である峯古墳、館山市内で確認されている翁作古墳がある。翁作古墳は、六世紀後半に築造された円墳と推定されており、環頭鳳凰大刀が出土した。代表的な洞穴遺跡として、大寺山洞穴がある。(14) 館山市沼に所在し、館山湾に面す丘陵先端部にあり、三つの洞穴から成り、古墳時代中期（五世紀前半）から墓として使用され始め、古墳時代終末期（七世紀前半）まで継続した。杉製丸木舟を転用した舟棺が一二基以上確認され、いずれも舳先は開口部（海）へ向けて置かれていた。副葬品としては、甲冑、大刀、剣、刀子、斧などの鉄製品、漆塗り弓・盾など木製品、銅製鈴、鹿角製刀装具、土師器・須恵器類、管玉、勾玉、耳環などの装飾品がある。房総半島の洞穴遺跡の特徴として、縄文時代には基本的に生活の場として使用され、弥生時代の空白期間を経て、古墳時代の洞窟墓として使用目的が変化している点が挙げられる。検索

四　三浦半島・房総半島の古墳と海洋民

三浦半島から房総半島へは、『古事記』のヤマトタケル伝承に描かれるように三浦半島の走水から、須恵国造の領域と比定される小糸川流域（富津市・君津市西南部）や馬来田国造の領域と比定される小櫃川流域（袖ヶ浦市・木更津市・君津市北部）へと浦賀水道を渡ったと考えられる。この二つの地域の往来による文化的交流を、古墳文化の共通性からみてみよう。

古墳の階層性について、三浦半島では、規模等に前方後円墳・円墳の差異が乏しく、墳丘形・規模等による階層差

⑦古墳中期後半（5C後）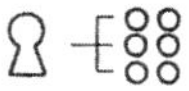	大形前方後円墳造営者層を頂点とする隔絶された階層秩序の下に、各小地域の族長層による円墳の造営が開始され、それは同族墓的に造営者層の拡大を見せる。
⑧古墳後期前半（6C前）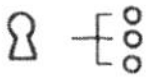	畿内大王墓の規模の縮小、並びに全国的な墳丘規模縮小の趨勢を受けて、前方後円墳の規模が縮小し、それに伴って小地域族長層による円墳の造営数も限定される。
⑨古墳後期後半（6C後）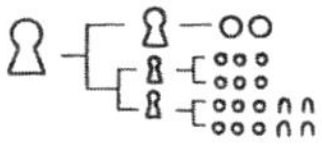	関東地方諸地域の首長勢力の巻き返しとともに、首長級前方後円墳が再び大形化し、中形前方後円墳・円墳を従えた首長系列の古墳群と、首長配下にある小地域集団の小形前方後円墳を中核とする古墳群に分化して、円墳造営者数も過去最大に達する。丘陵地帯で横穴墓の造営も開始される。
⑩古墳終末期前半（7C前）	畿内政権からの規制を受けて、首長墓は大形方墳に、その系列下で少数の方墳が造営されるが、小地域集団の墳墓造営は大幅に制限される。
⑪古墳終末期後半（7C後）	首長墓の造営が停止し、地方豪族層が寺院の造営に向かう中で、造墓規制が緩み、小地域集団の族長クラスを中心に再び小規模な終末期方墳の築造が盛んになる。方形墳墓の造営はその後火葬骨を埋葬する段階まで続く。

図５　上総における古墳時代墳墓構成の変化（小沢 1998 一部改変）

は顕著ではない。房総半島では、墳丘形・規模等から明確な階層性をもった古墳群が造営されている（図５）。小沢洋氏は、「上総における弥生〜古墳時代の墳墓構成の変化」を分析し、上総の古墳時代後期後半（六世紀後半）は、「首長級前方後円墳が再び大形化し、中形前方後円墳・円墳を従えた首長系列の古墳と、首長配下にある小地域集団の小形前方後円墳を中核とする古墳群に分化して、円墳造営者も過去最大に達する。丘陵地帯で横穴墓の造営も開始される。」とし、古墳終末期前半（七世紀前半）は「畿内政権からの制約を受けて、首長墓は大形方墳に、その系列下で少数の方墳が造営されるが、小地域集団の墳墓造営は大幅に制限される」、古墳時代終末期後半（七世紀後半）は「首長墓の造営が停止し、地方豪族層が寺院の造営に向かう中で、造墓規制が緩み、小地域集団の族長クラスを中心に小規模な終末期方墳の築造が盛んになり、方形墳墓の造営はその後火葬骨を埋葬する段階まで続く」ことを明らかにした[15]（小沢一九九八）。

古墳主体部について比較すると、三浦半島においては、古墳時代後期に入っても、大塚古墳群のような前方後円墳を中心とした地域の盟主的な古墳群であっても石室を導入しないものがある一方、小形の前方後円墳を含む古墳群である大津古墳群では横穴式石室が採用されており、また、かろうと山古墳では終末期の円

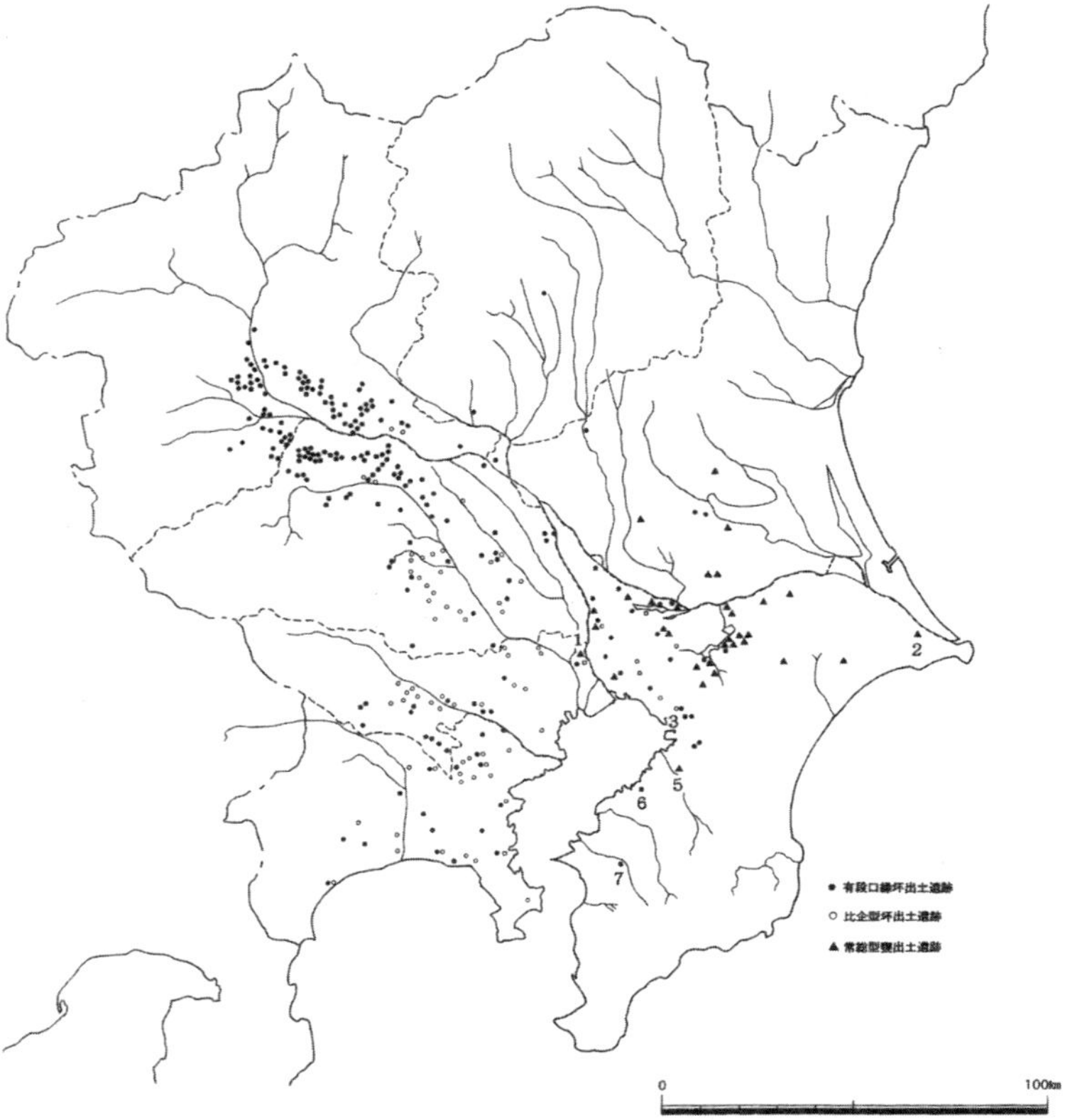

図６　地域性を示す土師器の広がり（松尾昌彦 2003 一部改変）

墳で切石積み横穴式石室が採用されているといったように、横穴式石室、木棺直葬、石棺墓、洞穴埋葬、横穴墓が若干の時間差は認められるものの、古墳群の規模などに関わらず平列に採用されている様子が確認できる。一方、房総半島小糸川流域、小櫃川流域においては下流域である平地部に分布する首長墓と考えられる大形前方後円墳では横穴式石室が採用されているが、大形前方後円墳の配下である小形前方後円墳や円墳などでは竪穴系石室や木棺直葬が採用され、丘陵部では横穴墓、海浜部では洞穴埋葬（舟葬）も行われている。

副葬品について比較すると、房総半島の大形前方後円墳では、装飾大刀は複数本埋葬されることが多く、金銅装馬具などの金銅製品、鏡といったヤマト王権との関係により入手された威信財と呼ばれるものが豊富に副葬されている。丘陵部に多い中小規模の前方後円墳や円墳では直刀や鉄製馬具といった実用的な武器、武具、馬具が副葬されている。三浦半島では、長浜横穴墓群で装飾大刀と考えられる金銅製金具が複数出土しているが、明確な装飾大刀は円頭大刀が江奈横穴墓群から一振りと、かろうと山古墳で副葬されていた金銅装鑿状鉄製品が確認されているのみである。また三浦半島、房総半島の両地域では在地産以外に北武蔵系、比企型、有段口縁坏と呼ばれる土師器坏が集落や古墳、横穴墓等から出土することを指摘できる。これらの土器は上野、北武蔵地方から元荒川を通じ、東京湾を経由して房総半島や三浦半島にもたらされたものと考えられ、水運に長けた［海洋民］の活動範囲を窺わせるものである。

洞穴遺跡の特徴としては、房総半島、三浦半島共に、縄文時代以降漁撈道具の製作や、貝などの加工など生活の場として主に使用されていたが、古墳時代後期以降は埋葬の場としての使用に転換してく。中には甲冑や複数の装飾大刀を副葬する大寺山洞窟遺跡の様な洞穴の他、銅鏡を副葬するなど古墳や横穴墓と同様の副葬品が出土している。

三浦半島と房総半島の古墳の階層性、主体部、副葬品、洞穴遺跡の特徴を比較してきたが、主体部については房総半島の墳墓構成の中で、横穴式石室の存在が大形前方後円墳を中心とする首長墓に集中的に認められる。これに対し丘陵部の古墳のほとんどが木棺直葬であり、このような階層性の中で小地域集団の小形前方後円墳を中核とする古墳群に、三浦半島の古墳群を位置づけられないだろうか。後の相模国域内における古墳時代後期の前方後円墳は房総半島に比べ非常に少なく、また一〇〇メートルを越える大形古墳は見つかっていない。小地域ごとに前方後円墳が築造される三浦半島南部は房総半島の「首長配下にある小地域集団の小形前方後円墳を中核とする古墳群」と考えられる。また房総半島南西部と三浦半島南部は横穴式石室が首長墓に限定的に用いられ、また、横穴式石室を造営する際は、切石積石室や自然石乱積で造られるという共通性を持つ。その他の階層差は明確ではないが木棺直葬、石棺墓、横穴墓や洞穴への埋葬がいずれも併行している。こうした共通性から、古墳時代後期、房総半島において首長とその配下の小地域の支配者の間で地位の階層性が古墳構成により象徴されるようになり、この房総半島の首長層の影響下

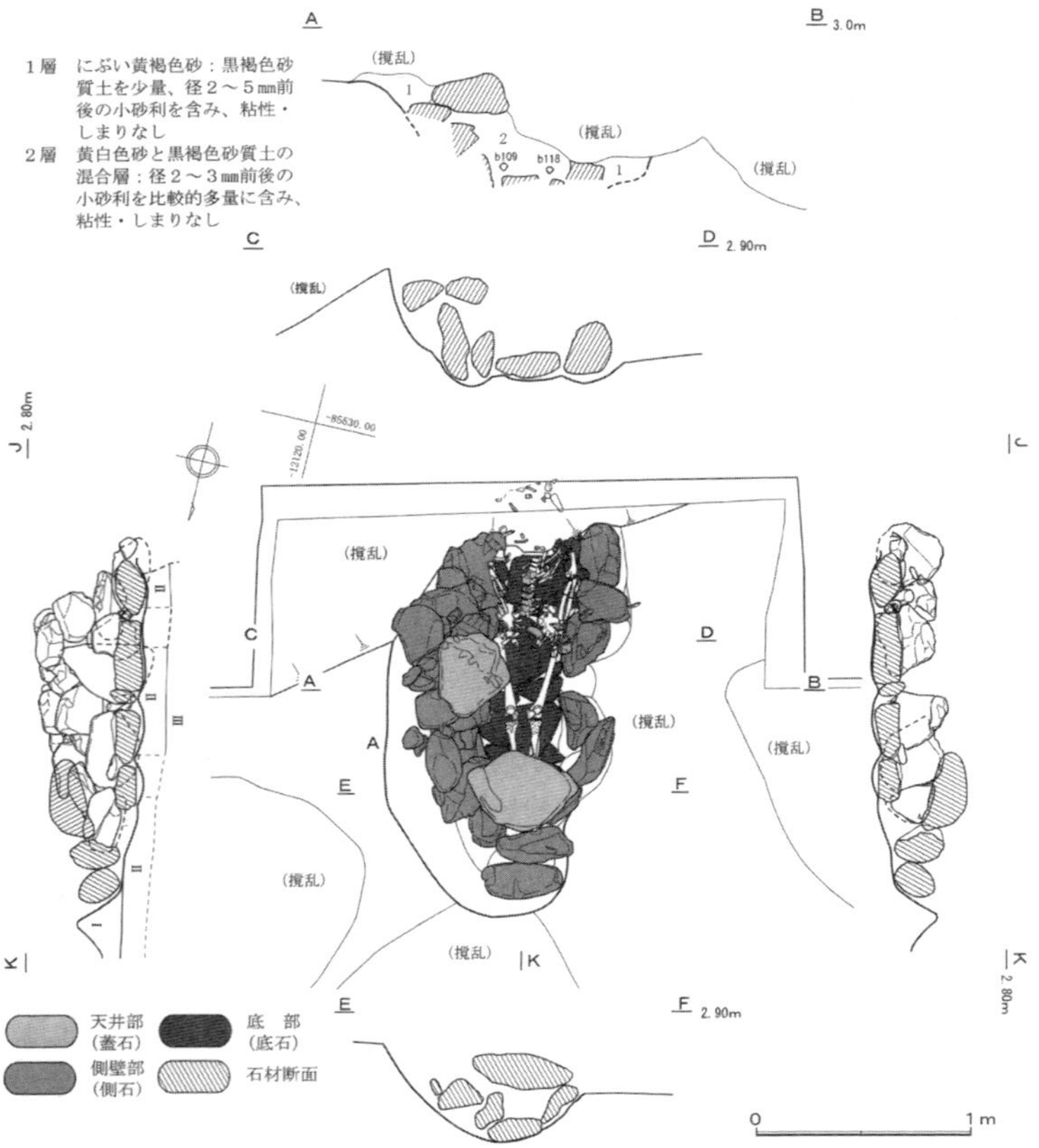

図7　八幡神社遺跡1号石棺（中三川 2015）

で三浦半島の小地域集団の墳墓構成が位置づけられたと考えたい。

次に、洞穴遺跡や古墳と海洋民の関係について確認する。海洋民的特徴を持つと考えられる三浦半島の古墳・横穴墓被葬者像について、近年の新たな調査結果を二例挙げてみたい。

はじめに、横須賀市八幡神社遺跡であるが、二〇一一年度発掘調査により「海洋民」と関連があると考えられる古墳被葬者が確認された（図7）[16]。この遺跡は久里浜湾に面した砂堆上に築造された古墳群が確認されており、石棺墓、土坑墓、墳丘を伴う古墳など多様な埋葬形態が明らかになっている。中でも、一号石棺は泥岩主体の磯石を構築材とした石棺で、石棺の内部空間は船の軸部分を逆さ

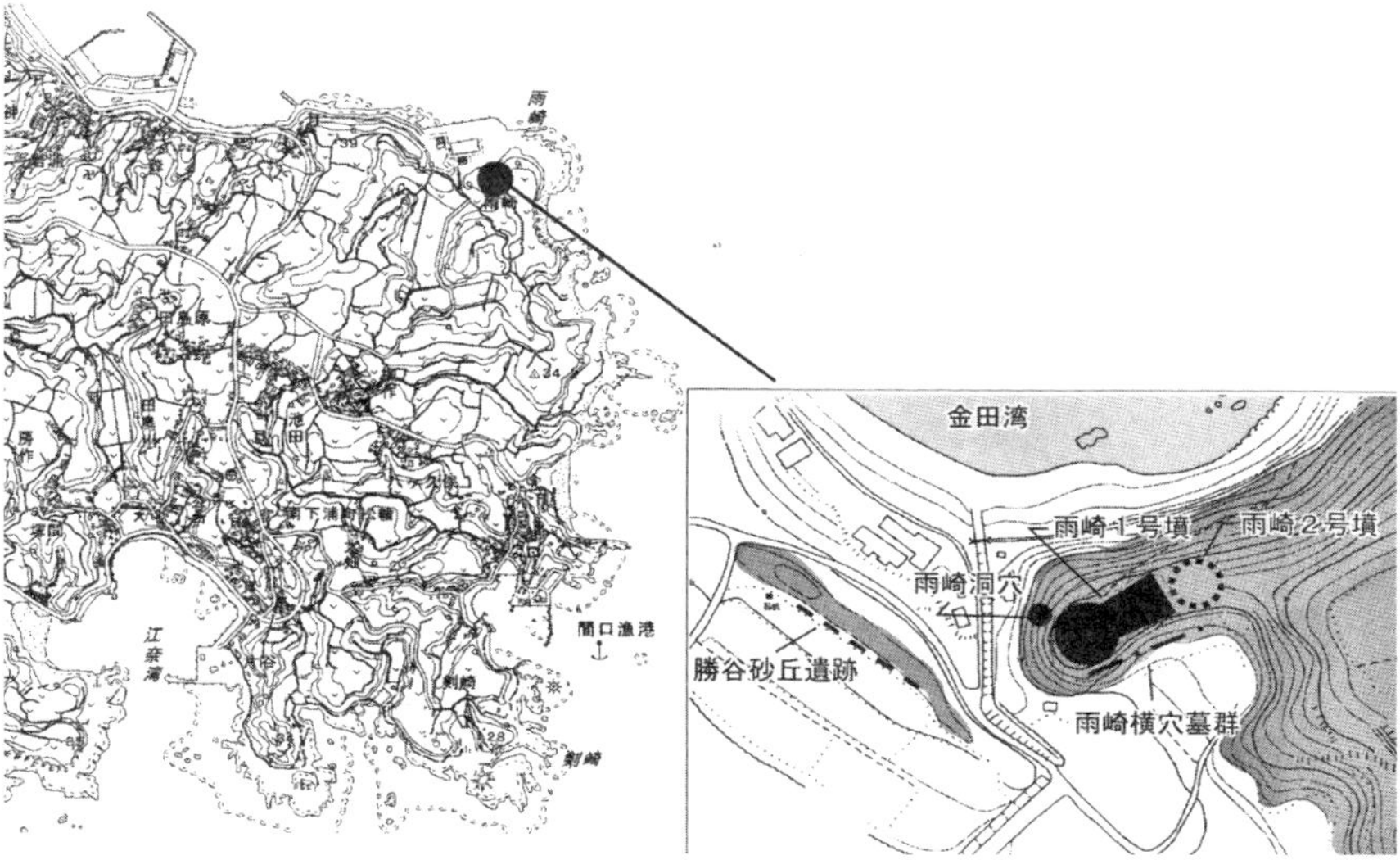

図８　雨崎遺跡群遺跡分布状況（中村 2017）

にした様な形状が想定され、石棺の北端部には礎石が置かれていた。埋葬人骨は「体躯が非常に頑強な壮年男性」と報告されており、また一号土坑墓は掘り方の形状が船底形を呈していることから、家族墓的な埋葬施設群であり、出土遺物も北武蔵産の土師器の坏が主体的に出土しており、北武蔵方面に生活基盤を持つと考えられている。三浦半島が同時期に横穴墓を主体的な埋葬施設としていることとは異なることから、伝統的な在地の海洋民とは異なる出自を持つ集団と推測している。

次に、三浦半島雨崎遺跡群（図８）は、松輪湾を臨む舌状丘陵の先端上に全長約三二メートルの前方後円墳が築造されていたことが近年の調査により確認された。丘陵先端断崖には洞穴遺跡、横穴墓、丘陵裾には石棺石室や土坑墓を築造し多様な埋葬施設群が展開している。[17] この石棺墓に埋葬する古墳文化は、先に示した房総半島での伝統的埋葬法と共通し、また舟を意識した埋葬施設は安房地域の大寺山洞穴で丸木舟を棺に使った墓が見つかっていることと共通する。

海民論については、網野義彦が文献史学において中世を検討する中で民俗学、考古学の成果を取り入れながら度々検討したことで、現在の文献史学、考古学、民俗学に大きな影響を与えた。これを検討した亀谷氏は、海人・海部という言葉について、「漁村」や「半農半漁」の概念は漁業経済史や漁村社会学といった研究者が造り上げた概念であり、網野が定義した「湖沼河海を問わず水面を主たる生活の場とし、漁業・塩業・水運業・商業から掠奪にいたるまでの生業を、なお分化させることなく担っていた人々」という概念が古代・中世の生業構造に有効であるとした[18]。これは、海洋民の定義として読み替えが可能であろう。

考古学の研究において、西川修一氏や稲村繁氏は、これまでの相模地域における後期古墳文化とは異なる三浦半島の古墳文化の様相を、海洋民とのかかわりであると指摘している。西川氏は、弥生時代から古墳時代の海蝕洞窟遺跡を題材として三浦半島の海洋民が「狭隘な水田と零細な漁撈」や「漂海民」「貧しく・まつろわぬ海民」「縄文系」「後進性」というイメージで語られることを否定し、海洋民を「高速で遠隔地に行ける」「交流・広域ネットワークにより、遠隔地と「異質な習俗を共有」している」「多様な生業・資源利用」の可能性をもっていたとして「磯石組の石棺墓が海岸段丘崖の縁辺、およびラグーン湾入口を画する砂丘に数多く営まれ」「関東地方沿岸の東西の窓口として、相模湾岸、房総南端と北東の窓口として那珂湊・阿字ヶ浦の北方には茨城・福島県域の浜通り地方、そして南東北の仙台湾・宮古地域へと繋がり、さらに「北の世界」へのルートが続いている」と指摘している[19]（西川二〇一四～二〇一六）。また、稲村氏は三浦半島の横穴墓について「七世紀前葉のころになると、長浜横穴墓群などにみられるように豊富な副葬品を持つ横穴墓も出現してくることから、この時期首長墓も横穴墓を採用するようになったとも考えられる。しかし横穴墓が古墳を伝統的墓制とする集団とは異なる移住集団によりもたらされた墓制であるとすると、三浦半島では首長墓が古墳から横穴墓へと変化したものではなく、古墳を墓制としていた集団が墓そのものを造らなかった可能性が高い」として、横穴墓そのものを北部九州からの集団の移動によるものであると指摘しており、大磯など相模地域の海浜部に密集する横穴墓が北部九州からの移民による造営であると考えている[20]（稲村二〇一二）。しかし、三浦半島などの沿岸部のみならず、相模地域全体の横穴墓を海洋民の介在によるものとする両氏の見解については、丹沢山麓地域など内陸部での横穴墓の密集を鑑みて、今後更なる詳細な検討が必要であると考える。

　長年三浦半島の考古学を研究する中村勉氏は、王権と「海人」のかかわりについて、三浦半島の洞穴遺跡を紹介する中で、『日本書紀』応神紀三年一一月条の安曇連の祖である大浜宿禰を平伏させた記事と、応神五年八月条の列島各地の「海人」＝海の民や山の民を管理するために海部と山守部の設置記事から、倭の五王時代である四世紀末から五世紀初頭に推測される時期に王権の影響がおよび、その結果三浦半島の集落と洞穴の大規模な変化が起こったものと考えた。そして、その変化の現象として、五世紀後半に雨崎洞穴に対峙して築造された長沢一号墳は小規模な円墳ながら主体部は粘土槨や葺石が設けられ、鉄鏃や剣・鉾など武器類を副葬していることから、これを後の海部直や海部首と呼ばれる海浜部を統括支配する支配者の系譜へつながると考えている。そして、カツオを捕獲する角釣針が太平洋岸の黒潮の流れに沿った沿岸部の洞穴遺跡や墳丘を伴わない積石墓に副葬される例が潜水を専門とする「海人」の分布と重なるとし、鰒の貢納や、八世紀代に走水周辺で海人と関係が深いといわれている地域が天武天皇王女たちの食封とされていることから王権と海人・安曇氏の関係を想定している[21]（中村二〇一七）。

　古代氏族と海民の関係については、佐伯有清氏が「膳大伴」氏や「安曇」氏と海民との関係を指摘されている[22]。本稿で取り上げている安房、上総では、磐鹿六雁が上総巡行した景行天皇に白蛤の膾を献上したことで膳大伴部を賜ったと『日本書紀』にあり、『高橋氏文』ではこれを詳細に記した上、安房国造へつながる系譜を含めて記載されていることから、膳大伴（部）や大伴（部）が天皇に奉仕する海民集団をとりまとめた集団であるとし、上総や安房、鎌倉郡に認められる大伴部、足上郡伴部郷もこうした膳大伴部の設置に関わるとした。また、佐々木虔一氏は相模を含め、海人の分布と鰒の貢納国が重なることを確認しながら、上総と安房は伊甚国造と安房国造が膳大伴氏を通じ、六世紀以降律令時代まで、鰒とその副産品である真珠を貢納していることを指摘している[23]（佐々木一九九五）。これらの研究から、三浦半島に（膳）大伴部は今のところ確認できないが、海洋民の存在が考えられている相模国内において鎌倉郡や足上郡に大伴部の存在が認められることから[24]、王権と海洋民の関係を鰒等の貢納品や屯倉、後の大王家の食封の存在、古墳等の副葬品に様々な威信財が含まれることから海洋民が（膳）大伴（部）を通じて、若しくはそのものとして、王権へ奉仕したと推察されるものである。

三浦半島の古墳被葬者像については、これまで「鎌倉之別」との関係として語られることが多かったが、既に指摘されているように「鎌倉之別」とは異なる集団であり、海洋民の集団と併存、もしくはそれを内包する集団であったと考えられる。ヤマト王権が人民支配を地方首長を通じて進める中、房総半島の地域勢力の首長は安房国造など海洋民を含む、また浦賀水道を介し対面する三浦半島の小地域首長達を含む地域支配を行っていたと考えられる。この海洋民については網野が定義した様に、潜水を中心とした鰒などの貢納品を採る海人だけではなく、海河を利用した水運業を生業とするものも含んでいたことが、北武蔵産など広範囲の土器が密に出土することから推測できる。考古学において「海洋民＝安曇氏」というイメージが強く語られるが、今回の検討により、三浦半島の海洋民については、房総半島の首長である膳大伴氏との関係が考えられる。今後、三浦半島の古墳時代後期の勢力について、海洋民との関わりを更に検討していきたい。

本論をまとめるに当たり、中三川昇氏、霜出俊浩氏、押木弘己氏、山口正憲氏には横須賀市内の古墳実見において、中村勉氏には雨崎古墳一号墳調査に参加させていただき貴重なご意見を賜りました。また、稲村繁氏、西川修一氏には海民論について貴重なご意見を賜りました。記して感謝の意を申し上げます。

注

（1）荒井秀規「神奈川古代史素描」『考古論叢　神奈河』七　一九九七年　神奈川県考古学会、「二　東アジアの中の古墳時代」『大地に刻まれた藤沢の歴史～古墳時代～』二〇一四年　藤沢市

（2）篠原幸久「鎌倉之別の周辺」『古代国家の政治と外交』黛弘道編　二〇〇一年　吉川弘文館

（3）須藤智夫「古墳時代中・後期の相模東部地域の諸様相—古墳・横穴墓の様相と鎌倉之別の存在形態」『国造制・部民制の研究』二〇一七年　八木書店

（4）荒井秀規「一　文献に見る相武国造」『相武国の古墳』二〇〇一年　平塚市博物館
（5）篠原幸久「大化前代の鎌倉地域と関係氏族」『鎌倉』一〇五　二〇〇六年　鎌倉文化研究会
（6）須藤智夫「古墳時代相模の基礎的考察」『考古学の世界』七　一九九〇年　学習院大学
須藤智夫「古墳時代相模の軍事基盤に関する覚書」『考古学の世界』八　一九九二年　学習院大学
須藤智夫「古墳時代相模一様相」『考古学の世界』一〇　一九九五年　学習院大学
（7）剱持輝久「三浦半島南部の海蝕洞穴遺跡とその周辺について―洞穴遺跡の共通性と特殊性および周辺の遺跡との関連」『考古論叢神奈河』一九九六年　神奈川県考古学会
横須賀市『新横須賀市史』通史編　二〇一二年
横須賀市『新横須賀市史』別編考古　二〇一〇年
（8）諸橋千鶴子「三浦市松輪横穴採集の製塩土器」『横須賀考古学会　研究紀要　第四号』二〇一六年　横須賀考古学会
（9）山口正憲「三浦市雨崎一号墳の測量調査成果」『横須賀考古学会　研究紀要　第四号』二〇一六年　横須賀考古学会
（10）筆者、雨崎一号墳測量調査参加時に現地にて確認。
（11）亀谷弘明「上総・安房の古代氏族について」『千葉史学』五六　二〇一〇年　千葉歴史学会
（12）小沢　洋「上総南西部における古墳終末期の様相」『房総古墳文化の研究』二〇〇八年　六一書房
（13）佐藤信「古代安房国とその木簡」『日本律令制論集』上　一九九三年　吉川弘文館
（14）館山市立博物館『館山市制施行七〇周年記念特別展図録　館山湾の洞窟遺跡―棺になった舟。黄泉の国への憧憬―』二〇一〇年　館山市立博物館
（15）小沢　洋「房総における古墳中期から後期への移行」『房総古墳文化の研究』二〇〇八年　六一書房
（16）中三川昇「八幡神社遺跡」『横須賀市文化財調査報告書第五二集』二〇一五年　横須賀市教育委員会
（17）中村　勉『海に生きた弥生人　三浦半島の海蝕洞穴遺跡　雨崎洞穴　遺跡を学ぶシリーズ一一八』二〇一七年　新泉社
（18）亀谷弘明「社会史研究と「海民」論」『人民の歴史学』三六　二〇一四年　東京歴史科学研究会

（19）西川修一「「海洋民について」―漂白・零細・停滞・後進性…その呪縛を解く」『海の古墳を考えるⅣ―列島東北部太平洋沿岸の横穴と遠隔地交流』二〇一四年　第四回　海の古墳を考える会
西川修一「相模湾沿岸部における古墳時代の臨海性墓制について」『長谷小路周辺遺跡発掘調査報告書』二〇一六年　株式会社斉藤建設
（20）稲村　繁「第四章古墳時代」『新横須賀市史』通史編　二〇一二年　横須賀市
（21）中村　勉　前掲書
（22）佐伯有清「第二　考証新撰姓氏（第二巻　左京皇別上）」『新撰姓氏録の研究　考證篇　第二』一九八一年　吉川弘文館
（23）佐々木虔一「古代王権と貢納―上総・安房地方のアワビと真珠」『古代東国社会と交通』一九九五年　校倉書房
（24）小田原市教育委員会『小田原の遺跡探訪シリーズ四　永塚遺跡群と下曽我遺跡―川辺に営まれた地域拠点―』二〇一〇年　小田原市教育委員会

編者・執筆者紹介

編者

加藤《かとう》 謙吉《けんきち》　一九四八年、三重県生まれ。早稲田大学大学院文学研究科博士課程単位取得退学。博士（文学）。主な著作：『蘇我氏と大和王権』（吉川弘文館、一九八三年）、『大和王権と古代氏族』（吉川弘文館、一九九一年）、『ワニ氏の研究』（雄山閣、二〇一三年）など。

執筆者（論文掲載順）

篠川《しのかわ》 賢《けん》　一九五〇年、神奈川県生まれ。北海道大学大学院文学研究科博士課程単位取得満期退学。博士（文学）。現在、成城大学文芸学部教授。主な著作：『日本古代国造制の研究』（吉川弘文館、一九九六年）、『日本古代の王権と王統』（吉川弘文館、二〇〇一年）、『物部氏の研究』（雄山閣、二〇〇九年）など。

小野里《おのざと》 了一《りょういち》　桐生市立図書館調査係主査。主な著作：「「吉備臣」氏の系譜とその実像」（加藤謙吉編『日本古代の王権と地方』大和書房、二〇一五年）、「国造任命の一試論―「武蔵国造の乱」を手掛かりとして―」（篠川賢・大川原竜一・鈴木正信編『国造制・部民制の研究』八木書店、二〇一七）など。

須永《すなが》 忍《しのぶ》　高崎市教育委員会文化財保護課埋蔵文化財担当。主な著作：「律令以後における上毛野氏・下毛野氏」（『群馬文化』310、二〇一二年）、「古代山武地域の氏族とヤマト王権」（『千葉史学』65、二〇一四年）、「古代肥後の氏族と鞠智城―阿蘇君氏とヤマト王権―」（『鞠智城と古代社会』5、熊本県教育委員会、二〇一七年）など。

中川《なかがわ》 久仁子《くにこ》　一九七一年生まれ。成城大学大学院文学研究科日本常民文化専攻博士課程後期単位修得退学。博士（文学）。現在、成城大学非常勤講師・同民俗学研究所研究員。主な著作：『平安京遷都期 政治史のなかの天皇と貴族』（雄山閣、二〇一四年）など。

瀧音《たきおと》 能之《よしゆき》　一九五三年生まれ。博士（文学）。専門は日本古代史・地域史。現在、駒澤大学文学部歴史学科教授。主な著作：『古代出雲を知る事典』（東京堂出版、二〇一〇年）、『出雲古代史論攷』（岩田書院、二〇一四年）、『出雲大社の謎』（朝日新書、二〇一四年）、『出雲の謎大全』（青春出版社、二〇一八年）など。

鈴木《すずき》 正信《まさのぶ》　一九七七年、東京都生まれ。早稲田大学大学院文学研究科博士後期課程単位取得退学。博士（文学）。現在、文部科学省教科書調査官。主な著作：『日本古代氏族系譜の基礎的研究』（東京堂出版、二〇一二年）、『大神氏の研究』（雄山閣、二〇一四年）、『日本古代の氏族と系譜伝承』（吉川弘文館、二〇一七年）など。

大川原《おおかわら》 竜一《りゅういち》　一九七五年、富山県生まれ。明治大学大学院文学研究科博士後期課程単位取得退学。現在、高志の国文学館主任・学芸員。主な著作：『国造制の研究―史料編・論考編―』（共編著、八木書店、二〇一三年）、『国造制・部民制の研究』（共編著、八木書店、二〇一七年）、「『越中石黒系図』と利波臣氏」（加藤謙吉編『日本古代の王権と地方』大和書房、二〇一五年）など。

中村《なかむら》 友一《ともかず》　一九七二年、埼玉県生まれ。博士（史学）。現在、明治大学文学部専任講師。主な著作：『日本古代の氏姓制』（八木書店、二〇〇九年）、「対外交渉と倭国内の帰化渡来系氏族」（加藤謙吉・佐藤信・倉本一宏編『日本古代の地域と交流』臨川書店、二〇一六年）など。

堀川《ほりかわ》 徹《とおる》　一九八三年生まれ。専門は日本古代史（地域支配制度）。現在、日本大学文理学部助手。主な著作：「人制から部民制へ」（篠川賢・大川原竜一・鈴木正信編『国造制・部民制の研究』八木書店、二〇一七）、「評制の展開と国司・国造」（『ヒストリア』266、二〇一八年）など。

東《あずま》 真江《まさえ》　一九七六年生まれ。東海大学大学院文学研究科博士課程前期修了。現在、大磯町役場勤務。主な著作：「墓制から見た出雲西部における横穴墓被葬者の階層性―神門郡を中心に―」（篠川賢・大川原竜一・鈴木正信編『国造制・部民制の研究』八木書店、二〇一七）など。

平成 30 年 3 月 26 日 初版発行　《検印省略》

日本《にほん》古代《こだい》の氏族《しぞく》と政治《せいじ》・宗教《しゅうきょう》　上

編　者　加藤謙吉

発行者　宮田哲男

発行所　株式会社　雄山閣

〒 102-0071　東京都千代田区富士見２－６－９

TEL 03-3262-3231　FAX 03-3262-6938

振 替 00130-5-1685

http://www.yuzankaku.co.jp

印刷・製本　株式会社 ティーケー出版印刷

ISBN978-4-639-02558-0　C3021
N.D.C.210 232p 22cm